U0962229

西北大学“双一流”建设项目资助
(Sponsored by First-class Universities and Academic Programs of Northwest University)
西北大学经济管理学院“西部地区产业高质量发展研究”团队项目资助
陕西省社科基金“陕西省人力资本配置促进经济高质量发展的机理与路径研究”(2023D016)
项目资助

HUMAN CAPITAL MISALLOCATION
UNDER HIGH-QUALITY
INDUSTRIAL DEVELOPMENT

产业高质量发展下的
人力资本错配

成因及扭曲效应

CAUSES AND DISTORTION EFFECTS

李 勇◎著

中国经济出版社
CHINA ECONOMIC PUBLISHING HOUSE
·北 京·

图书在版编目（CIP）数据

产业高质量发展下的人力资本错配：成因及扭曲效应/李勇著．--北京：中国经济出版社，2024．3

ISBN 978－7－5136－7719－6

Ⅰ．①产…　Ⅱ．①李…　Ⅲ．①人力资本－研究－中国　Ⅳ．①F249．21

中国国家版本馆 CIP 数据核字（2024）第 069377 号

责任编辑　贺　静　邓婉莹
责任印制　马小宾
封面设计　任燕飞工作室

出版发行　中国经济出版社
印 刷 者　北京鑫益晖印刷有限公司
经 销 者　各地新华书店
开　　本　710mm×1000mm　1/16
印　　张　15．5
字　　数　237 千字
版　　次　2024 年 3 月第 1 版
印　　次　2024 年 3 月第 1 次
定　　价　69．00 元
广告经营许可证　京西工商广字第 8179 号

中国经济出版社　**网址** http://epc.sinopec.com/epc/　**社址** 北京市东城区安定门外大街 58 号　**邮编** 100011
本版图书如存在印装质量问题，请与本社销售中心联系调换（联系电话：010－57512564）

版权所有　盗版必究（举报电话：010－57512600）
国家版权局反盗版举报中心（举报电话：12390）　　服务热线：010－57512564

前言

Preface

随着中国经济进入新阶段，通过创新驱动和人才强国构建现代化产业体系，成为党和政府在新时期践行高质量发展的重要选择。党的二十大报告指出：“必须坚持科技是第一生产力、人才是第一资源、创新是第一动力，深入实施科教兴国战略、人才强国战略、创新驱动发展战略，开辟发展新领域新赛道，不断塑造发展新动能新优势。”但从现实来看，自主创新瓶颈和产业优化升级缓慢对构建现代化产业体系、践行高质量发展构成了严重障碍。与此同时，在“高校扩招”等政策的推动下，我国的人力资本虽然实现了快速扩张，但在劳动力市场分割等因素的影响下，人力资本在不同地区、行业以及所有制间存在较为严重的错配。那么，我国人力资本的错配情况到底如何？其又对产业高质量发展产生了什么影响？学术界目前还缺乏系统和令人信服的研究。

为了回答上述问题，本书以“产业高质量发展下的人力资本错配：成因及扭曲效应”为题，分析人力资本错配的成因，进一步从创新扭曲和产业结构扭曲两个方面分析其对于产业高质量发展的影响。本书发现：第一，中国的人力资本在不同行业、企业间存在着较为严重的扭曲和错配。从行业间错配程度来看，大量的高学历人才过度集中于垄断、公共服务部门，生产创新性部门的人力资本配置不足，形成“倒置的门槛效应”。从制造业内部来看，中国的人力资本还存在着“所有制”错配。不仅如此，与资本和劳动力错配相比较，人力资本错配的程度较高，且主要集中于重化工业、重工制造业等不符合我国比较优势和具有行政垄断特征的行业。第二，行政垄断、高校扩招是导致人力资本错配的重要原因。从需求层面来看，在行政垄断的背景下，政府补贴和信贷资源等以隐形补贴和保护的形式向垄断企业过度配置，但却并未转化成创新产出，创新效率低下。与之相对应，垄断企业在“产权模糊”“所有者缺位”的影响下转化为工资溢价，形成人力资本错配。从供给层面来看，高校扩招将通过扭曲规模配置效率和技术配置效率加剧人力资本错配。第三，人力资本错配对产业高质量发展具有负面影响，具有创新扭曲效应和产业扭曲效应。一方面，以行政垄断为基础，人力资本在行业间和企业间的扭曲和错配将降低创新效率，扭曲自主创新（产生自主创新瓶颈）；另一方面，人力资本错配还会将产业结构高级化和合理化，扭曲产业结构优化升级。第四，混合所有制改革有助于缓解人力资本错配。经验证据表明：混合所有制改革主要通过约束国有企业高管基于雇员聘用权的剩余索取权和完善利润分配机制，缓解了人力资本在所有制间错配。但在行政垄断环节，混合所有制改革未能有效改革国有企业管理体制，导致混合所有制改革对人力资本在所有制间错配的影响较小，尤其是技术相对价格扭曲引发的错配。

综上所述，本书旨在从产业高质量发展的角度分析人力资本错配的成因和扭曲效应，其根本在于探索矫正人力资本错配、促进产业高质量发展的基本路径。我们有理由相信，以上结论不仅为认识中国人力资本错配的“全貌”提供了坚实的数据支撑，同时还为分析人力资本错配的成因和效率损失提供了新的框架和相关经验证据，这将有助于国家在新时期更好地发挥科教兴国战略和人才强国战略，并为最终实现创新驱动、高质量发展等政策目标提供理论支撑和助力。

目录 Contents

1 导 论

1.1 选题背景与研究意义

1.1.1 选题背景

党的十九大之后，我国经济正由过度依赖资源要素投入的传统经济增长转向以创新驱动的高质量发展阶段。党的二十大报告中明确指出：“高质量发展是全面建设社会主义现代化国家的首要任务。”在这一发展阶段，迫切需要转变发展方式，优化经济结构，转变增长动力，即要坚持把发展经济的着力点放在实体经济上，以供给侧结构性改革为主线，努力推进质量变革、效率变革和动力变革，推进新型工业化，提高全要素生产率（TFP），加快建设制造强国、质量强国，建设实体经济、科技创新和人力资源等方面协调发展的高质量产业体系。同时，党的二十大还强调要坚持创新在我国现代化建设全局中的核心地位，健全新型举国体制，强化国家战略科技力量，提升国家创新体系整体效能，形成具有全球竞争力的开放创新生态。全球范围内新一轮产业革命浪潮的不断涌动，逐渐要求我国将以劳动和资本密集型产业为主导的产业结构转变为以知识和技术密集型为主导的产业结构，以塑造创新驱动的增长模式，实现以技术进步为基础、以产业结构转型和产业结构升级为核心特征的现代经济增长。然而在传统增长方式和贸易模式的影响下，我国对于生产要素的使用和积累依然处于国际分工和价值链的中低端，产品档次偏低，高品质、个性化以及高附加值的产品供给不足，仍然较难摆脱开放环境下的资源锁定效应。因此，提升 TFP，促进产业结构优化升级仍然是制约产业高质量发展的关键瓶颈。一般认为，人力资本是技术创新与经济增长的源泉，是经济社会可持续发展的重要推动因素，是减少贫困和不平等的重要保证（Stroombergen，Rose，and Nana，2002；Keeley，2007）。内生增长理论（Lucas，1988；Romer，1990）中提到，人力资本与资本、劳动等生产要素一样，是经济增长中不容忽视的因素。与资本和劳动力等传统生产要素相比，人力资本积累在促进创新以及提升 TFP 方面具有决定性作用。人力资本的积累与扩张使得人力资本规模得到了显著提升，而人力资本规模的提升是促进技术创新、推动产业结构升级的重要因素。一方面，人力资本具有更高的技术熟练程度和创新效率，这有助于促进创新和 TFP 提升；另一方面，技术创新会通过扩散效应引起产业再配置，促进产业结构升级。

就中国的实际情况而言，自改革开放以来的 40 多年里，中国保持了年均 10% 以上的经济增长速度，充分利用人口红利的比较优势和技术吸收再创新的后发优势，创造了人类经济增长史上的“奇迹”。相关研究表明，人力资本对中国经济效率的提高以及地区差异的缩小具有重要作用（Fleisher，Li，and Zhao，2010）。人力资本被认为是“中国经济奇迹”的主要促进因素（Fleisher and Chen，1997；Démurger，2001），而伴随着经济的快速增长，中国人力资本的数量和质量均得到了较大提升。根据《中国人力资本报告（2023）》的调查结果：2021 年，全国劳动力人口的平均受教育年限是 10.7 年。1985—2021 年，中国人力资本总量增长 16.5 倍，人力资本总量的年均增长率为 8.3%。同时，全国大专及以上受教育程度人口占比从 1985 年的 1.04% 上升至 2021 年的 23.24%，我国的高等教育自 20 世纪 80 年代中期起一直保持着强劲的增长速度，尤其是从 1999 年高等院校招生规模扩大后，中国的高等教育人口增加数量超过 5000 万人，相当于 80 年代和 90 年代具有高等教育水平人口的总和，高等教育普及率在逐年提升。但遗憾的是，迅速增长的人力资本规模并未对社会生产技术水平（尤其是自主创新水平）产生显著的促进作用。目前中国处于从高速增长向中高速增长过渡、从工业化向城市化演进、从中高等收入向高等收入跨越、从经济低效率模式向高效率模式追赶叠加的转型时期，为了度过这一结构性减速时期，实现经济稳增长，以人力资本为代表的生产要素供给和优化配置，成为能否跨越发展阶段的主导力量。当前的问题是，现有的人力资本与新型产业结构之间的配置难以达到完美状态，由此造成人力资本使用效率低下以及产业转型受阻，这也是长期以来导致我国的 TFP 在低水平波动、阻碍经济长期增长的原因之一。人力资本的持续扩张虽然对促进创新和产业结构升级起到了良好的推动作用，但随着人力资本规模的不断扩大，庞大的人力资本规模并没有形成人力资本比较优势的动态演进过程。相反，人力资本供求的结构性矛盾日益凸显，其配置效率也日益低下，同时影响了新时代我国产业二次转型的进度，究其原因便是人力资本错配。

新近文献也明确了这一观点：人力资本对创新绩效和 TFP 的提升作用不仅与其规模有关，还与其配置状态有关，人力资本的正确配置对于创新和 TFP 的正向促进效应具有重要影响。对于人力资本积累与经济增长的关系，Baumol（1990）较早地提出了人力资本配置形成增长差距假设，并改进扩展了熊彼特模型，在放弃人力资本一定从事生产性活动的假定后，提出了人才配置影响创新绩效的假说，认为各国之间虽然存在着较大的人力资本存量差距，但人力资本配置引发的创新水平不同才是增长差距形成的根源所在。Murphy 等（1991）指出，若一个国家把最有能力的人力资本配置到生产部门，就可以促进生产部门的技术创新；但如果将其配置到非生产部门，就只能在财富的重新分配中发挥其创新的才能，进而阻碍创新和经济发展。事实上，内生经济增长理论也提到：人力资本与产业结构错配会阻碍各种生产要素的充分发挥，制约技术进步以及知识和资本密集型产业的发展。就中国现实而言，我国高等教育扩张大幅增加了人力资本存量，但大学毕业生就业却表现出“公务员热”（李晓敏、卢现祥，2010）、“国有部门热”（岳昌君，2012）和“金融热”的倾向，人力资本实现创新性活动的比例有所降低，甚至进一步错配其他资源，阻碍经济高质量发展。具体表现在以下三个方面：一是人力资本供需失衡，创新型人才不足。我国现有人力资本缺乏高尖端核心技术人才、领军型人才，存在着结构性失衡的现象，无法有效释放人才红利。中国获得学士及以上学位人数占比为26.5%，而在科技创新领先国家这一数字为35%，二者差距表明我国高等人力资本占比较低，未能充分发挥人才红利。二是科技成果转化效率较低，主要原因是人力资本结构性错配。通常情况下，基础性研发、应用性研发以及创新技术产业化被认为是一国科技创新能力的核心，而研发实力的提升及其向应用技术的转化等更多依赖人力资本和人才配置结构。我国研发人员中接受过高等教育的人员占比仅为11.8%，企业部门中仅有约1/3是研究人员，从事基础研究和应用研究的人数不到研发人员的5%，而学术创业数量仅占创业企业总量约8%，远远低于发达国家水平。人力资本的结构性错配导致创新投入产出效率低，阻碍了经济增长向质量提升的转型。三是产业间人力资本配置不合理，不利于产业结构优化。以数字产业为例，高层次人力资本大多集中在互联网和金融两大领域，导致制造业企业在数字化转型过程中人才高度稀缺，制约了先进制造业的发展。同时，全国大学本科及以上学历的城镇就业人员中，生活性服务业占比达到41.2%，而生产性服务业占比仅为23.7%，生产性服务业人力资本的稀缺使得制造业的高质量发展缺少支撑，产业间人力资本的结构性错配是人力资本无法有效支撑产业结构优化的原因之一。

“十四五”时期坚持创新驱动和人才强国战略，激发人才创新活力、全面塑造发展新优势是构建我国经济发展新格局的关键。经济高质量发展离不开科技创新驱动和产业结构优化，而在经济转型过程中，人力资本结构优化比人力资本存量增加更能促进科技创新和产业结构优化，加快建设现代产业体系的步伐。因此，明确人力资本的测算框架、厘清人力资本错配的形成机理，进一步提出相应的政策措施便显得尤为迫切。基于上述背景，本书便以“产业高质量发展下的人力资本错配：成因及扭曲效应”为题，从产业高质量发展的角度对人力资本错配的成因及扭曲效应进行系统的理论与实证研究，以期为纠正人力资本错配、推进要素市场化配置改革、助力经济高质量发展提供有效的对策建议。

1.1.2 研究意义

本书的研究意义体现在理论与现实两个方面。从理论意义角度来看：首先，近年来关于人力资本错配的相关研究大多是从经济整体、农业部门和非农业部门、三大产业等角度分析资源错配，而仅从上述角度来度量人力资本错配问题，会导致人力资本错配程度被高估或低估。因此，有必要客观地衡量人力资本错配程度，进而找出缓解人力资本错配的方案，从而精确地衡量人力资本优化配置对中国经济增长的潜力。一方面，关于人力资本错配程度的测算，现有研究通过建构数理模型来分析单个或数个行业中劳动力和资本资源错配问题，如马颖（2018）构建了一个行业间人力资本错配的数理模型，考察了中国 19 个行业的人力资本错配程度。另一方面，鲜有研究构建企业层面的人力资本错配测算框架以分析中国的人力资本在不同所有制企业间存在的错配程度。因此，本书的理论研究意义第一点是对 H – K 框架进行扩展，提出了一个考虑企业所有制差异的人力资本错配测算框架，对人力资本在不同所有制企业间的错配进行了测算与分析。其次，现有研究缺乏对人力资本错配的形成机制及根本性原因的探讨。对此，部分学者认为所有制本身是导致人力资本错配的重要原因，但尚未形成关于人力资本错配成因的系统性结论。基于此，本书的理论研究意义第二点便是对于人力资本错配成因的系统性分析。本书选择从供给（高校的扩招行为）和需求（行政垄断、企业所有制等）两个角度进行综合分析，有助于进一步厘清人力资本错配的形成机制并采取针对性措施保证我国经济高质量发展。最后，本书在构建了企业层面的人力资本错配测算框架，并系统性地从供给和需求两个角度分析人力资本错配的形成原因之后，结合经济高质量发展的时代背景，进一步分析了人力资本错配对产业高质量发展的负面影响。综上，本书的理论研究意义第三点是从创新扭曲效应和产业扭曲效应两个方面解读人力资本错配对产业高质量发展的负面影响，进而寻求促进产业结构优化升级、提升我国自主创新水平的路径与对策。

从现实意义角度来看，中国经济高质量发展阶段创新驱动的新增长模式实质上是人才驱动，“创新”的主体是人，依赖的是人力资本的积累、人力资源的有效配置与激励。要实现人力资本适宜匹配以促进创新并实现增长跨越，其关键是在结构性存量调整和结构性改革变迁的宏观战略中、在解决要素错配过程中矫正人力资本错配。本书首先对混合所有制改革的治理机制进行了系统性分析，其次从供给和需求两个角度提出矫正人力资本错配的对策，并最终给出了促进产业高质量发展的政策建议，以期实现人口红利向人才红利的转变，助力构建新发展格局，促进我国科技创新和产业结构优化。

1.2 研究思路与研究方法

1.2.1 研究思路

鉴于“十四五”时期坚持创新驱动和人才强国战略、全面塑造发展新优势是构建我国经济发展新增长模式的关键，且人力资本结构优化是促进科技创新和产业结构优化的切入点。因此，本书的总体研究目标是基于当前经济高质量发展的背景和当下人力资本存在的结构性失衡现象，在系统构建人力资本错配测算框架并测算人力资本错配程度之后，对人力资本错配现象的成因和扭曲效应给出一个合理的解释。在实现这一研究目标的过程中，本书首先希望为近年来的人力资本错配现象建立一个逻辑自洽的理论分析框架，其次通过构建企业层面的人力资本错配测算框架来探讨人力资本错配的程度及其形成的原因，进而说明人力资本错配给产业结构转型升级和自主创新水平提高带来的负面影响。对于人力资本错配的成因和负面影响的认识不仅有助于理解人力资本错配这一问题本身，还可以为决策部门在当前环境下实施不同的针对性政策提供参考。

为实现这一研究目标，本书回顾并梳理了近年来已有的关于人力资本错配的相关文献，综合分析之后发现大部分学者已经达成了人力资本的水平和结构是产业结构转型和经济增长的重要源泉这一共识。也有研究认为，人力资本与产业结构错配是抑制人力资本效用得以充分发挥和产业结构转型困难的关键因素。但是，上述分析主要沿着人力资本错配对一般层面经济增长的直接或间接影响展开，关于经济结构性减速时期的人力资本错配形成机制（从供给与需求两个角度）及其对经济稳增长的负面影响（创新扭曲和产业扭曲）的讨论还有所欠缺。正因如此，在我国比较优势仍未改变、劳动力市场还存在着所有制分割的条件下，有必要客观地衡量人力资本错配程度，进而找出缓解人力资本资源错配的方案，从而精确地衡量人力资本优化配置对中国经济增长的潜力。

针对上述研究缺陷，本书的研究思路如下：①对讨论人力资本错配及其影响因素的相关文献进行梳理，抓住我国产业高质量发展这一背景，在此基础上指出现有研究的不足，进而分析本书的研究可行性。②考虑到关于人力资本错配程度测算的现有研究中，仅有马颖等（2018）根据 Vollrath（2014）计算了人力资本的行业间错配程度及其所产生的产出损失，本书在此基础上将包含人力资本的生产函数引入 H－K 测算框架，放宽规模报酬不变的假设，提出人力资本错配引发 TFP 损失的测算框架并进行了测算。③本书分别从供给和需求两个角度对人力资本错配的形成原因进行了分析，构建了逻辑自洽的理论分析框架，进而得出相应的研究命题。同时，选取合适的指标与数据，采用多种计量经济学手段对其进行实证检验。④本书从人力资本错配成因联系到其对产业高质量发展造成的扭曲效应，并从产业扭曲效应和创新扭曲效应两个方面对人力资本错配的负面影响进行了解读，论证了矫正人力资本错配的必要性。⑤在明确矫正人力资本错配的必要性之后，本书联系我国所有制企业实际探讨了国有企业混合所有制改革影响人力资本配置扭曲的内生机理，并给出了矫正人力资本错配的具体治理措施之一（混合所有制改革）。⑥根据之前的理论和实证分析，本书对各部分得出的结论进行了归纳总结，并根据人力资本错配成因从供给和需求两个角度提出相应的政策建议和针对性治理路径。在此基础上，本书还进一步探讨了关于人力资本错配的拓展研究方向，以期矫正人力资本错配、释放潜在人才红利，助力构建现代产业体系。

1.2.2 研究方法

为了分析产业高质量发展下的人力资本错配成因及其扭曲效应，本书采用了多种研究方法来论证相应的主题，具体包括：

（1）文献分析法。根据本书的研究目标，本书对讨论人力资本错配及其影响因素的相关文献进行了综合回顾与梳理以系统评述。同时抓住我国产业高质量发展这一时代背景，在此基础上指出现有研究的欠缺之处，进而分析本书的研究可行性，最后整理得出本书的研究主题。

（2）归纳推理和演绎推理法。一方面，本书根据现有的研究观点和特征性事实，利用归纳推理的方法对其进行归纳总结，进一步抽象化与之相对应的研究问题；另一方面，本书采用标准的数理建模方法对相应的研究问题进行严密的演绎推理（如改进并扩展了 H－K 框架以构建企业层面的人力资本错配测算框架等），推导出具体的理论命题和研究假说，以便对相应的研究问题和对应的特征性事实进行系统、全面的解读。

（3）实证分析法。为了进一步论证笔者所提出的理论命题和研究假说，本书采用了多种计量方法来进行相应的实证检验。在数据收集方面，本书收集到了中国工业企业数据、中国家庭追踪调查数据、行业中观数据、省际平衡面板数据等来实证检验所提出的研究假说。此外，本书还运用了 Levinsohn－Petrin 半参数估计方法（简称 LP 法）、DEA 参数方法、分层贝叶斯模型、核密度方法、主成分分析法等构建相应的统计指标与测算框架，分析测算人力资本错配程度。利用双重差分模型（DID）、中介效应模型以及非线性面板技术（面板门槛回归模型）等多种实证分析方法进行验证，为我们的研究假说提供相应的经验支撑。

（4）对比分析与统计分析法。为了更加客观、全面地解读本书的理论命题，本书还运用了对比分析与统计分析相结合的方法，通过对特征性事实的统计，并将其与我们的计算结果进行对比分析以得出相应的结论，有助于进一步理解本书的研究目标。

1.3 研究内容与研究框架

1.3.1 研究内容

在现有研究成果的基础上，本书力图构建一个逻辑自洽的理论分析框架，分析产业高质量发展下的人力资本错配成因及其扭曲效应。本书的具体内容安排如下：

第 1 章为导论。作为全书的起点，本章首先从当前我国的政策背景层面分析中国经济增长的现状，提出了人力资本是技术创新与经济增长的源泉和经济社会可持续发展的重要推动因素这一观点，并结合改革开放以来的经济增长现实和新近相关文献的理论观点，明确了人力资本错配给当前经济高质量发展带来的负面影响，进而提出了为解释当前我国产业高质量发展下的人力资本错配现状需要解决的三个问题：人力资本错配程度的测算、形成人力资本错配的原因、人力资本错配会带来何种扭曲效应。这些研究问题在现有研究中体现不足，从而突出了本书的研究意义。其次介绍了本书的研究思路与研究方法、研究内容与研究框架以及本书的拟创新之处。

第 2 章为文献综述。根据本书的研究目标，本章对人力资本积累和长期经济增长、人力资本错配的测算和影响因素及其产生的后果的相关研究进行系统梳理与评述，分析现有研究的不足，指出现有研究忽视了企业层面的人力资本错配程度的测算，从而导致对人力资本错配成因的直接讨论还有所欠缺。同时，现有研究也缺乏从供给和需求两个角度对人力资本错配成因的解释，导致我们无法对当前人力资本错配现状有合理的认识并采取相应的解决方法。因此，本书便在此基础上梳理归纳出本项研究开展的逻辑起点和整体的研究目标。

第 3 章为人力资本错配的测算I：来自行业间的经验证据。本章首先基于我国公共部门与生产部门的特征性事实，明确了人力资本在不同所有制企业间存在着错配这一典型事实，进而发现我国人力资本在不同行业间同样存在着错配现象；根据这一认识，从理论上提出了一个全新的行业间的人力资本错配测算框架，进而基于分层贝叶斯模型利用中国家庭追踪调查数据（CF-PS）和行业中观数据测算了我国 2009—2015 年 19 个行业的人力资本错配程度。根据测算结果，我国人力资本边际产出在行业间具有“倒置的门槛效应”，人力资本错配程度较为严重。这一行业间的经验证据为第 4 章构建企业层面的人力资本错配测算框架提供了经验支撑，同时为之后分析人力资本错配的成因提供了新的解释视角（行政垄断角度）。

第4章为人力资本错配的测算Ⅱ：来自制造业行业内部的经验证据。在第3章的行业间人力资本错配测算框架的经验基础上，本章以H－K要素错配测算框架为基础，将人力资本生产要素引入企业生产函数，突破了原有模型规模报酬不变的约束条件，提出了企业层面的人力资本错配引发TFP损失的测算框架，并对1998—2007年中国186个工业行业的人力资本错配程度及其TFP损失进行了测算。通过测算发现：在生产函数中引入人力资本生产要素后，我国90%以上的工业行业呈现规模报酬递减特征，同时人力资本错配的程度较高，远大于资本和劳动力等生产要素的错配程度，且主要集中于重化工业、重工制造业等不符合我国比较优势和具有行政垄断特征的行业。在进一步的讨论中，本章还从国有产权的角度对人力资本错配的原因做出了解读。

第5章为人力资本错配的成因Ⅰ：行政垄断。在中国经济发展转型的关键期，如何有效配置创新资源已经成为新常态下中国经济可持续增长亟待解决的问题之一，而人力资本错配引起的创新水平差异被认为是增长差距形成的根本性原因。根据这一认识，本章从行政垄断视角（需求角度）分析了中国人力资本错配的成因：行政垄断行业长期享有政府补贴、信贷资源等隐形补贴和保护，却未将这部分“超额利润”转化为创新产出。但在“产权模糊”“所有者缺位”的影响下，行政垄断行业内部具有“工资溢价”，从而吸引人力资本进入并形成人力资本错配。最后，本章还基于1998—2007年的中国工业企业数据构建指标实证检验验证了上述推断。研究结果表明：打破行政垄断对于矫正人力资本错配、提高全要素生产率具有重要意义。

第6章为人力资本错配的成因Ⅱ：高校扩招。基于全社会受教育水平较低和垄断行业教育过剩并存的人力资本错配现象，本章首先从供给层面分析高校扩招影响人力资本配置的内生机理。其次对要素错配的计算框架进行扩展，提出一个从企业层面测算人力资本错配的框架，并在此基础上通过1998—2013年中国工业企业数据库的相关数据，利用双重差分(DID)

模型检验高校扩招与人力资本配置之间的关系，得出了高校扩招会通过降低规模配置效率和技术配置效率加剧人力资本错配的结论。进一步地，本章的三重差分（DDD）检验结果表明，改制可以降低高校扩招对人力资本配置的负面影响。因此，从供给层面来看，稳步推进国有企业改革，完善公司治理结构，在降低国有企业工资溢价的同时提高创新效率，有助于提升人力资本配置效率，并最终促进经济高质量发展。

第7章为人力资本错配的扭曲效应Ⅰ：创新扭曲效应。在明确人力资本错配的成因之后，本书从创新扭曲效应和产业扭曲效应两个方面对人力资本错配的负面影响进行了解读。进入新常态以来，我国本土企业的自主创新水平严重滞后于经济发展的现实需求，自主创新成为制约当下我国经济持续增长的重要瓶颈。基于上述背景，本章通过理论分析认为行政垄断所导致的资本和人力资本错配是导致我国自主创新水平低下的重要原因，而行政垄断的程度越高，资本和人力资本错配的程度便越严重，自主创新水平也越低。在此基础上，本章利用2000—2021年全国28个（省、直辖市和自治区）省际面板数据，对行政垄断与自主创新之间的关系及其影响路径进行了实证检验。结果发现，行政垄断不仅抑制了自主创新，还通过扭曲资本和人力资本在所有制之间的配置进一步制约了我国自主创新水平的提升。根据这一认识，笔者认为改善行政垄断，矫正要素价格扭曲，实现资本和人力资本在不同所有制企业间的合理配置将是提高自主创新，实现经济持续、快速增长的重要条件。

第8章为人力资本错配的扭曲效应Ⅱ：产业扭曲效应。在产业高质量发展阶段，产业结构并不完善仍然是制约其高质量发展的关键瓶颈，而人力资本扩张是促进技术创新、推动产业结构升级的重要因素。然而，人力资本在垄断部门和竞争部门间存在着扭曲和错配，这将阻碍产业结构升级。鉴于此，本章在梳理现有研究的基础上，分析人力资本错配与产业结构升级的关系及其内生机理，进而利用2000—2021年的省际平衡面板数据构建指标实证检验人力资本错配影响产业结构的中介机制。我们基于实证检验结果发现，人力资本错配对产业结构升级具有负面影响，其不仅抑制技术创新，引起产业结构偏离，还限制竞争部门收入增长，拉大垄断部门和竞争部门间的收入差距，并最终阻碍产业结构升级。同时，我们在分地区的回归结果中还发现，东部地区的扭曲和中介效应作用较小，中西部地区的扭曲和中介效应较大。根据这一结论，人力资本在垄断部门和竞争部门间的正确配置将对产业结构升级和经济高质量发展起到重要作用。

第 9 章为矫正人力资本错配的治理措施：以混合所有制改革为例。根据前文对人力资本错配的成因分析，本书认为人力资本在所有制部门间的错配是导致中国创新效率低下的重要原因之一，但是有关混合所有制改革对人力资本错配的改善效果仍是一个亟待探究的领域，而本章就针对这一问题展开了系统论证。本章通过一个基于 TFP 内生性假定的框架分析了所有制间高等教育劳动力错配的形成及分解，在将内生增长理论引入该框架后，根据人力资本在规模和外溢性两个维度对其边际产出的不同影响，将人力资本在所有制间的相对价格扭曲分解为规模相对价格扭曲和技术相对价格扭曲，发现相比于规模相对价格扭曲，技术相对价格扭曲引发的 TFP 损失更为严重。根据这一结论，笔者认为混合所有制改革能否有效缓解所有制间人力资本错配的关键在于搭建人力资本发挥外溢性的渠道。经验证据表明：混合所有制改革主要通过约束国有企业高管基于雇员聘用权的剩余索取权和完善利润分配机制，来缓解人力资本在所有制间的错配。但在行政垄断环节，混合所有制改革未能有效改革国有企业管理体制，导致混合所有制改革对人力资本在所有制间错配的影响较小，尤其是技术相对价格扭曲引发的错配。这一结论为中国在行政垄断行业内推进混合所有制改革、缓解所有制间人力资本错配、激发社会创新潜力提供了政策依据。

第 10 章为人力资本错配的治理路径与建议。在前述部分，本书对人力资本错配的测算、成因及其扭曲效应进行了系统和全面的解读。在此基础上，探讨并提出缓解人力资本的技术配置扭曲和规模配置扭曲程度的具体对策，以期对促进经济增长由人口红利驱动向人才红利驱动转变、助力经济高质量发展起到关键作用。优化人力资本供给层次、纠正人力资本创新环节错配、推进要素市场化配置改革，进而优化人力资本结构是构建现代化经济体系的关键举措。基于前文对人力资本错配的成因分析，本章仍从供给与需求两个角度给出人力资本错配的治理路径与建议。首先，从供给角度来说，笔者认为大量的高学历人才进入并沉积到国有垄断部门，导致出现了全社会受教育水平较低和垄断行业教育过剩并存的现象。因此，笔者建议：一方面，要关注市场化部门在生产力波动中如何流失人力资本，建立公共部门、非公共部门以及国有单位、非国有单位之间人才的平等竞争、顺畅流动的机制，实现劳动力和人才的合理流动，提升配置效率；另一方面，通过优化人力资本多层次供给，建设高素质专业化创新团队。加强创新型、应用型、技能型人才培养，打造国际一流的创新团队，壮大高水平工程师和高技能人才队伍。将创新融入人力资本积累过程，贯穿教育始终，在各专业基础上加入创新思维，有效实现专业和创新的融合。其次，从需求角度来看，笔者认为行政垄断行业内企业自身在市场环境中不具有自生能力，只能在政府保护下维持生存，其创新动力和创新条件都较为欠缺，政府补贴和信贷资源向行政垄断行业内企业的过度配置，并未转化为产出或创新产出，而是在“所有者缺位”的条件下转化为工资溢价，吸引人力资本进入，造成人力资本错配。根据这一认识，本章建议：一方面，推进混合所有制改革，促进国有资本和非国有资本的优势互补，优化国有企业产业布局。通过引入非国有大股东，制衡国有“超级股东”权力，由于国有垄断企业通常规模较大，“超级股东”以及国有管理体制难以动摇，因此引入非国有大股东以监督和激励国企高管行为、完善经营机制十分必要。同时，还要改善垄断部门的公司治理结构，消除工资溢价，结合企业政府补贴、信贷获取规模和盈利水平等实际情况，合理提升行政垄断行业企业的纳税比例并对垄断部门的超额利润进行重新分配，以缓解垄断部门人力资本的盲目扩张，并最终实现人力资本的有效配置。另一方面，要降低行业壁垒，优化信贷和补贴资源配置。放松对“科教文卫”等事业单位和公共服务部门的管制，加大对于竞争部门的创新扶持力度，提供与其创新风险和创新能力相匹配的薪酬激励，引导高级人力资本进入创新部门，提高整体生产效率，实现以人力资本价格为基础的配置机制。

第 11 章为结论与展望。本章在对全书内容进行简要回顾的基础上，进一步说明了本书研究的不足，并对未来研究进行了展望。具体来说，笔者给出了三个未来可能深入的研究方向：第一，关于人力资本错配的测算框架还有待进一步细化与深化，可以寻找更具体的数据与测算方法，构建更加全面的指标进行测算。第二，考虑当前产业高质量发展的背景，与其密切相关的高新技术产业等现代产业体系中也会存在相应的人力资本错配现象，也会有由人力资本错配引发的扭曲效应。根据这一认识，未来我们可以对这些产业中的扭曲效应进行进一步的研究解读。第三，我们可以把研究视角转移到现代产业体系的人力资本错配程度上，从微观视角进行分析，考虑到人力资本是产业链进行协同创新的核心影响要素，探讨人力资本错配对于全产业链升级的影响，以便进一步理解人力资本错配对我国经济增长的负面影响。

1.3.2 研究框架

本书的研究框架如图 1－1 所示。

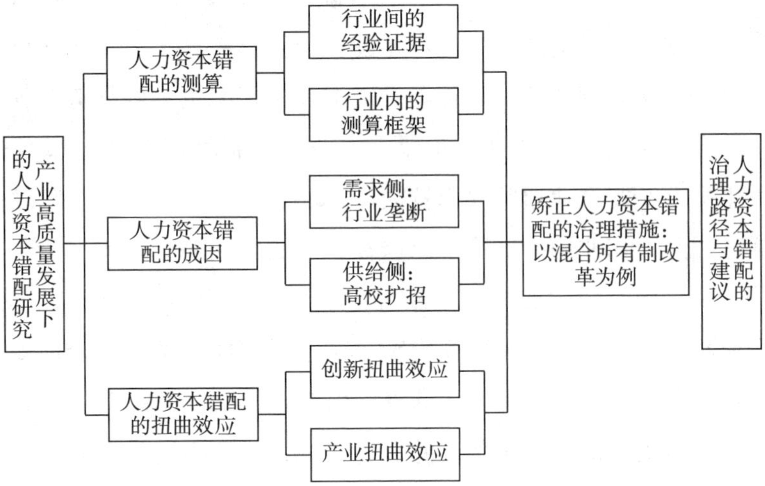

图 1－1　本书的研究框架

1.4 本书的拟创新之处

与现有研究相比，本书的拟创新之处具体体现在以下方面：

（1）基于现有研究对人力资本错配的相关探索，本书首先对 H－K 框架进行了扩展，将包含人力资本的生产函数引入 H－K 测算框架，放宽规模报酬不变的假设，提出利用企业数据计算人力资本错配引发 TFP 损失的测算框架，构建了基于企业所有制的行业内的人力资本错配测算框架。其次，借鉴 Mabee（1997）的计算方法，估计了 1998—2007 年（除 2004 年外）的企业人力资本存量。同时，运用 Levinsohn 等（2003）半参数估计方法估计出我国三位数工业行业的要素产出弹性，识别了要素错配程度对规模报酬性质和要素生产弹性的敏感性。最后，利用测算框架计算人力资本错配和 TFP 损失，丰富了对于人力资本错配程度测算的相关研究。

（2）基于现有研究对于人力资本错配成因的探讨，本书对人力资本错配成因展开了进一步解读。从供给和需求两个角度对人力资本错配成因进行了研究分析：从供给角度来说，基于全社会受教育水平较低和垄断行业教育过剩并存的人力资本错配现象，本书利用 DID 模型检验高校扩招与人力资本配置之间的关系。研究发现，高校扩招通过降低规模配置效率和技术配置效率加剧人力资本错配，导致人力资本在国有垄断部门和非国有部门间的错配。从需求角度来说，本书认为行政垄断是导致人力资本错配的重要原因。在此基础上，本书基于 1998—2007 年中国工业企业数据对人力资本在不同所有制企业间的错配进行了测算，得到了行政垄断通过行业壁垒、政府补贴和信贷偏好三个方面提高人力资本错配程度的研究结论。

（3）基于现有研究关于人力资本错配对经济增长负面影响的分析，本书将其解读为创新扭曲效应与产业扭曲效应两大效应，并对其内生机理进行具体的分析探讨。基于创新扭曲效应的角度，本书强调行政垄断所引起的资本和人力资本错配才是导致我国自主创新水平低下的重要原因，要素（所有制）错配仅仅是行政垄断的表现形式。进一步地，本书利用 2000—2014 年的相关数据对行政垄断、要素错配和自主创新的关系进行实证分析，得出结论：行政垄断是要素错配的制度性基础，其通过扭曲资本和劳动力的价格，造成了资本和人力资本在不同所有制企业之间的错配，挤出了本该应用于非国有企业的资本和人力资本。因此，在国有企业创新缺乏效率的前提下，行政垄断将抑制自主创新，行政垄断和信贷所有制歧视（人力资本错配）的程度越高，总体的自主创新水平便越低。从产业扭曲效应视角来看，本书构建人力资本错配阻碍产业结构升级的理论分析框架，具体从技术创新、产业结构偏离度、竞争部门收入增长和两部门收入差距四个方面分析了人力资本错配阻碍产业结构升级的中介机理。在此基础上，本书进一步构建了人力资本错配和产业结构升级的相关指标，并基于2000—2018年的省际平衡面板数据利用中介效应模型识别以上中介机制。结果表明，人力资本错配不仅抑制技术创新，引起产业结构偏离，还限制竞争部门收入增长，拉大垄断部门和竞争部门间的收入差距，并最终阻碍产业结构升级。

2　文献综述

2.1　要素错配的研究起点及研究现状

2.1.1　研究起点

学术界关于要素错配研究的开展始于对跨国收入差距原因的探讨。自 Solow（1956）在解释人均产量地区差异时首次强调技术进步对经济增长的作用后，TFP 成为研究这一问题的切入点①。此后，基于 Solow 的这一研究框架，Prescott（1998）、Hall 和 Jones（1999）、Caselli（2005）等研究证实，TFP 确实是解释不同经济体经济增长差异的重要原因。继而，对这一问题的研究工作逐渐深入至影响 TFP 的各因素层面，大体形成了技术差距与要素配置两大视角。首先，在传统的经济增长理论下，市场有效和资本收益率递减规律决定了技术进步及其扩散速率是导致跨国收入差距的重要因素，代表性文献有 Aghion 和 Howitt（1992）以及 Comin 和 Hobin（2011）等。其次，对于通过重新配置要素来提升产出效率的考察，至少可以追溯到 Syrquin 的研究。Syrquin（1986）推广了 Solow 的增长核算框架，把 TFP 的增长分解为行业 TFP 的增长以及要素配置效应，指出在 TFP 保持不变的情形下，只要对行业间的要素进行重新配置同样可以提高经济整体的 TFP，这一研究无疑跳出了将技术差距视为导致 TFP 国别差距唯一因素的思维困

① Solow(1956)将总产出表征为两种生产要素(资本、劳动)与“索洛余值”(Solow 用“技术进步”来对其加以描述)共同作用的结果。根据 Solow(1956)的本意,“索洛余值”即未被测度到的因素,其实正是广义上的全要素生产率。

境。然而，需要指出的是，虽然 Syrquin 的分析为解释 TFP 差异提供了新的洞见，但其并未指出要素配置有可能错配从而引发低效率，且其本身是描述性的，并不能分析各行业之间要素配置不合理的原因，也不能指出究竟怎样的要素配置才是更为合理的。而随后兴起的关于要素错配和 TFP 损失的研究在一定程度上弥补了上述缺陷。例如，Baily 等（1992）进一步从要素错配的视角，研究了要素错配与生产率之间的关系，研究发现 20 世纪 80 年代美国制造业生产率的增长大约有一半可以归功于生产要素的再配置。这类文献从证实要素错配对经济效率的影响、研究导致要素错配的成因并寻找减轻或消除要素错配程度、提升经济体 TFP 的途径出发，成为研究经济可持续增长的又一分支。

要素错配[①]（Factor Misallocation）概念来自有效配置（Efficient Allocation）。有效配置是指从社会角度看能让有效资源获得最大产出的配置效率，而“错配”就是对于这种理想状态的偏离。经济学原理告诉我们，在市场处于完全竞争条件下，要素能够自由流动以实现帕累托最优。如此，在“看不见的手”的指引下，要素会从投资回报率低的部门自动流向投资回报率高的部门，直至各部门的边际产品价值（MRP）相等。然而，由于在现实经济运行中存在信息不对称、垄断势力以及扭曲的制度安排阻碍要素在部门间的自由流动，导致市场中既存在具有要素获取优势的要素过剩部门，也存在具有要素获取劣势的要素短缺部门，各部门间边际收益差异扩大偏离帕累托最优状态，造成要素错配。

目前，学界尚未对要素错配形成一个确切的定义。Hsieh 和 Klenow（2009）首次将要素错配概念具体化为在生产技术为凸的条件下，静态的经济系统中各经济主体投入要素的边际产出在横截面上不相等。这意味着通过对在位经济主体间“要素错配”的纠正，使各经济主体的边际产出相同，能够达到要素的有效配置。相应地，在考虑了企业的生产技术非凸或

① 对“Misallocation”一词，国内有部分学者如杨振和陈甬军（2013）、聂辉华和贾瑞雪（2011）将其译为“误置”，本书遵循袁志刚和解栋栋（2011）、陈永伟和胡伟民（2011）等文献的译法，将其译为“错配”。

潜在进入企业比在位者有更高的生产率后，Banerjee 和 Moll（2010）进一步扩展了要素错配的外延，指出即使经济中所有企业的边际产出相等，通过企业的进入和退出机制重新分配要素仍可以提高总产出水平。可见，参考以上学者的定义，依据生产技术是否满足凸性，能够将要素错配总结为内源型错配和外延型错配两种类型。国内外许多研究证实，相较于在位企业间要素错配引发的生产效率损失，要素市场不完备导致的“外延型错配”引发的损失更大（Midrigan and Xu，2014；Peters，2013；Jaef，2014；盖庆恩等，2015）。由于外延型错配在具体分析中运用的困难，目前关于要素错配的研究主要集中在内源型错配上。除对要素错配类型的界定之外，Romer（1990）还认为要素错配包括两种表现形式，即要素在数量上的错误投入造成的错配，以及要素在类型上的错误投入造成的错配，其中，后者所造成的经济影响效应最大。

2.1.2 研究现状

研究要素错配的文献基本上形成了两种思路：一种是直接测度某一类因素导致要素投入的扭曲程度，这种扭曲一般与产业结构、政策、制度相关联，并定义为单位资本、劳动及中间产品由于某些因素而导致边际收益产品的不对等程度；另一种是不关注导致要素错配的某种具体原因，而是间接测算资源错配造成的 TFP 损失。Restuccia 和 Rogerson（2013）将这两种方法定义为直接法与间接法。

直接法的目的是识别特定政策和制度所产生的错配效应。早期的研究认为，很多政策和制度都会产生错配并会导致效率损失，但是这些政策和制度所产生的错配程度不一，因此需要从众多因素中挑选出导致效率损失最大的几项政策和制度，且条件是能够从现实中获取相关数据对其进行衡量。

在政策因素方面，一类文献探讨税收政策与要素错配的关系。国外学者 Hopenhayn（1993）便较早涉及税收政策导致企业劳动要素错配的情况，研究了工人解雇税对劳动配置的扭曲。在此基础上，Aoki（2012）假定资本和劳动存在线性税收，以此构建了要素摩擦系数衡量扭曲程度。在讨论中国税负与资源配置关系的相关文献中，陈晓光（2013）利用 H－K 模型和制造业企业层面数据进行实证研究，结果表明，企业间有效增值税率的差异会导致要素错配以及行业 TFP 降低 7.9%。进一步地，考虑到单一税种反映企业真实税负的片面性，刘啟仁和黄建忠（2018）基于可变加成率框架，重点考查了企业“综合税负”水平及其离散度对要素配置扭曲的影响。补贴作为政府另一重要的产业政策工具，此类文献着重考察了差异化的补贴政策带来的要素错配与效率损失。Restuccia 和 Rogerson（2008）在理论上揭示了政府补贴会扭曲资源配置，进而降低行业加总的生产率的机制。蒋为和张龙鹏（2015）、金晓雨（2018）通过利用中国工业企业数据进行实证，同样发现补贴差异化会造成资源误置。另一类文献探讨了贸易政策与要素错配的关系。Khandelwal 等（2013）指出，中国政府的出口配额分配制度阻止了更具生产率的纺织服装企业进入出口市场，因而消除配额的生产率收益，主要来自消除配额的错配（71%）而不是配额本身（29%）。钱学锋等（2015）基于 M－O 模型研究认为，出口退税政策扩大了出口部门与非出口部门之间的成本加成差异，加深了两部门之间的资源误置程度。类似的研究还有 Chai（2012）、Defever 和 Riafio（2013）、许家云等（2017）。

最典型的制度安排是发展中国家普遍存在的针对特定市场（产业关联性大的行业）和特定主体（国有企业和正规部门）实施的有选择性的信贷配给，因此关于制度原因造成的融资约束的研究最为丰富（Banerjee and Moll，2010；Midrigan and Xu，2014；樊娜娜、李荣林，2017）。在其余研究中，Hsieh 和 Klenow（2009）根据中国、印度和美国的经济普查数据对三国的要素错配程度进行测算。结果表明，如果中国消除垄断制度、印度取消许可证制度并按照和美国相同的边际收益产品来分配资本和劳动力要素投入，可使中国制造业 TFP 提升 40%，使印度制造业 TFP 提高 50%。Johnson 等（2002）使用世界银行 1997 年有关波兰、罗马尼亚、俄罗斯、斯洛伐克和乌克兰 5 个转型国家的企业数据，发现较差的产权保护和契约执行制度显著降低了企业再投资率。以上两项研究均以多个国家为研究对象，考察由国别间制度差异引起的要素错配所导致的效率损失。具体到中国特殊的国情，还涌现出研究土地管理制度（张少辉、余泳泽，2019；李力行、黄佩媛、马光荣，2016；史常亮、占鹏、朱俊峰，2020）、户籍管理制度（李晓飞，2019）、地方保护及市场分割（简泽，2011；谢攀、林致远，2016）、市场化转型（马光荣、纪洋、徐建炜，2017）和政治关联度（Dollar and Wei，2007；谢攀、李文溥，2015）等制度安排与要素错配关系的研究。

现实中导致要素错配的原因有很多，比如降低贷款利率、特定的税收优惠、补贴、减少竞争的措施等。要考察某一个特定的政策或者制度导致的要素错配所产生的 TFP 效应，难度较大且难以区分重要程度。因此，直接法难以全面衡量要素错配所导致的效率损失。鉴于直接法的缺陷，间接测算法不去考察某一个特定因素，转而关注结果，即所有可能导致要素错配的因素对 TFP 产生的净影响。

间接测算法的基本思想是任何可能导致要素错配的因素会在最优化问题的一阶条件中产生一个“经济楔子”（wedges），相当于对投入要素征收了一个比例税。因此只需要关注“经济楔子”的大小而不是关注产生“经济楔子”的原因，这使得测算起来更为全面和直观。这类文献通常使用企业之间的生产率离散度来刻画要素错配程度（Bartelsman and Doms，2000），衡量 TFP 离散度常用的指标是 90% 分位企业的 TFP 与 10% 分位企业的 TFP 之比以及范围内的标准差。Syverson（2004）采用不同的衡量生产率的方法对美国四位数行业的 TFP 离散程度进行了测算，结果显示：75/25、90/10 以及 95/5 的比值与 1 仍然有较大差距，表明美国四位数行业 TFP 离散度较大，存在明显的要素错配。据此，聂辉华和贾瑞雪（2011）测算了中国 1999—2007 年制造业要素错配程度，各年 90/10 的 TFP 比值都大于 1，说明中国制造业确实存在较为严重的要素错配。根据衡量离散度这一思想，Hsieh 和 Klenow（2009）在垄断竞争模型的框架下引入 TFPR 指标的离散程度来衡量跨企业要素的错配程度，其证明行业的企业间 TFPR 的差异越大，行业的总 TFP 越小。Brandt 等（2012）又在上述学者的基础上突破了单一部门的限制，通过比较效率 TFP 与实际 TFP 水平间的差异，测量了因中国要素市场扭曲所导致的国家总 TFP 损失与各省 TFP 损失。

2.2 要素市场不完备的成因以及研究现状

从本质上说，发达完善的要素市场是市场能够有效配置要素的前提条件，而要素市场的不完备不仅会造成内源型错配，还会引起外延型错配。在不完备的要素市场中，不仅由于要素可获得性的差异扭曲要素价格，而且存在阻碍要素自由流动的各种障碍，如地方保护性壁垒的设置造成各种要素市场分割。这直接妨碍了市场竞争机制的配置作用，使得企业或行业间的要素流动无法建立在其生产效率之上，影响在位企业间的优胜劣汰，使得潜在企业面临更加明显的成本劣势。尤其对于发展中国家，要素市场不完备是其要素错配及配置效率低下的主要原因（Hsieh and Klenow, 2009）。接下来，笔者从资本与劳动力两大要素出发，研究要素市场不完备的成因及研究现状。

2.2.1 资本错配

在生产过程中，从金融市场获得充足的资本是企业最为重要的活动，资本是企业生产最为关键的投入要素。Banerjee 和 Duflo（2005）、Moll（2014）、Midrigan 和 Xu（2014）等的研究表明，金融业的发达程度决定了资本要素市场的完善及资本要素的有效配置，而当一国金融市场发生扭曲时，将会产生金融摩擦和信贷扭曲进而影响资本在企业间的配置效率。鉴于金融市场的重要性，相当一部分文献探讨了由金融市场扭曲所导致的资本错配。

学者们对于资本错配的探讨始于 20 世纪 90 年代。Banerjee 和 Newman（1993）、Galor 和 Zeira（1993）、Piketty（1997）、Aghion 和 Bolton（1997）等较早地探讨了金融市场的不完善对于经济的不利效应。在此基础上，Kalemli 和 Sorensen（2012）以非洲 10 个国家为研究对象，发现金融的可及性显著影响了资本在企业间的配置，金融可及性高的国家的企业资本边际产出比金融可及性低的国家高出 45%。进一步地，Amaral 和 Quintin (2010)、Buera 等（2011）分别测算了引起信贷市场扭曲的各种因素对 TFP 和产出水平的影响程度。Brunnermeier 等（2012）将金融摩擦导致的资本流动受限归类为债务融资借贷约束、股权融资中股份出售的限制、保险市场中的异质性风险和金融基础设施建设不平衡导致的金融参与度差异四类。我国学者李欣泽和陈言（2018）对金融摩擦与资本错配的关系进行了详细的综述，分别从异质性借贷成本、借贷约束、信息不对称、不完全契约下的受限执行、企业进入与退出决策、部门间资源再分配等多重视角，总结和梳理了金融摩擦影响要素配置效率、造成资源错配的不同作用机制。

对于我国资本错配，现有研究多从所有制歧视角度探讨金融市场扭曲造成的效率损失。这是基于我国的金融市场尚未完全开放，金融资源相对稀缺，信贷配给机制使得银行在信贷资金的分配中起着决定性作用（刘小玄、周晓艳，2011），而我国金融体系的一个显著特征是国有商业银行占据重要地位。在这一制度背景下，银行更加倾向于为国有企业提供信贷资金，所有制成为影响银行信贷资金配置的重要因素。Dollar 和 Wei（2007）认为，私有企业和外资企业的资本回报率显著高于国有企业，如果对资本重新进行有效率的配置，中国投资密集度可以减少 5% 而保持同样的经济增长。鄢萍（2012）通过模拟矩方法，研究发现企业间利率差异是造成我国资本错配的主要原因，其次是投资的不可逆性，资本调整成本的影响最小，而正是信贷市场的所有制歧视导致了不同类型企业间的利率差异。类似的研究还有方军雄（2007）、Song 和 David（2011）、张佩和马弘(2012)、王林辉和袁礼（2014）等，均使用企业数据证实金融市场的所有制歧视会扭曲资本配置。与上述研究不同的是，于蔚（2012）仅使用非国有企业数据，研究发现在非国有企业之间仍存在严重的金融歧视，这主要表现为正规金融对没有政治关联的非国有企业的歧视。但无论是所有制还是这种政治关联带来的信贷优势，均为政治扭曲的一种反映。然而，白俊和连立帅（2012）却对这一观点提出了质疑，他们使用 2003—2009 年 A

股上市公司数据，运用 Blinder－Oaxaca 回归分解法对信贷资金配置差异进行分解，将所有制歧视与禀赋差异相区分，研究发现，我国不同所有制企业间信贷资金配置差异主要源于非国有企业自身禀赋不足而非所有制歧视。之后，苟琴等（2014）利用世界银行对中国企业投融资环境调查数据进行分析，同样发现，国有和非国有企业间不存在信贷歧视，而信贷资金配给更多地与企业自身禀赋和宏观金融环境有关。因而这些研究提醒我们，要实现信贷资金的优化配置，不能过度强调所有制平衡观，而应该着重改善企业的自身条件，建立有效的金融市场制度环境。

此外，还有一些其他的研究视角。考虑到市场化程度的提高能够制约垄断行为，提高产品市场和要素市场的流动性和竞争性，更好地引导资本在行业间转移调整。方军雄（2006）在我国市场化进程加快的背景下，直接检验了市场化进程与资本配置效率之间的关系。白俊红和刘宇英（2018）考察了在开放环境下，作为生产要素跨国配置的一种重要方式，如此大量的对外直接投资如何影响国内的资源配置，其采用 2003—2014 年中国 29 个分省数据，证实对外直接投资有助于要素错配状况的改善。崔书会等（2019）从产业协同集聚视角出发，研究发现产业协同集聚的提高会显著降低资本错配指数和劳动力错配指数。杨豪（2022）研究了企业融资寻租扭曲资本要素配置的内在机制，实证结果表明，融资寻租与资本要素错配存在正相关关系，进行融资寻租的企业的资金使用成本相较于未进行的企业低 15%。不难发现，虽然研究视角不同，但上述均是基于导致金融市场不完善的成因以及改善因素出发进行的理论和实证研究，即所有制歧视（政治扭曲）、企业自身禀赋差异和融资寻租能够解释我国金融市场的不完善；封闭经济条件下，市场化进程的加快、金融摩擦的减少、产业集聚水平的提升能够减少资本要素流动障碍；开放经济条件下，对外直接投资的增长能够提高资本配置效率。

2.2.2 劳动力错配

早期的要素错配研究（如 Hsieh and Klenow，2009）较少将劳动力市场的扭曲考虑在内。一方面是由于与资本市场相比，劳动力市场的扭曲程度较小。另一方面则更多的是出于简化问题的考虑。后期的一些研究表明，在很多国家，尤其是发展中国家，劳动力市场扭曲所造成的要素错配对 TFP 的影响是巨大的，因而忽视其效应以简化问题可能并不合理。

关于劳动力错配的存在性，Hayashi 和 Prescott（2006）在分析二战前日本未发生“日本奇迹”的原因时，指出在“马尔萨斯”和“索洛”之间存在着一个过渡阶段，其关键任务是摆脱约束劳动力流动的障碍，运用数理模型推导得出农业与非农业部门间劳动力流动障碍造成的劳动力错配是阻碍其经济发展的重要原因。Aoki（2008）分别在存在劳动力错配与不存在劳动力错配两种假设条件下构建了农业、非农业两部门模型检验 Hayashi 和 Prescott 假说，证实了日本劳动力错配现象的存在性。Ho（2010）考察了印度严格的劳动力市场管制措施造成的劳动力错配现象，估计出这一劳动力市场管制带来的 TFP 损失大概在 5% ~8%。Elsby 等（2010）、Micco 和 Repetto（2012）也分别证实了在美国、英国和智利等国家存在劳动力市场扭曲，重新配置劳动力会带来产出效率的提升。参考 Aoki（2008）的核算方法，袁志刚和解栋栋（2011）运用中国改革开放 30 年的宏观经济、产业相关数据，研究发现由劳动力流动障碍导致的劳动力在部门之间的错配对经济增长造成的平均效应损失大约在 8%。

对于劳动力错配产生的原因，不同研究方法有不同的研究结论。Dickens 和 Kevin（1985）通过明瑟方程测算得出美国主要和次要劳动力市场的工资决定机制不同，且主要劳动力市场的明瑟收益率高于次要劳动力市场，同时指出美国劳动力市场的分割导致了该国劳动力的错配。Temple（2005）指出二元经济模型可以更好地解释发达国家经济增长，由此他将要素错配引入农业部门与非农业部门二元经济模型中，并构建劳动力错配指数以衡量劳动力错配水平，而该指数的大小取决于总劳动中技能劳动所占比重、技能劳动与非技能劳动相对生产效率以及非农部门产出份额。Shimer（2005）通过构建动态错配模型来考察劳动力错配的成因，该模型还可以量化劳动力错配与失业、岗位空缺与再就业率的关系，在实证上与贝弗里奇曲线一致。Lagos（2006）将劳动力市场扭曲引入 TFP 模型以考察 TFP 的影响因素时，指出雇佣规模、雇佣补贴、失业津贴、解雇津贴等劳动力市场政策会影响劳动力错配程度。

我国学者则多从劳动力市场分割角度考察我国劳动力要素配置情况，研究内容主要集中于由我国特殊的制度性安排（如户籍制度）、行政垄断等因素形成的劳动力市场的城乡分割、行业分割、所有制分割以及职业分割等。郭丛斌（2004）运用 2000 年城镇住户调查数据对二元制劳动力市场分割理论进行了验证，发现中国存在二元制的劳动力市场分割且随着地区经济发展水平的提高，劳动力市场分割程度逐渐减弱。李实和马欣欣（2006）研究了中国城镇职工的性别工资差异与职业分割，发现 20 世纪 90 年代后期中国城市存在较为严重的性别职业分割，揭示了职业内性别歧视性因素是导致男女工资差异的最主要原因。陈林等（2016）研究发现，行政垄断与要素价格扭曲呈显著的正相关关系，国有企业的劳动力价格明显高于民营企业，劳动力价格扭曲程度与行业的竞争程度、政府行政规制强度高度相关。李晓飞（2019）以“刘易斯拐点”到来的 2003 年和人口红利趋于枯竭的 2013 年为时间节点，考察了户籍分割对劳动力错配和土地错配的影响及其变化。乔小乐等（2019）基于中国制造业企业数据探讨了僵尸企业的劳动力错配效应，研究发现，僵尸企业的存在不仅会挤出正常企业的劳动力就业造成内源型错配，还会扭曲市场退出机制造成外延型错配，且僵尸企业对正常企业中非国有企业、劳动密集型行业的劳动力资源错配效应更显著。

中国现有的研究理论表明，除中国特有的制度、户籍、行政垄断等原因外，企业薪酬水平、城镇化水平、贸易自由化等众多因素的存在使得劳动力资源在不同产业、行业、地域间错配。李小胜等（2019）研究发现，提升企业的薪酬水平对劳动力错配有显著的改善效应，一方面提高了企业的存活概率，促进了市场竞争；另一方面“倒逼”企业提高自身的生产率，从而改善劳动力错配，但在不同地区和所有制企业间存在异质性。周申等（2020）研究了贸易自由化对劳动力错配的影响，发现最终品与中间品贸易自由化均显著降低了制造业行业劳动力资源错配的程度，但与最终品相比，中间品关税削减带来的影响更大。吴青山等（2022）以新型城镇化试点政策为准自然实验，采取多期双重差分法系统考察了新型城镇化对劳动力错配的影响效果及作用机制。研究发现，新型城镇化建设对劳动力错配存在显著的缓解作用且这一作用在经济发展水平较低、城市人口规模较小的地区更为显著。

在当今数字经济蓬勃发展的背景下，还涌现出数字经济究竟如何能对要素配置产生影响，能否起到降低中国要素错配水平的作用的研究。张永恒和王家庭（2020）研究发现，数字经济对资本错配存在显著的负向影响，对劳动错配的影响并不显著。田杰等（2021）进一步将数字金融与资源错配纳入一个统一的分析框架，研究发现数字金融对我国资本错配和劳动力错配存在显著的改善效应，提高了整体资源配置效率。孙焱林等（2022）单独考察了数字金融与劳动力错配的关系，他们从劳动力市场需求和供给的角度，构建了数字金融通过劳动力效应和人力资本效应影响劳动力错配的理论分析框架，并且运用地级市数据实证了数字金融能够显著改善劳动力错配。对于数字经济与劳动力错配的关系，夏海波等（2021）还考虑了网络基础设施的正外部性，研究发现，网络基础设施建设的“正外部性”空间网络效应能够缓解劳动力错配，且邻地效应大于本地效应，能够通过改善邻地劳动力错配带动周边城市就业。由此可见，随着数字经济快速发展，如何依靠大数据、云计算等数字技术提高要素配置效率、降低要素错配水平，成为中国深化供给侧结构性改革，快速实现高质量发展的重要议题。

2.3 人力资本错配

从世界各国经济发展的进程来看，物质基础的相对贫乏并不必然阻碍一个国家成为经济强国（二战后的日本经济发展历史是最为典型的例子），而一个地区或国家经济的持续发展越来越取决于该地区内物质资本存量和人力资本存量综合作用的结果。即使在没有任何技术转让障碍的情况下，先进技术与低水平技能的不匹配也将导致发达和欠发达经济体之间巨大的生产力差异（Acemoglu and Zilibotti，2001）。根据内生增长理论，不同于传统生产要素，人力资本具有收益递增的特征，且能够减缓其他投入要素的边际生产率下降趋势，促进知识的传播和创新并带来技术进步，因而当经济发展进入内生增长阶段之后将趋于持续稳定增长。然而向更高质量增长阶段转变过程中，由资本驱动劳动生产率提升的规模效率模式将会被取代，劳动生产率提高从根本上取决于人力资本的有效利用，人力资本日益成为在国际竞争中领跑的关键利器（Strulik，Prettner，and Prskawetz，2013；Peretto and Valente，2015）。Schultz（1961）通过对美国国内数据的实证分析指出，人力资本投资，尤其是从业人员受教育程度的持续提高是美国经济的增长幅度超过投入要素（物质资本与劳动力）的增长幅度的主要原因。我国学者袁富华等（2015）指出，经济追赶的本质在于人力资本追赶和人力资本结构升级。他们对中国、日本、韩国以及拉美和东南亚各国的各级人力资本深化程度进行了比较，发现人力资本的积累能力在经济追赶国家之间存在显著差异，我国初级人力资本的深化在近年出现萎缩趋势，第二级人力资本发展过程中重数量轻质量、"壅塞"问题突出，并且第三级人力资本积累严重不足，亟须探索适宜的人力资本梯度升级路径。然而，人力资本的竞争不仅包括积累能力的竞争，还包括配置效率的竞争。在既定人力资本规模条件下，人力资本在各行业部门间存在一个最优配置比例，偏离这一最优比例将有损经济产出效率。对于中等收入国家而言，若不能通过人力资本等创新要素的合理配置以提高劳动生产效率，将面临静态比较优势陷阱的困境（Teixeira and Queirós，2016）。

2.3.1　人力资本错配的研究视角

（1）公共部门与市场部门错配

较早从寻租视角分析人力资本配置的研究是 Murphy 等（1991），其认为寻租只是财富的再分配而非生产性活动，因此从事寻租活动而非选择进入市场部门的人力资本越多，越不利于提高产出效率并推动技术创新促进经济的增长。他们使用跨国数据研究发现，如果一个国家的工程师比例较高，经济增长往往较快；而如果一个国家的律师比例较高，经济增长通常较慢。从这一研究开始，关于寻租、腐败与经济增长的文献大量涌现（Acemoglu，1995；Mauro，1995；吴一平、芮萌，2010）。现实中，在大多数欠发达国家从事寻租活动的收益高于在企业部门获得的收益，使得人力资本错配成为欠发达国家经济停滞的重要因素。Ebeke 等（2015）从寻租的角度分析了发展中国家人才错配现象，通过构建人才配置与制度质量的交互使用项，使用 69 个发展中国家的数据发现，在制度质量差的时期人才资源倾向于进入石油垄断部门进行寻租，进而造成了人才资源错配。在稳健性检验中作者替换制度质量指标和回归方法，结论仍然成立。

与其他发展中国家类似，中国也存在人力资本配置偏向政府部门或者垄断部门的现象。Wu 和 Hung（2008）指出，1995 年后中国政府在土地、金融等资源上的配置权力进一步加强，而法制建设却没有跟上，在金融部门的改革也严重滞后，这导致了中国寻租活动的收益日渐提高，许多高能力的企业家被吸引进入寻租部门。除政策制度因素外，优秀人才配置偏向政府部门的最主要的决定因素是经济回报。许多研究证实，与非公共部门相比，公共部门确实存在工资溢价（张车伟、薛欣欣，2008；尹志超、甘犁，2009；姜励卿、钱文荣，2012）。尹志超和甘犁（2009）使用 CHNS 数据，对我国 1989—1997 年公共部门和非公共部门之间的工资差异进行了分析，估计得出政府机关比非公共部门工资高出 5.67%，国有事业单位比非公共部门工资高出 24.60%，且这一差距在 2000 年以后呈逐渐扩大的趋势。

基于“公务员热”“国有部门热”等社会现象，许多学者致力于研究政企间人力资本错配与经济增长的关系。李世刚和尹恒（2014）尝试利用异质性个体的 OLG 模型，内生化人们的职业选择，运用校准和数值模拟的方法评估人才误配置的社会成本。模拟结果表明，在寻租职位的非货币吸引力比较正常区域内，这种社会成本相当于潜在产出的 10% ~20%。李世刚和尹恒（2017）进一步使用 2005 年全国 1% 人口抽样调查数据中政府与企业雇员的平均受教育年限之比计算地区的人才配置状况，对地级市 2001—2010 年长期经济增长率进行了实证分析，证明中国确实存在政府和企业间的人力资本错配，优秀人才越是偏向于配置到政府部门的地区，其长期经济增长率越低。李静和楠玉（2019）则厘清了在我国经济减速时期，公共部门和生产性部门间人力资本错配对经济稳增长影响的具体实现机制。他们构建了一个包含公共部门和生产性部门的两部门增长模型，采用1961—2015年30个OECD国家同中国共31个国家的跨国面板数据进行实证检验，结果表明：相比美国等OECD国家，中国公共部门具有极高的人力资本强度，但在制造业等生产性部门人力资本强度过低，且中国公共部门人力资本配置比对经济稳增长的影响呈显著的倒“U”形关系，意味着当前中国公共部门人力资本配置比已经越过对经济稳增长正向作用的最优临界值，开始成为经济稳增长的阻碍因素。

（2）实体部门与虚拟部门错配

虚拟经济与实体经济背离已成为全球经济体系的“典型化”特征之一。在这一背景下，当前中国人才配置出现了新的转变，人力资本配置出现“脱实向虚”倾向。除了公共管理部门（政府），金融业和房地产业等“以钱生钱”的虚拟部门也成为高人力资本群体偏好的职业部门（苏治、方彤、尹力博，2017；王启超、王兵、彭睿，2020）。理论上，人力资本进入金融部门或者实体部门均对TFP的增长有贡献。在一定范围内，人力资本配置到金融部门有利于金融创新，满足经济增长的资本需求，从而促进TFP的提升；而人力资本配置到实体部门可以直接提高生产部门的研发创新能力，同样有助于TFP的提升。因此，金融—实体部门间人才配置与TFP呈倒“U”形关系，且存在最优配置比。然而，当前我国人才配置格局明显有偏，与金融部门相比，实体部门的人力资本水平严重偏低，主要表现为在两类部门间劳动供给增速差距扩大，以及从业人员素质差距显著（李飚、孟大虎，2019）。

Levine（2004）认为，金融体系最首要的功能是资源配置。朱鸿鸣和赵昌文（2015）从理论上将金融部门的资源配置功能分为“初次分配”和“再分配”两个环节，提出了一个关于金融与实体经济关系的新的理论框架。其中，“初次分配”是资源在金融和实体经济部门之间的分配，“再分配”是金融体系对其可支配资源在不同实体部门之间所进行的配置。他们指出金融部门不仅在人力资本的“初次分配”环节存在“虹吸效应”，而且当金融发展过度时，“再分配”环节同样存在“漏出效应”。此外，他们结合实际指出在当前中国“攫取性”金融体系下，“初次分配”存在严重扭曲，过多创新要素“脱实向虚”被过度配置到金融业，而“再分配”又无法消除这种扭曲，从而使得整个经济系统的资源配置效率下降。王启超等（2020）对人力资本配置“脱实向虚”造成的产出效率损失进行了规范的实证研究。他们使用金融业和制造业的人均受教育年限来衡量虚拟经济与实体经济之间的人力资本错配程度，基于1%人口抽样调查数据和中国工业企业数据库，研究发现在控制城市和企业变量的前提下，金融—制造业间人力资本配置与TFP呈显著的倒“U”形关系，金融—制造业人才配置拐点为1.10。他们证实在中国283个地级市中，有273个地级市的人才过度配置到金融业，显著降低了制造业的TFP，在其他条件不变的情况下，如果把高质量的人力资本配置到制造业，TFP可以继续增长2.7%。大范围的“金融热”反映了高人力资本群体的寻租倾向和期望，随之而来的是，人才向虚拟经济部门的过度配置将削弱全社会的创新能力，造成经济结构失衡，加剧“脱实向虚”的重大风险。后续学者可以就这一人才错配造成的创新损失、效率损失，以及如何制定制度纠正这一失衡问题以促进高质量发展等方面进行深入研究。

（3）行业间错配

行业间人力资本错配现象广泛存在。中国人力资本在行业间的错配主要表现在两个方面：一是人力资本价格在行业间的扭曲；二是人力资本数量在行业间的错配。马颖等（2018）根据Mincer（1974）的收入方程式，运用CHIP 2007和CHIP 2013微观数据，通过考察同质人力资本在各行业获得报酬的差异程度，对各行业人力资本价格扭曲值进行了估算。在控制劳动力个体特征后，2013年中国金融业平均收入与19个经济行业的整体平均收入的比值为1.22，而制造业的该比值为1.03，农业的该比值仅为0.98。类似的近期研究还有卓玛草（2021），其基于Aoki（2012）核算框架对 2004—2017 年 19 个行业的人力资本错配指数进行了测算，进一步分析了我国人力资本错配效应方向和演进趋势：整体来看，在样本期内我国人力资本错配程度明显改善并呈结构性变化趋势。其中，建筑业，交通运输、仓储和邮政业，信息传输、计算机服务和软件业及房地产行业的人力资本配置由不足逐步向有效、过度配置的态势演进，而科学研究、技术服务和地质勘查业，水利、环境和公共设施管理业，教育业，卫生和社会工作，公共管理、社会保障和社会组织的人力资本供给过剩程度逐渐减缓，人力资本错配指数不断趋近于 1。

行业间人力资本的错配会造成行业产出损失或过剩。Vollrath（2014）收集了 14 个发展中国家的个体工资数据，运用 Mincer（1974）的回归方法估计了这些国家不同部门之间人力资本错配对 TFP 的影响。研究结果表明，若能消除因人力资本价格扭曲造成的不同部门之间的人力资本错配，将使大多数发展中国家的产出增加近 5%。马颖等（2018）研究发现，消除与实体经济密切相关行业的人力资本错配会提升该行业的产出水平（如纠正交通运输、仓储和邮政业的人力资本错配将使得该行业总产出水平提升 1.57%），而纠正居民服务修理和其他服务业，公共管理、社会保障和社会组织，农林牧渔业的人力资本错配将会使得总产出分别下降 2.04%、1.60% 和 1.23%。

（4）其他研究

劳动力流动作为促进人力资本形成与有效配置的重要条件，其余文献多从劳动力流动视角考察人力资本的区域配置。一类文献考察了城乡间异质型人力资本流动（侯风云、邹融冰，2005；赵伟、李芬，2007；蔡武、陈广汉，2013）。这类文献分析了城乡两部门人力资本的内溢与外溢性特征，用城乡异质型流动人力资本的差异解释了城乡收入差距。另一类文献考察了人力资本跨区配置。许多文献探讨了国际移民通过知识溢出、技能协作及移民多样性效应，有效提升了流入国生产力（Ozgen，Nijkamp，and Poot，2011；Peri，2012；Bernstein et al.，2018）。张艺川和梁权熙（2022）在中国人口红利衰减、劳动力配置效率下降的背景下，从微观视角探寻了中国国内劳动力跨区流动是否会通过改善资源配置效率的途径提升企业生产率。其研究结果证实了这一假设，并且劳动力跨区流动对流入地企业生产率的提升效应主要是由高技能劳动力净流入所驱动的，同时并未降低净流出地的企业生产率。此外，作为调节人力资本区域配置的人才政策也受到了学者的关注。黄群慧等（2019）在各城市“抢人大战”的背景下分析处于劣势地位的二线城市的人才政策体系，以厦门市为代表总结出二线城市在人才引进政策实施中应找准自己的城市地位，完善产业布局，创造自身的差异化比较优势，与一线城市错位竞争。

2.3.2 人力资本错配的影响研究

自 Schultz（1961）开创性地把人力资本从一般劳动的范畴中分离出来，将其定义为体现在人身上的、可以被用来提供未来收入的一种资本之后，人力资本在经济增长中的作用越来越受到经济学家们的重视。罗默、卢卡斯等内生经济增长理论代表率先将人力资本作为一种内生变量引入生产函数，作为解释经济增长的重要因素。根据这一理论，许多实证研究使用跨国数据来检验人力资本对经济增长的作用（Benhabib and Spiegel，1994；Barro and Sala – i – Martin，1995；Barro，2001）。多数经验研究发现，人力资本的存量在经济增长中扮演着重要的角色，而 Gemmell（1996）的研究更是发现了人力资本的存量和增量对经济增长都有作用。Galor 和 Tsiddon（1997）通过建立世代交叠的经济增长模型，研究了人力资本配置、技术进步和经济增长之间如何相互作用。结果显示，经济增长依靠人力资本存量，而人力资本配置的作用更大。Giannini（2003）建立了人力资本分布模型，提出人力资本分布和人力资本禀赋的差异共同作用于经济增长：人力资本分布越均衡，经济增长越快，而人力资本禀赋差异影响着人力资本接受教育的努力程度。在此基础上，李亚玲和汪戎（2006）考察了 1993—2004 年中国分省份的人力资本分布结构，研究发现人力资本基尼系数与地区经济发展呈显著的负相关关系，人力资本分布不平等性的差距是区域经济差距的重要原因。Hsieh 等（2013）利用 Roy 模型分析了 1960—2010 年美国人才配置对经济增长的影响，并利用职业分布的微观数据估算出美国约20%的人均产出受益于人才配置的改善。更进一步地，学者王亚飞等（2022）直接考察了人力资本错配与人力资本对经济增长贡献率的关系，通过测算中国除西藏和港澳台之外的30个省份在2005—2018年的人力资本错配指数和人力资本贡献度，对这一关系进行了实证检验。结果表明，人力资本错配对人力资本贡献率有显著的负向影响，且这一效应在区分人力资本配置不足和配置过度两种错配类型后仍然存在。此外，各区域人力资本错配演进态势均存在异质性：东部人力资本错配程度趋于改善，中部呈现反复波动态势，西部的错配状况则不断恶化。

人力资本错配负向抑制经济增长已经过诸多检验并成为共识，而人力资本对经济增长的作用不仅体现在促进经济总量增长上，也体现在经济结构优化和经济增长方式转变上。相应地，目前关于人力资本配置如何作用于经济增长的文献较多集中于研究人力资本错配与技术创新以及产业结构升级的关系两大方面，下面就这两方面对现有研究进行阐述。

（1）人力资本错配与技术创新

内生增长理论的核心表明人力资本通过创新和知识外溢作用于经济增长。一部分研究将人力资本配置纳入内生增长理论以考察人力资本配置与创新绩效的关系。Baumol（1990）对熊彼特模型进行扩展，放弃人力资本一定从事生产性活动的假定后，提出了人才配置影响创新绩效的假说，认为虽然各个社会人力资本水平有所不同，但经济增长的差距主要源于人才配置差异带来的创新水平不同。庄子银（2007）继承并扩展了熊彼特关于企业家精神的思想，把企业家活动的配置引入内生技术创新模式，考察了企业家活动的配置（生产性创新活动与非生产性寻租活动）、相对报酬结构与技术创新水平之间的动态关系。在经验分析方面，现有研究采用回归分析、数值模拟等方法考察人力资本—创新—经济增长之间的关系。Lai等（2006）、Kuo和Yang（2008）使用中国的省际数据进行了回归分析，在模型中引入人力资本与FDI的交互项来模拟人力资本对国际知识技术的吸收是如何影响经济增长的，考察了人力资本与模仿创新的关系。区别于此，钱晓烨等（2010）考虑到创新行为存在空间交互性，使用空间计量模型对1997—2006年中国省际面板数据进行回归，采用发明专利量表征技术创新，考察了异质性人力资本水平对自主创新的影响。结果显示，从业人员的教育水平与省域创新活动高度相关。

人力资本在生产性与非生产性活动中的配置对创新有着更为深刻的影响。其中，人才在公共部门和私人部门之间的配置，是一个具有中国现实意义的重要议题。纪雯雯和赖德胜（2018）依据国有经济对行业的渗透程度将部门划分为公共部门、垄断部门以及竞争部门。他们指出，不同行业部门人力资本生产方式的不同会导致人力资本创新绩效差异，而由于相对工资薪酬结构差异造成了我国人力资本在行业间垂直配置并逐渐沉淀化，即越接近体制内的行业人力资本密度越大，政府公共部门及垄断部门的人力资本冗余和竞争部门的人力资本匮乏有损创新绩效。此外，他们通过计算各部门人力资本沉淀系数以及将测算的TFP分解为部门技术进步、部门份额变化以及人力资本配置效应三个部分，证实了人力资本配置对创新绩效的影响。与此相对，大多数研究低估了公共部门活动对经济增长的促进作用，忽略了高校和科研院所等存在公共部门属性的事业单位通过提供“理论创新”这一公共品进而服务私人部门创新活动的间接作用。谭莹和李昕（2019）对这一问题进行了改进，在分析框架中引入反映公共部门创新的内容，将科研机构的理论创新纳入公共部门提供的公共品范畴，将两部门的创新通过生产活动进行关联，通过数值模拟探讨了均衡时人才在两部门之间的相对最优配置，以及现阶段我国人才配置的效率损失。数值模拟显示，人才配置对创新增长以及经济增长的影响呈现倒“U”形变化，在给定参数的情况下，当公共部门平均工资水平是企业研发部门平均工资水平的59%时，经济系统达到实现最优经济增速所需的创新规模。更直接地，潘士远等（2021）探讨了公务员数量与科研创新和经济增长的关系。他们综合模型分析和数值模拟发现，公务员会对经济增长产生正负两种效应，当公务员人数较多时，扩张公共部门将阻碍科研创新和经济增长，而当人才资源足够丰富且人才配置有效时，国家的科研和经济可以实现“蛙跳”，跨过中等收入陷阱。相关的研究还有赖德胜和纪雯雯（2015）、李静等（2017）、葛立宇（2018）、张宽和黄凌云（2019）、陈怡安和许家云（2019）等。

（2）人力资本错配与产业结构升级

经济增长实质上就是产业结构不断优化升级的过程，是经济资源从失去竞争力的成熟产业或夕阳产业向具有竞争优势的新兴产业或朝阳产业的转移，这种转移的速度决定了经济增长的速度（靳卫东，2010）。其中，人力资本是支撑产业结构升级的重要因素，动态优化配置区域人力资本是支撑产业结构升级的客观要求（Hausmann，Hwang，and Rodrik，2007；张延平、王满四，2008）。一方面，人力资本作为技术进步的根本推动力，诱发创新，主导着产业升级的方向；另一方面，人力资本作为一种重要的要素投入，消化吸收各种新技术并将其应用到具体生产过程中，影响产业升级进程。

部分现有研究探讨了人力资本积累、结构变动与产业结构升级的关系。这类研究大多认为人力资本的积累与产业升级存在着正相关的关系。王健和李佳（2013）以受教育程度衡量人力资本，采用30个省份1997—2010年的面板数据实证检验了人力资本的积累可以通过促进技术进步、提高居民收入以及推进城市化进程来促进产业结构的升级。阳立高等（2018）运用FGLS模型检验了人力资本积累对制造业升级的促进作用。除人力资本存量外，张国强等（2011）还从国家和区域层面研究了人力资本结构（内部结构、分布结构）与产业结构升级的关系。他们通过计算各地人力资本基尼系数衡量人力资本分布结构，用各地每万人口中在读及已毕业的初等、中等和高等教育人数表征内部结构，证实了人力资本分布结构不利于产业结构升级且效应显著；人力资本内部结构对产业结构的促进作用在东部地区显著、在全国及中西部地区不够显著。

还有一部分研究则探讨了人力资本与产业结构的适配性。Ramos等（2009）指出单纯的人力资本数量增加并不必然推动产业结构转化并促进经济增长，与产业结构转化相匹配的人力资本才是经济增长的源泉。这类文章从理论上就人力资本与产业结构的演进关系进行了研究。张延平和王满四（2008）基于支撑区域产业结构优化升级的视角，构建了一套区域人力资本适配性指标体系，包括区域产业结构升级对人力资本需求预测、区域人力资本供给预测和区域人力资本动态调整匹配三个子系统。靳卫东（2010）结合实际分析了改革开放以来我国的产业结构转化表现出“赶超”性质，认为人力资本与产业结构转化的不匹配是造成失业增加、经济波动和收入差距扩大的重要原因，指出任何脱离人力资本基础的产业政策都不可能实现真正的产业结构优化。刘智勇等（2018）的研究则表明，人力资本结构高级化通过其与产业结构升级之间的动态匹配能够促进经济增长。

2.4 总结性评述

以上理论与经验研究，为我们理解要素错配与 TFP 的关系提供了良好借鉴，尤其是对于人力资本错配的研究视角，以往学者已经注意到人力资本在公共部门与市场部门、实体部门与虚拟部门以及行业间存在错配，发现人力资本错配会对创新绩效产生负面影响，以及人力资本与产业结构动态匹配的重要性。然而，人力资本错配形成的原因受关注较少，并且缺乏对人力资本错配造成经济后果的翔实研究。整体来看，现有研究主要存在以下三个方面不足。

（1）缺乏具有令人信服的人力资本错配测算框架。综观现有要素错配和 TFP 损失的研究文献，基本上都是对 H－K 要素错配研究框架的改进和拓展，除龚关和胡关亮（2013）外，均假定生产函数具有规模报酬不变性质，且以成熟市场经济体的产业结构为基准，将要素生产弹性和替代弹性设置为固定值，这与我国产业结构的具体现实还存在一定差异。本书放宽了规模报酬不变的假设，构建了利用微观企业数据计算人力资本错配引发 TFP 损失的测算框架。并且在第 4 章进一步对 H－K 框架进行扩展，提出了一个考虑所有制差异的人力资本错配测算框架。除此之外，本书还构建了一个运用微观个体（从业人员）数据，基于分层贝叶斯模型，通过计算人力资本的价格（教育收益率）与边际产出之比来测算行业人力资本错配的框架。这一测算框架丰富了行业人力资本测算方法，突破了使用中国工业企业数据库进行测算的限制，实现使用更多样的原始数据进行测算。

（2）缺乏对人力资本错配成因的直接讨论，更鲜有研究从行政垄断以及高校扩招两个角度进行解释。现有研究大多从国有企业工资溢价和国有企业创新效率低下两个方面讨论了人力资本错配的形成原因，但却在回答效率低下的国有企业为何能够提供高工资水平、国有企业的利润从何而来、具有更高创新效率的中小企业为何不能利用工资激励吸引人力资本进入等问题上有所不足。这主要是源于现有研究仅将观察到的人力资本在公共部门的过度集中解释为国有企业产权结构的天然缺陷，忽视了国有企业形成工资溢价支付能力的根源——行政垄断。同时，缺乏从供给层面对人力资本错配成因的解读。公共教育政策对经济增长的影响一直是学术界的热门议题，在分析我国高校扩招政策对经济与社会发展的影响时必定绕不开人力资本这一直接渠道。许多研究证实，高校扩招通过实现人力资本快速扩张推动了技术进步，可能有利于增强总体创新能力（邵宜航、徐菁，2017；何小钢等，2020；白俊红、张艺璇、卞元超，2023），但本书却发现教育扩张并不是对产业结构调整和劳动力市场需求变动的适时回应，进而对高校扩招影响人力资本错配的内生机理进行了实证分析。

（3）缺乏人力资本错配对产业高质量发展影响的讨论。现有研究探讨了人力资本积累、结构变动与产业结构升级的关系，分析了形成与产业结构相适配的人力资本结构的必要性，但却没有对已经凸显的人力资本在行业间的错配以及其与产业结构升级的关系进行研究。产业结构并不完善，有待优化升级仍然是制约产业高质量发展的关键瓶颈，因而分析制约产业结构升级的因素便具有重要的理论意义和实践价值。本书构建了人力资本错配阻碍产业结构升级的理论分析框架，具体从技术创新、产业结构偏离度、竞争部门收入增长和两部门收入差距四个方面分析验证了人力资本错配阻碍产业结构升级的中介机理。同时，本书还单独验证了行政垄断、人力资本错配与自主创新的关系。尽管已有研究证实了人力资本在公共垄断部门和生产性部门的错配有损创新绩效，但尚未形成一个完整的逻辑分析，要素错配更像是事实的描述而非原因。那么，要素错配的制度性基础又是什么呢？对此，本书形成了一个完整的逻辑链条：行政垄断是要素错配的制度性基础，其通过扭曲劳动力价格，造成了人力资本在不同所有制企业之间的错配，抑制自主创新。在此基础上，本书进一步指出了破除体制机制障碍、优化要素配置以提升经济整体创新能力是推动产业高质量发展的当务之急。

3　人力资本错配的测算Ⅰ：来自行业间的经验证据

3.1　研究问题的提出

自1999年高等院校扩招政策实施以来，中国的人力资本规模得到了显著提升。根据《中国人力资本报告（2017）》的调查结果，1985—2015年，全国大专及以上受教育人口比重已经从之前的1.5%快速增至16.4%，中国的高等教育人口增加数量超过5000万人，相当于20世纪80年代和90年代具有高等教育水平人口的总和。遗憾的是，迅速增长的人力资本规模并未对社会生产技术水平产生显著的促进作用，这也是导致我国TFP长期以来在低水平波动的主要原因（纪雯雯、赖德胜，2015）。事实上，改革开放以来，稳步推进的市场化改革使得产品市场的扭曲和错配得到了极大的缓解。然而时至今日，要素市场的扭曲和错配仍然普遍存在，进一步对提升TFP、实现新常态时期的中高速经济增长构成了严重挑战。Hsieh和Klenow（2009）开创性地构建了要素错配与TFP损失的分析框架。结果发现，如果按照等边际收益原则改善中国和印度的要素错配情况，可以使中国和印度的TFP分别提升25%～40%和50%～60%。在此背景下，国内的相关学者对资本（邵挺，2010；覃家琦、邵新建，2015）和劳动力（袁志刚、解栋栋，2011；盖庆恩等，2015）错配产生的TFP损失进行了分析。然而，在要素市场化改革滞后的背景下，中国不仅存在着资本和劳动力的错配，还存在着人力资本错配，若不能通过合理配置人力资本以提高劳动生产效率，将会陷入静态比较优势陷阱（Teixeira and Queirós，2016；李静、楠玉，2019b）。

从人力资本配置效率看，中国行业间人力资本结构层次呈现出低层次人力资本充斥各行业之间、中等层次人力资本主导增长、高层次人力资本匮乏的特点，且大量高层次人力资本进入并沉淀在高度管制的电信、金融、交通业及公共服务部门，出现了全社会平均受教育年限较低和部分行业教育过度并存的现象（袁富华、张平、陆明涛，2015；李静、楠玉，2019a）。2014 年我国计算机与电子行业和制药业的研发人员占劳动力比重分别为 4.66% 和 2.67%，是制造业中研发人员占比最高的两大技术产业，而美国的相应比重分别为 11.37% 和 13.23%（李静、楠玉、刘霞辉，2017）。这一事实与中国特殊的制度分割密切相关：中国分割的制度结构使得人力资本要素被置于以生产性中小企业形式存在的市场竞争部门、受产业政策和金融政策支撑的政府支持部门、具有自然垄断性质的政府管制部门和纯粹财政拨款的事业单位四类典型组织之中。而决定劳动者职业选择的经济回报在各行业间存在很大差异，区别于私有企业工资增长等于边际劳动产出增长，国有企业工资总额决定机制仍保留着行政手段的色彩，职工工资仍在一定程度上受到劳动部门的管制，形成了国有企业职工工资的“半市场化状态”（陆正飞、王雄元、张鹏，2012），在一定程度上具有刚性特征（张子楠、王高望、赵晓军，2015）。许多研究均证实，与非公共部门相比，公共部门确实存在工资溢价（张车伟、薛欣欣，2008；尹志超、甘犁，2009；姜励卿、钱文荣，2012）。因此，中国劳动力市场存在着普遍的所有制分割，相较于市场化部门，非市场化的公共部门，特别是国有垄断行业，以其高福利和稳定的收入预期，吸引了大量高素质人力资本并使之过度集中，在教育、经验和人力资本的收益率上存在着“溢价”（张车伟、薛欣欣，2008；薛欣欣、辛立国，2015）。随之面临的困境便是，公共部门缺乏竞争性，效率低下，大量优秀人才的过度配置造成人才浪费，引发经济整体效率的损失。近年来的研究证实，国有企业不仅存在着生产效率损失，其生产效率是各类所有制企业中 TFP 最低的，还存在着创新效率损失（吴延兵，2012a，2015；董晓庆、赵坚、袁朋伟，2014）。

通过以上结论可以发现，与经济整体最优状态下的人力资本配置水平相比，中国的人力资本在不同行业间存在着错配，这一错配会阻碍经济持续增长，不利于迈过中等收入陷阱。遗憾的是，鲜有研究对中国行业人力资本错配的程度进行测算，并分析行业人力资本错配与产出的关系。本章通过构建一个测算人力资本错配的框架，利用 2009—2015 年 19 个门类行业数据对不同行业人力资本错配的程度进行了测算。在此基础上研究发现，人力资本对产出的影响存在“倒置的门槛效应”，且这一效应并非经济增长均衡路径改变的结果。同时，运用观察得出的公共部门与市场部门差异化的人力资本配置程度测算结果对这一现象进行了解释，以期得出有益的结论。

本章剩余部分的内容安排如下：第二部分从理论上构建人力资本错配的测算框架，并分析其影响因素；第三部分为实证研究设计，主要在测算框架的基础上提出一个可行的计算步骤；第四部分为具体的估算结果及分析；第五部分得出结论和政策启示。

3.2 测算框架

考虑如下的经济环境：①经济体各行业之间不存在要素流动；②短期内不存在产业升级。

在上述假定下可针对某一行业进行一般性分析。对于任意 t 时刻，经济体中的最终生产部门通过投入中间品来生产最终产品 Y，假设最终部门生产函数为：

$$\ln Y = \int \ln y_i \mathrm{d}_i \tag{3-1}$$

其中，中间部门 i 可分为溢价能力较强、规模较大的垄断部门以及非垄断部门两类，各部门彼此之间采用伯川德竞争，i 投入资本（k）、劳动力（l）[①] 以及人力资本（h），且生产函数为齐次生产函数，如式

① 此处劳动力表示无差异的无技能劳动力。

(3-2)所示：

$$y(t_k, t_l, t_h) = t^s y_{(k,l,h)} \tag{3-2}$$

其中，t 是任意正实数，s 为任意常数，表示规模报酬系数。可见，若 $s > 1$，则生产规模报酬递增；若 $s = 1$，则生产规模报酬不变；若 $s < 1$，则生产规模报酬递减。在完全竞争和规模报酬不变的前提下，令式(3-2)两边同时对 t 求导，可得欧拉方程，即：

$$ky_1 + ly_2 + hy_3 = y_{(k,l,h)} \tag{3-3}$$

其中，$y_1 = \frac{\mathrm{d}y}{\mathrm{d}k} = MP_k$，$y_2 = \frac{\mathrm{d}y}{\mathrm{d}l} = MP_l$，$y_3 = \frac{\mathrm{d}y}{\mathrm{d}h} = MP_h$。依据耗尽性分配定理，式（3-3）意味着：在规模报酬不变时，若按要素的边际物质产量分别对生产要素资本（k）、劳动力（l）以及人力资本（h）付酬，则会耗尽全部生产量。根据部门利润最大化的一阶条件①可得：$p_k = MP_k$，$p_l = MP_l$，$p_h = MP_h$。

在伯川德竞争中，各部门生产同质中间品，随着潜在进入者的不断进入，生产成本较高、生产效率较低的部门将逐渐被市场淘汰。然而从我国的现实情况来看，国有垄断部门在行政垄断的长期保护下要素价格被普遍扭曲，并依靠政策性经营负担、预算软约束等方式维持经营，进一步做大做强（刘小玄、曲玥，2007；邓伟、叶林祥，2012；于良春、张俊双，2013；陈林、罗莉娅、康妮，2016）。在此背景下，假定垄断部门对生产要素价格的扭曲程度为 $1+\tau_k$、$1+\tau_l$、$1+\tau_h$（$\tau_k, \tau_l, \tau_h > 0$），生产要素被扭曲后的价格为 $p_k^* = (1+\tau_k)p_k$、$p_l^* = (1+\tau_l)p_l$、$p_h^* = (1+\tau_h)p_h$，由于垄断部门本身的生产、创新效率损失，中间品产出存在扭曲 $1+\tau_y$（$\tau_y > 0$），则垄断部门的实际产出为 $(1+\tau_y)y^* = y$。由此，可将式（3-3）改写为：

$$\frac{k \cdot p_k^*}{(1+\tau_k)} + \frac{l \cdot p_l^*}{(1+\tau_l)} + \frac{h \cdot p_h^*}{(1+\tau_h)} = (1+\tau_y)y^* \tag{3-4}$$

① 由于各部门间采用伯川德竞争，产品价格等于部门 i 中最低边际成本，因此产品价格可视为常数，不影响利润最大化决策，可将其假定为1。

根据耗尽性分配定理，在规模报酬不变时，按各生产要素价格对其分别付酬 p_k^* 、p_l^* 、p_h^* ，但总产量 y^* 不足以支付这种酬劳，各生产要素成本和产出之间存在着 $(1+\tau_k)(1+\tau_y)$ 、$(1+\tau_l)(1+\tau_y)$ 和 $(1+\tau_h)(1+\tau_y)$ 程度的扭曲。令式（3－4）两边同时对 h 求偏导，通过移项可得：

$$(1+\tau_h)(1+\tau_y)=\frac{p_h}{\frac{dy^*}{dh}} \tag{3-5}$$

其中，$\frac{p_h}{\frac{dy^*}{dh}}$ 为垄断部门的人力资本错配程度，反映了人力资本成本与边际产出的扭曲程度，具体为教育收益率（人力资本边际成本）与边际产出之比。

3.3 实证研究设计

3.3.1 教育收益率（人力资本边际成本）的测算方法

根据式（3－4）可知，在测度我国各行业人力资本错配程度之前，需首先测算各行业的教育收益率（人力资本边际成本）与人力资本边际产出。解决受教育程度和个人收入的内生性问题长期以来一直是相关领域的研究重点，大量文献利用 Mincer（1974）方程对我国行业、城乡的人力资本收益率进行了研究（朱琪，2008；葛晶、张龙、王满仓，2016），但这些研究主要通过选取个人当期收入作为个人总收入对 Mincer 方程进行估计。而 Bhuller 等（2011）指出，使用当期收入替代终身收入估算受教育收益率所造成的生命周期偏误要比内生性更为严重，利用个人终身收入进行分析可以解决生命周期偏误问题。然而，我国可利用的用于估计个人终身收入的长面板数据难以获得。在受到数据条件限制的情况下，于洪霞（2014）利用中国家庭健康与营养调查数据，通过估算接近个人终身平均收入的代表性年龄段，测算了我国居民的教育收益率，为解决利用短面板估算教育收益率所产生的生命周期偏误问题提供了一种方法。本章借鉴此方法估算人力资本收益率。

首先利用双向效应模型估计个人年龄变化与收入之间的关系①：

$$\ln(income)_{it} = \beta_0{}^* + \beta_1 age_{it} + \beta_2 age_{it}^2 + \gamma_t^T year_t + c_i + \varepsilon_{it} \quad (3-6)$$

其中，i 表示第 i 个个体，t 表示第 t 年，age_{it} 表示 i 个体在第 t 年的年龄，$year_t$ 为时间固定效应，其排除了宏观环境、政策变化等因素变化对年龄和收入关系的影响，c_i 为个体固定效应，其排除了由个体特征、家庭环境、教育环境等因素所造成的影响，ε_{it} 为误差项。利用 OLS 估计式（3-6）可得到第 t 年个体 i 年龄变动与收入之间的关系，将时间固定效应和个体固定效应进行中心化处理，则有 $E(\gamma^T year) = 0$，$E(c_i) = 0$，对式（3-7）左右两边取均值得：

$$\ln(income) = \beta_0{}^* + \beta_1 age + \beta_2 age^2 \quad (3-7)$$

其中，$\beta_0{}^*$ 表示经过固定效应中心化调整后的截距项。根据式（3-6）和式（3-7）可得到接近终身平均收入的代表性年龄：

$$avinc = \frac{lifeinc}{R-T} = \frac{1}{R-T} \cdot \left[\beta_0{}^*(R-T) + \frac{\beta_1}{2 \cdot (R^2 - T^2)} + \frac{\beta_2}{3 \cdot (R^3 - T^3)}\right] \quad (3-8)$$

其中，$avinc$ 表示终身平均收入，$lifeinc$ 表示终身总收入。

在得到代表性年龄之后，利用代表性年龄段样本对教育收益率进行估计，进而得到各年份各行业从业人员的平均教育收益率。基于本章的研究目的，需保证测算结果在各行业间的可比性，并在此前提下改善计量过程的有效性。当前针对此类问题常见的解决方法主要有两类，一是进行分组回归并通过 Chow - test 检验模型结构是否具有显著变化；二是虚拟变量法。分组回归所得方程间由于系统性误差异质性，使得方程间不具有可比性。Chow - test 为检验模型结构差异性提供了一个框架，但这种回归策略导致样本量大大减少，尤其在对中观和宏观数据进行分析时，降低了统计

① 多重共线性通常与样本量及其提供的信息水平相关，由于年龄变量通常为小区间内整数，这种特殊的数据结构可能引发年龄与年龄平方变量之间的共线性问题，大量学者在使用 Mincer 方程时未对此问题进行讨论。本章对式（3-7）的估计结果与理论结果（Mincer, 1974）一致，共线性问题未对结论造成太大影响。本章认为，与遗漏变量所造成的估计偏误相比，共线性问题是可以接受的。基于此，本章保留年龄二次项进行回归分析。

功效。虚拟变量法保证了各组样本回归系统性误差的同质性，但在组别较多的情况下，会受困于样本自由度和显著性等问题。分层贝叶斯估计为解决此类问题提供了一个良好的框架，通过在系数方程中引入组间随机效应，一方面提高了样本容量，保证了回归结果的有效性；另一方面尽可能地避免了系统性误差异质性所带来的不可比问题。因此，本章构建“个体—行业”两层级截面数据，利用分层贝叶斯模型估计得到教育收益率[①]：

第一层： $$\ln(income)_{ij} = \alpha_{0j} + \alpha_{1j}edu_{ij} + \alpha_{2j}S_{ij} + e_{ij} \tag{3-9}$$

第二层： $$\alpha_{0j} = \gamma_{00} + \eta_{0j} \tag{3-10}$$

$$\alpha_{1j} = \gamma_{10} + \eta_{1j} \tag{3-11}$$

$$\alpha_{2j} = \gamma_{20} + \eta_{2j} \tag{3-12}$$

且 $e_{ij} \sim N(0,\sigma^2)$ ，$\eta_{mj} \sim N(0,\tau^2)$ ，$cov(e_{ij},\eta_{mj}) = 0$ ，$m = 0,1,2$ 。式（3－9）至式（3－12）为两层贝叶斯模型，第二层方程为第一层方程中各变量的系数方程。其中，i 表示第 i 个个体，j 表示第 j 个行业，edu_{ij} 表示第 j 个行业中第 i 个个体的受教育程度。S 为性别、城乡归属等控制变量。可以看出，我们通过一次性估计实现对第 t 年各行业教育收益率的测度，在横向比较上未产生估计样本损失，第 j 个行业的教育收益率为 $\alpha_{1j} = \gamma_{10} + \eta_{1j}$ ，保证了系统性误差的一致性。

3.3.2 人力资本边际产出与人力资本错配测算方法

对于人力资本边际产出的测度，一种可行的方法是，基于式（3－4）借鉴分层贝叶斯模型思想估计行业面板数据，得到各行业人力资本边际产出在整个时间段上的平均水平，结合教育收益率，进一步得到各行业人力资本错配程度。然而该测算方法损失了人力资本边际产出随时间变动的大量信息，导致人力资本错配程度的测算结果过于依赖教育收益率的测算结果。鉴于此，我们通过提取人力资本总量与教育收益率交互项的系数方程

① 相比于各年份教育收益率的差异，本章更关注特定年份中不同行业间教育收益率的横向比较，因此，保证各行业间估计结果的可比性成为选择回归方法时优先考虑的问题。

的残差，识别各行业人力资本错配的差异性。具体来看，通过在式(3-4)中引入人力资本总量与教育收益率的交互项，对我国各行业人力资本错配程度实现一次性测算：

第一层：$$Y_{it} = \beta_{1i}k_{ti} + \beta_{2i}L_{ti} + \beta_{3i}Redu_{ti} \cdot H_{ti} + e_{ti} \quad (3-13)$$

第二层：$$\beta_{1i} = \gamma_{10} + \eta_i \quad (3-14)$$

$$\beta_{2i} = \gamma_{20} + \eta_i \quad (3-15)$$

$$\beta_{3i} = \gamma_{30} + \eta_i \quad (3-16)$$

且 $e_{ij} \sim N(0,\sigma^2)$，$\eta_{mj} \sim N(0,\tau^2)$，$cov(e_{ij},\eta_{mj}) = 0$，$m = 0,1,2,3$。其中，$\beta_{1i} = \frac{{p_{ki}}^*}{(1+\tau_{ki})(1+\tau_{yi})}$，$\beta_{2i} = \frac{{p_{li}}^*}{(1+\tau_{li})(1+\tau_{yi})}$，$\beta_{3i} = \frac{1}{(1+\tau_{hi})(1+\tau_{yi})}$，$Redu_{ti}$ 为教育收益率，是人力资本成本的代理变量。根据式（3-4）可知，$\beta_{3i}Redu_{ti} = (\gamma_{30} + \eta_{3i})Redu_{ti}$ 为人力资本边际产出，估计系数 $\beta_{3i} = \gamma_{30} + \eta_{3i}$ 为各行业人力资本错配程度在整个时间段上平均水平的倒数。

3.3.3 数据来源与变量选取

本章通过对接2010年、2012年、2014年和2016年中国家庭追踪调查数据和2009—2016年《中国劳动统计年鉴》《中国统计年鉴》《中国人口和就业统计年鉴》，构造“时间—行业”“个人—行业”两层级数据，对我国各行业教育收益率、人力资本错配及其成因进行分析。

对应于人力资本存量的度量方法，前文提到的国有部门人力资本“优势”主要是相对于劳动力平均受教育年限而言，为契合研究逻辑，本章选用教育收益率（*Redu*）作为人力资本收益率（人力资本成本）的代理变量，根据教育收益率的测度方法以及中国家庭追踪调查数据（CFPS）提供的完整信息。微观变量主要选取了个体收入的对数（ln*income*，以1999年为基期利用居民消费价格指数进行平减）、个体受教育年限（*Edu*）、年龄（*Age*）、年龄平方（Age^2），控制变量包括城乡归属（*Urban*，城镇=1）、性别（*Gender*，男性=1）、民族（*Nation*，汉族=1）、雇主性质（*State*，

国有部门 =1）、党员（*Party*，是 =1）、婚姻状况固定效应（*marry*1 ~4：已婚、同居、离婚、丧偶，其他表示未婚）。我国城镇和农村的经济发展程度、物资丰富程度存在很大差异，与城镇相比，农村的个体受教育水平较低。此外，我国存在着较为严重的性别工资歧视现象，不仅体现在对女性工资的歧视上，还体现在对女性职业分割的就业歧视上（郭凤鸣、张世伟，2012；卿石松、郑加梅，2013）。

主要中观变量选取如下：

（1）行业产出（*Y*）。各行业产出（*Y*）为各行业增加值（千亿），以 1999 年为基期利用居民消费价格指数进行平减。需要注意的是，由于长期重视物质产品生产及采用物质产品平衡表体系（MPS），我国服务业核算一直是薄弱环节。鉴于此，我国核算史上曾对相关数据进行过两次重大修订，第一次是在 1992 年全国第三产业普查后对 1978—1992 年服务业产出数据进行修订，第二次是在 2004 年第一次全国经济普查后对 1993—2003 年相关数据进行修订，之后非普查年度的服务业产出数据均充分考虑了与历史修订数据的衔接性（刘兴凯、张诚，2010）。因此，本章所采用的 2009—2015 年行业产出数据直接取自《中国统计年鉴》。各变量描述性统计见表 3 -1。

（2）资本存量（*K*）和劳动人口规模（*L*）。学者们大多采用永续盘存法估算行业资本存量，分歧主要存在于对折旧率的估算，如经验估算、投入产出表估算、资本分类估算，等等。参照田友春（2016）的方法，笔者利用《中国投入产出表》估算各行业有差别化的折旧率，再利用历年《中国统计年鉴》中全社会分行业固定资产统计数据，估算我国 2009—2014 年的分行业资本存量，数据单位为千亿元，以 1999 年为基期利用固定资产价格指数进行平减。各行业劳动人口规模（*L*）为城镇劳动人口总量（千万），用以控制劳动人口规模对产出的影响，数据来源于《中国人口和就业统计年鉴》。

（3）人力资本存量（*H*）。现有研究中衡量人力资本存量的方法、指标各异，主要包括：平均受教育年限、中小学入学率、识字率、每万人中大学生数、教育支出占 GDP 比重等。笔者采用从业人员平均受教育年限作为行业人力资本存量的代理变量。具体来看，不同教育水平从业人员的受教育年限为：文盲/半文盲 =0、小学 =6、初中 =9、高中 =12、中专/大专 =15、本科 =16、硕士 =19、博士 =22。将《中国人口和就业统计年鉴》中的各行业从业人员受教育程度构成作为权重，对不同教育水平从业人员的受教育年限进行加权。

表 3－1　各变量描述性统计

分类	变量	统计量	样本量	均值	方差	最大值	最小值
微观	收入（对数）	ln*income*	33995	9.6315	1.0508	14.4066	6.3969
	年龄	*Age*	33995	38.1464	125.3396	60	16
	受教育年限	*Edu*	33995	8.3606	21.7270	22	0
	性别	*Gender*	33995	0.5852	0.2427	1	0
	城乡归属	*Urban*	33995	0.5378	0.4286	1	0
	民族	*Nation*	33995	0.8384	0.1355	1	0
	雇主性质	*State*	33995	0.2428	0.1838	1	0
	党员	*Party*	33995	0.0479	0.0457	1	0
	已婚	*marry*1	33995	0.8041	0.1575	1	0
	同居	*marry*2	33995	0.0044	0.0044	1	0
	离婚	*marry*3	33995	0.0200	0.0196	1	0
	丧偶	*marry*4	33995	0.0112	0.0111	1	0
中观	行业产出	*Y*	133	10.3677	178.3193	70.2848	0.6174
	资本存量	*K*	133	31.9176	3019.3880	278.9582	0.2864
	劳动人口规模	*L*	133	0.8250	1.0783	5.2579	0.0588
	人力资本存量	*H*	133	11.4353	3.2642	14.3710	7.3790

资料来源：中国家庭追踪调查（CFPS）数据及《中国劳动统计年鉴》《中国统计年鉴》《中国人口和就业统计年鉴》。

3.3.4　数据处理与描述

中国家庭追踪调查数据包含 2010 年、2012 年、2014 年和 2016 年四年样本，覆盖我国 25 个省份，重点关注中国居民的经济与非经济福利，以及包括经济活动、教育成果、家庭关系与家庭动态、人口迁移、健康等在内的诸多研究主体，是一项全国性、大规模、多学科的社会跟踪调查项目。成人库重点关注个人经济状况、工作情况和身体状况等，其中，2010 年、2012 年、2014 年和 2016 年分别完成个人样本 33600 个、35719 个、37147

个和 36892 个，为我们提供了详尽的个体信息。同时，历年《中国统计年鉴》和《中国人口和就业统计年鉴》包含有同一时期的行业中观数据，可以进行完美的对接。为将数据应用到前文所设计的回归方程以测算各行业人力资本错配程度，需首先对数据进行处理：根据需要的变量，2010 年数据剔除信息不完整样本 11742 个、剔除行业信息不具体样本 9278 个，最终保留 12580 个个案。类似地，2012 年、2014 年和 2016 年样本分别保留 9342 个、7720 个和 4853 个个案。最终样本中，连续四年具有观测值的个体有 263 个个案，连续三年具有观测值的个体有 2967 个个案。仅仅依靠此类纵向数据可能不足以估计 19 个行业中个体收入随年龄的变化趋势，对此，本章通过尽可能地控制个体特征对收入的影响，以期利用横向数据信息对个体收入与年龄的关系做出较为准确的估计。

3.4 实证结果分析

3.4.1 教育收益率的估计

表 3－2 报告了根据式（3－9）～式（3－11）估计所得的全生命周期平均收入的代表性年龄段。假定开始工作年龄为 12～18 岁，退休年龄为 60 岁[①]，利用固定效应模型，并引入了行业固定效应、地区固定效应和控制变量，测度样本接近终身平均收入的代表性年龄段。为保证估算结果的稳健性，笔者仍报告了剔除个体收入前后 1% 和前后 5% 异常值的估算结果，以及高中以下学历和高中及以上学历样本的估算结果。可以看出，随着开始工作年龄的变化，代表性年龄略微减小。固定效应模型下所得代表性年龄为 44～45 岁，在剔除异常样本后，估算结果未出现较大变动。而高中及以上学历样本的代表性年龄估算结果（46～47 岁）要高于高中以下学历样本（43～44

---

① 由于退休年龄在不同性别、不同职业间仍存在差别，笔者进一步考虑了退休年龄在 55～60 岁之间的变化对代表性年龄估算结果的影响，发现这种影响在 －2～0 岁之间。换句话说，若考虑了退休年龄的差异性，代表性年龄在 42～47 岁之间浮动。后文对教育收益率进行测算时，考虑到样本量的充足性以及与代表性年龄段的接近度，实际采用的是 43～46 岁样本，同时考虑了 42～47 岁样本，估计结果与 43～46 岁样本几乎一致（实际上，42～47 岁样本的回归结果略小，这从侧面证实了代表性年龄段样本测算方法的科学性），基本消除了退休年龄对代表性年龄的影响。

岁），表明利用代表性年龄测算教育收益率与教育年限本身存在着一定的内生性问题。但正如前文所述，相比于内生性，生命周期偏误带来的问题更为严重。因此，最终认为44～45岁是我国居民全生命周期平均收入的代表性年龄段，即我国居民在44～45岁的收入接近终身平均收入①。

表3-2 代表性年龄估计结果

开始工作年龄	总样本	1%剔除	5%剔除	高中以下学历	高中及以上学历
12	44.9374	45.1602	45.4432	43.8037	48.0307
13	44.8915	45.1014	45.3684	43.8263	47.8254
14	44.8675	45.0647	45.3158	43.8694	47.6416
15	44.8655	45.0503	45.2856	43.9328	47.4801
16	44.8855	45.0581	45.2781	44.0163	47.3417
17	44.9274	45.0881	45.2932	44.1195	47.2271
18	44.9911	45.1403	45.3308	44.2421	47.1370
样本量	33995	33315	30595	23136	10859
控制变量	是	是	是	是	是

考虑到样本量的充足性以及与44～45岁代表性年龄段的接近性，我们利用代表性年龄段附近样本，即43～46岁样本对教育收益率进行估计。表3-3报告了对2010年、2012年、2014年、2016年43～46岁年龄段样本教育收益率的估计结果。由于分层贝叶斯模型采用极大似然估计，可根据-2LL（离异数）的变化判断模型的拟合优度。各年份样本回归（1）、回归（2）、回归（3）的-2LL不断减少，表明模型的拟合优度有所提高，其中回归（1）和回归（2）具有相同的固定效应，因而考虑到教育收益率在行业间的差异性的回归模型与现实情况具有更高的契合度。另外，各回归系数和组间方差均达到在统计意义上显著，从受教育收益率估计系数来看，比较回归（1）和回归（2）的结果，回归（1）在系数方程中不引入随机效应的情况

① 该结论与于洪霞（2014）利用CHNS在1989—2009年的8次调查数据测算所得的收入代表性年龄段（37～38岁）存在一定差异。本章认为主要有以下两方面原因：一是CFPS调查时间内样本的职业发展和进步空间更大，代表性年龄自然更大；二是受教育年限本身与年龄相关，代表性收入会随着受教育年限的提高而提高。正如前文所述，1999年以来我国劳动人口平均受教育年限大幅提高，本章所采用的样本时间内的平均受教育年限更高。

下，各样本受教育收益率不同程度地被低估。在引入控制变量后，相比于回归（2）的平均教育收益率，回归（3）的结果存在一定程度的下降。总体来看，各行业平均教育收益率为0.05～0.06①。

表3-3　43～46岁年龄段样本教育收益率估计结果②

年份	样本量	估计变量	(1)	(2)	(3)
2010	1525	受教育年限	0.0534*** (8.234)	0.0606*** (6.440)	0.0458*** (4.476)
		edu 组间方差		0.0010*** (73.733)	0.0010*** (36.957)
		-2LL（离异数）	8788.4086	8760.4834	8454.8212
2012	1151	受教育年限	0.0556*** (9.371)	0.0611*** (5.651)	0.0532*** (5.787)
		edu 组间方差		0.0011*** (43.083)	0.0010*** (36.444)
		-2LL（离异数）	2710.0008	2702.8807	2507.5454
2014	789	受教育年限	0.0481*** (5.720)	0.0551*** (4.668)	0.0462*** (4.344)
		edu 组间方差		0.0011*** (33.699)	0.0010*** (35.680)
		-2LL（离异数）	2111.8362	2108.8214	1973.0451

① 孙志军(2014)利用双胞胎数据,基于OLS估计所得的教育收益率为0.14,基于组内差分估计值为0.04,修正后为0.06。杨慧馨和王海兵(2015)基于CHNS数据测得2011年我国教育收益率为0.0516。于洪霞(2013)利用CHNS数据,基于OLS估计所得的2009年教育收益率为0.101,在全生命周期框架下此估计值为0.058。可以看出,OLS估计方法会高估我国居民教育收益率,本章估计的教育收益率在0.053～0.061之间,与上述研究修正过后的结果基本一致。鉴于本章估算的代表性年龄段与以往研究相差较大,为保证回归结果的稳健性,本章还参照了于洪霞(2014)的研究结果,利用36～39岁年龄段样本进行教育收益率测度,得出2010年、2012年、2014年、2016年样本的教育收益率分别为0.0707、0.0683、0.0595和0.0704,与该时间段实际教育收益率相比存在着部分高估。可见,一方面,本章代表性年龄和教育收益率的估算结果都具有稳健性;另一方面,近年来,我国劳动力教育收益率未出现明显变化,但接近终身平均收入的代表性年龄有所推迟。

② 在利用分层贝叶斯估计模型前,需利用零模型(无任何解释变量)对组间方差进行可行性检验,本章所采用样本均通过了可行性检验,组内相关系数(ICC)在8%～20%之间,限于篇幅,回归结果在此省略报告,如有需要请自行向作者索取。

续表

年份	样本量	估计变量	(1)	(2)	(3)
2016	471	受教育年限	0.0476*** (5.158)	0.0533*** (3.733)	0.0418** (2.236)
		edu 组间方差		0.0010** (28.620)	0.0010** (23.301)
		-2LL（离异数）	1011.3765	1001.3794	904.4456
edu 组间随机效应			否	是	是
控制变量			否	否	是

注：①＊＊＊、＊＊分别表示在1%、5%的水平上显著；②“受教育年限”中括号内为 t 值，“*edu* 组间方差”中括号内为卡方检验值；③*edu* 组间方差表示受教育年限系数方程的组间方差。

表3-4报告了基于表3-3回归（2）的43~46岁年龄段样本的各行业教育收益率估计结果。其中，2009年、2011年、2013年和2015年各行业教育收益率采用加权最小二乘法，以 $e^{(2010-year)/6}$ 为权重（2010年权重为1，2016年权重为 $1/e$，以此类推）外推得到。

表3-4　43~46岁年龄段样本的各行业教育收益率测算结果

行业名称	2009年	2010年	2011年	2012年	2013年	2014年	2015年	2016年
农、林、牧、渔业	0.047	0.044	0.044	0.049	0.041	0.031	0.038	0.039
采矿业	0.037	0.037	0.035	0.032	0.032	0.030	0.030	0.030
制造业	0.055	0.053	0.052	0.052	0.049	0.044	0.045	0.045
电力、燃气及水的生产和供应业	0.068	0.070	0.074	0.075	0.079	0.093	0.085	0.077
建筑业	0.054	0.049	0.047	0.049	0.040	0.033	0.033	0.029
交通运输、仓储和邮政业	0.036	0.038	0.035	0.029	0.034	0.035	0.033	0.034
信息传输、计算机服务和软件业	0.082	0.079	0.075	0.072	0.068	0.061	0.062	0.061
批发和零售业	0.022	0.022	0.025	0.030	0.028	0.029	0.030	0.029
住宿和餐饮业	0.044	0.043	0.046	0.052	0.047	0.046	0.049	0.047
金融业	0.064	0.062	0.063	0.066	0.062	0.062	0.061	0.057
房地产业	0.047	0.046	0.047	0.056	0.046	0.027	0.045	0.056
租赁和商务服务业	0.056	0.056	0.057	0.059	0.057	0.055	0.058	0.058

续表

行业名称	2009 年	2010 年	2011 年	2012 年	2013 年	2014 年	2015 年	2016 年
科学研究、技术服务和地质勘查业	0.069	0.069	0.064	0.058	0.060	0.057	0.056	0.057
水利、环境和公共设施管理业	0.062	0.059	0.058	0.060	0.054	0.046	0.050	0.050
居民服务和其他服务业	0.040	0.039	0.040	0.046	0.039	0.028	0.039	0.044
教育业	0.128	0.118	0.113	0.117	0.099	0.077	0.084	0.083
卫生、社会保障和社会福利业	0.096	0.091	0.090	0.093	0.084	0.075	0.078	0.076
文化、体育和娱乐业	0.078	0.076	0.073	0.070	0.068	0.062	0.062	0.062
公共管理和社会组织	0.109	0.107	0.102	0.095	0.095	0.091	0.087	0.085

从教育收益率的绝对数值来看，我国 19 个行业可分为 3 个梯度。第一个梯度包括：批发和零售业，交通运输、仓储和邮政业，居民服务和其他服务业，住宿和餐饮业，农、林、牧、渔业，制造业；第二个梯度包括：采矿业，房地产业，建筑业，租赁和商务服务业，水利、环境和公共设施管理业，金融业，科学研究、技术服务和地质勘查业，信息传输、计算机服务和软件业，电力、燃气及水的生产和供应业；第三个梯度包括：文化、体育和娱乐业，卫生、社会保障和社会福利业，公共管理和社会组织，教育业。

可以看出，第一梯度行业主要为人力资本存量较低的劳动密集型行业，此类行业的特点是技术较为成熟，风险较低，在物质资本和人力资本积累尚未达到一定程度的发展中国家具有比较优势（Lin，2009）。第二梯度行业主要为一些人力资本存量较高的资本密集型行业，例如房地产业、金融业、信息传输、计算机服务和软件业，科学研究、技术服务和地质勘查业，以及少数规模垄断性行业，例如水利、环境和公共设施管理业，电力、燃气及水的生产和供应业。第二梯度中前一类行业依靠着产品创新和技术创新实现超额利润，随着近年来我国资本不断积累，产业结构正逐步由劳动密集型行业向此类行业转移。后一类行业则主要依靠规模垄断获取超额利润，由于采矿业，水利、环境和公共设施管理业，电力、燃气及水的生产和供应业存在规模递增效应，高程度的竞争和分散化生产反而不利于行业整体效率的提升。然而事实上，我国的规模垄断行业并不完全是通过竞争而形成的规模垄断，其在很大程度上是通过行政干预形成的，本质上仍属于行政垄断的范畴（武鹏，2011）。整体来说，第二梯度的行业由于技术创新、规模效应和行政垄断获取了超额利润，使得其教育收益率高于第一梯度行业。第三梯度行业，包括近年来快速兴起的教育业，文化、体育和娱乐业，随着网络经济的快速发展，国民更容易接触到文娱教育资源，部分企业、人才更是享有“一家独大”的待遇。另外一部分则是卫生、社会保障和社会福利业，公共管理和社会组织等政府机关事业单位。综上所述，除了通过部分创新程度较高的或由互联网发展所带动的高需求行业，教育收益率溢价更多地集中在公共部门。

3.4.2 人力资本错配的测算

在利用分层贝叶斯模型估计我国各行业人力资本错配程度前，需检验被解释变量（行业增加值）在行业间差异的显著性。通过表3－5中回归（1）的结果可以看出，组间方差在1%的水平上显著。因此，应采用分层贝叶斯模型对样本进行分析，而组间方差远远大于组内方差，说明行业对被解释变量差异性的解释力度很强。在回归（1）的基础上，回归（2）用以检验人力资本对行业产出的影响效应，回归（3）用以测算我国各行业人力资本错配程度。

回归（2）中，K 和 L 都对增加值产生了有效影响，人力资本的边际产出未达到统计意义上显著：一方面，可能是行政垄断行业工资溢价所引发的人力资本错配，导致人力资本存量与人力行业边际产出出现“倒挂”现象，进而使得人力资本总体上表现为对行业产出无效；另一方面，可能是由于人力资本对产出的影响存在“门槛效应”。

表3－5　人力资本错配估计结果

效应	变量	(1)	(2)	(3)
固定效应	截距项	10.3677*** (3.372)		
	K		0.2470*** (2.994)	0.2363*** (3.440)
	L		8.0767** (2.403)	7.0915*** (3.720)
	H		0.1528 (1.090)	
	$Redu \times H$			4.9654** (2.668)
随机效应	组内方差	7.9892	1.0282	1.7434
	组间方差	178.4411*** (2832.235)		
	K		0.1115*** (287.950)	0.0549*** (79.148)
	L		177.9393*** (31.959)	44.9562*** (32.683)
	H		0.3201*** (59.579)	
	$Redu \times H$			30.7985*** (30.5618)
样本量		133	133	133
－2LL（离异数）		744.8516	556.7151	553.8674

注：①固定效应括号内为t值，随机效应括号内为卡方值；②＊＊＊、＊＊分别表示在1%、5%的水平上显著。

回归（3）中，$Redu \times H$的估计系数反映了人力资本成本与人力资本边际产出的扭曲程度。在人力资本价格不变的情况下，系数越小说明人力资本边际产出越小，反之则越大。因此，$Redu \times H$的估计系数与对行业的人力资本错配程度呈倒数关系。在固定效应回归结果中，$Redu \times H$的估计系数达到4.9654，在5%的水平上显著，这表明我国各行业人力资本边际产出与人力资本成本具有一定的相关性，但其相关性程度会受到行业特征、宏观政策环境等多种因素的影响①。

在表3－5的回归结果中还发现人力资本对行业产出的影响效应并不明显，笔者认为这可能是人力资本与产出“倒挂”和门槛效应两方面导致。王永水和朱平芳（2016）认为，在人力资本达到某一程度之后，经济体将进入新的均衡增长路径，人力资本水平跨越门槛后，物质资本回报率将会大幅度提高。基于面板门限模型的检验也发现，人力资本对行业产出的确存在显著的门槛效应，人力资本的门槛值为10.6211，F检验值为13.5802，在1%的水平上显著②。为更准确地测算人力资本错配程度，我们以某一行业人力资本存量大于10.6211的样本是否超过一半为标准，将总样本划分为低人力资本存量行业和高人力资本存量行业，再次对人力资本错配进行测算③。同时，以某一行业某一年的人力资本存量是否达到10.6211为标准构建高人力资本虚拟变量（*HHR*），符合标准的样本为1，否则为0，将虚拟变量与*H*和*Redu*×*H*分别做交互项再次进行估计，结果如表3－6所示④。

表3－6　分人力资本样本的回归结果

样本		低人力资本样本		高人力资本样本		总样本引入虚拟变量	
回归		(1)	(2)	(3)	(4)	(5)	(6)
固定效应	*K*	0.0053 (0.059)	0.2280 (1.515)	0.3437*** (3.434)	0.0934*** (4.725)	0.1374** (2.558)	0.0650*** (3.103)
	L	5.0930* (1.996)	11.3044*** (4.299)	11.5595* (2.467)	6.6818* (1.836)	7.2652*** (3.071)	9.5695*** (3.518)
	H	0.7396** (3.262)		−0.0466 (−0.416)		0.6063** (2.141)	

① 若人力资本边际产出与人力资本成本完全不相关，则*Redu*×*H*×*L*的估计系数不显著，若两者完全相关，则*Redu*×*H*×*L*的估计系数的组间方差不显著，当估计系数和组间方差同时显著时，表明人力资本边际产出和人力资本成本不完全相关。

② 面板门限的估计结果不再具体列出，如有需要请自行向作者索取。

③ 由于*H*和*Redu*×*H*组间方差的估计结果在本章结论中十分重要，这样处理是为保证组内样本量的充足性。具体分组结果见表3－6。

④ 分样本估计会导致总体样本量减少，进而使得估计结果的说服性不足。因此，本章通过引入虚拟变量的方法对总样本再次进行估计以检验分样本估计结果的准确性。

续表

样本		低人力资本样本		高人力资本样本		总样本引入虚拟变量	
回归		(1)	(2)	(3)	(4)	(5)	(6)
固定效应	*HHR*×*H*					-0.5549** (-2.101)	
	Redu×*H*		2.6515*** (5.427)		-0.0931 (-0.102)		14.2094** (2.815)
	HHR×*Re*-*du*×*H*						-14.5477*** (-2.916)
随机效应	组内方差	10.6561	12.2382	3.1412	3.1296	1.8941	2.3452
	K	0.0183 (7.718)	0.1306*** (38.404)	0.0045*** (16.410)	0.0017 (18.799)	0.04033 (1.825)	0.0019 (1.588)
	L	10.9079 (5.920)	37.0792* (12.365)	188.3191 (1.219)	111.6469 (9.979)	73.9679 (3.435)	97.1445 (7.609)
	H	0.1784 (8.784)		0.0855 (2.710)		0.9025 (2.030)	
	HHR×*H*					0.7563*** (36.596)	
	Redu×*H*		0.9374 (2.670)		5.1147 (2.116)		274.9237* (9.035)
	HHR×*Re*-*du*×*H*						273.6332*** (51.244)
样本量		56	56	77	77	133	133
-2LL（离异数）		282.7703	271.3649	394.8049	390.0885	547.9974	549.4481

注：①固定效应括号内为 t 值，随机效应括号内为卡方值；②***、**、*分别表示在1%、5%、10%的水平上显著。

在表3-6回归结果中，从随机效应来看，回归（1）~回归（4）中 *H* 和 *Redu*×*H* 变量的组内方差未达到统计意义上显著，说明低人力资本和高人力资本行业中人力资本边际产出和人力资本错配程度均不具有明显的差异，这也在一定程度上说明了“人力资本门槛”选择的合理性。从固定效应来看，回归（1）中人力资本对产出具有显著的正向影响（0.7396）。

而对于高人力资本样本，人力资本的边际产出为负(-0.0466)，但未达到统计意义上显著。表明我国各行业随着人力资本不断积累，人力资本对产业的影响由促进作用转变为抑制作用，人力资本对产出的影响存在“倒置的门槛效应”。在回归结果中，高人力资本样本的人力资本错配估计均值（-0.0931）要远低于低人力资本样本，表明我国各行业人力资本存量与人力资本错配存在着正相关关系。为检验由于样本量不足而产生的分样本估计偏误问题，进一步在总样本中引入高人力资本虚拟变量进行估计，表3-6中的回归（5）和回归（6）与表3-5中的回归（3）具有相同的样本，因而可以比较其离异数，可见引入 *HHR* 的回归模型具有更高的拟合优度。$HHR \times H$ 和 $HHR \times Redu \times H$ 的估计系数分别为 -0.5549 和 -14.5477，且至少在5%的水平上显著，这验证了分人力资本样本估计的有效性。

综上所述，我国各行业人力资本对产出的“倒置的门槛效应”是由人力资本错配所导致，并非经济增长均衡路径的改变。我国公共部门的“工资溢价”吸引了大量高人力资本进入，但并未将这种人力资本优势转化为创新效率和生产效率。公共部门的人力资本存量越高，说明其“工资溢价”越高，对预算软约束的依赖性越高，进而导致生产效率损失越发严重，人力资本错配程度进一步恶化，表现为人力资本对产出的“倒置的门槛效应”。

表3-7　人力资本错配估计值

行业	总样本（分层贝叶斯）	排名	分人力资本样本（分层贝叶斯）	排名	分行业样本（最小二乘）	排名
农、林、牧、渔业	12.7014	19	4.4445	19	5.2045	15
采矿业	9.8944	16	2.3025	13	-3.2396	1
制造业	9.6334	15	3.1249	18	32.6681	19
电力、燃气及水的生产和供应业	1.9474	5	**0.1829**	6	-1.3822	2
建筑业	2.1284	6	2.0305	12	10.4233	18
交通运输、仓储和邮政业	-4.0876	1	**-0.7041**	4	5.0202	14
信息传输、计算机服务和软件业	8.2974	12	2.5765	15	0.9873	8

续表

行业	总样本（分层贝叶斯）	排名	分人力资本样本（分层贝叶斯）	排名	分行业样本（最小二乘）	排名
批发和零售业	8.6114	13	2.6425	16	8.6020	17
住宿和餐饮业	4.7854	11	1.9035	11	3.4292	13
金融业	9.1954	14	**0.6099**	7	1.2467	9
房地产业	9.9344	17	**1.6319**	10	7.1144	16
租赁和商务服务业	4.1194	10	**0.8329**	8	2.4366	12
科学研究、技术服务和地质勘查业	3.4104	9	**2.3705**	14	-1.3731	3
水利、环境和公共设施管理业	2.2804	7	**-0.9761**	3	-0.0338	6
居民服务和其他服务业	10.5084	18	2.9415	17	2.4163	11
教育业	-0.6316	2	**0.8759**	9	-0.2708	5
卫生、社会保障和社会福利业	0.6364	4	**-1.2611**	2	-0.5883	4
文化、体育和娱乐业	2.5794	8	**0.0039**	5	0.0524	7
公共管理和社会组织	0.3994	3	**-5.3441**	1	1.3529	10

注：“分人力资本（分层贝叶斯）”一列中，加粗字体表示高人力资本样本估计结果，反之为低人力资本样本估计结果。

表3-7分别报告了基于总样本分层贝叶斯估计、分人力资本样本分层贝叶斯估计和分行业样本OLS估计所得的人力资本错配值。比较OLS与总样本分层贝叶斯估计结果，由于OLS估计的各方程间系统性误差异质性问题，其人力资本估计结果较为分散，上下界较宽。由于样本量不足，部分估计值出现异常，例如制造业（32.6681）。比较总样本分层贝叶斯与分人力资本样本分层贝叶斯估计结果，在未考虑“倒置的门槛效应”时，基于总样本的估计结果相对较高，但两种估计结果中行业的排名几乎一致。

由于分人力资本样本的回归结果同样存在系统性误差异质性和样本量不足等问题，综合考虑，仍以总样本分层贝叶斯估计结果为准。可以看出，我国人力资本错配程度最低的三个行业依次为：农、林、牧、渔业，居民服务和其他服务业，房地产业。这三个行业是我国较为接近竞争性市场的行业，除此之外，竞争性较强的制造业，批发和零售业，信息传输、计算机服务和软件业，分别排第15、第13和第12名，表明竞争性较强的行业人力资本错配程度较低。值得注意的是，国有企业占比较大的金融业同样具有较高的人力资本存量和人力资本成本，但其人力资本错配程度较低，在19个行业中排第14名。这主要是由于：一方面，金融业利润与宏观经济发展的紧密联系不可否认。我国经济主要是依靠资源消耗和投资拉动的粗放式增长，在这种情况下，金融业尤其是银行业便获得了一种基于卖方市场的溢价水平（姜琪、李占一，2012），这种相比于其他垄断行业更为隐蔽的市场势力使得金融业即便在经济萎靡时仍可获取较高的利润。另一方面，大量文献证实了金融业或银行业存在效率损失（侯晓辉、李婉丽、王青，2011；姜琪、李占一，2012；邵汉华、杨俊、廖尝君，2014），金融业的行业属性决定了其对于人力资本的要求较高，其要素错配问题主要存在于资本的错配上①。

我国人力资本错配程度最高的四个行业均为服务业，依次为：交通运输、仓储和邮政业，教育业，公共管理和社会组织，卫生、社会保障和社会福利业。另外，文化、体育和娱乐业，电力、燃气及水的生产和供应业等垄断行业排名都相对靠前。我国政府一直以自然垄断为由限制竞争者进入公共服务行业，事实上，许多公共服务企业从一开始就是政府管制的结果，是政府准入限制的受益者，这大大提高了社会资源的风险和成本（王中美，2010）。随着工业化的大规模发展和政府对垄断部门的扶持，我国逐渐形成了低人力资本向工业化和传统服务业部门集聚，高级人力资本向事业单位和公共服务部门转移的人力资本分割的局面（李静、楠玉，2017a），这导致了我国创新部门人力资本不足、要素生产效率低下等现象。综上所述，目前我国非市场化的公共部门，尤其是事业单位、公共服务部门是导致人力资本错配的主要因素。

① 根据本章测算，金融业资本边际产出为0.1501，在19个行业中排名第8。虽然金融业的固定资产投入较少，但其规模的扩大会带来庞大的流动性、人员管理等费用，较低的资本边际产出同样会带来较大的效率损失和资本错配。

3.5 结论及政策启示

本章利用2010年、2012年、2014年和2016年中国家庭追踪调查数据与同一时段的行业中观数据，在全生命周期教育收益率和人力资本错配测算框架下，基于分层贝叶斯模型测算了2009—2015年中国各行业的平均人力资本错配程度，进一步讨论了人力资本在公共部门与市场化部门的错配，研究发现：

（1）我国人力资本边际产出在行业间具有“倒置的门槛效应”。以往研究发现，在人力资本规模达到某一水平之后，经济增长将会进入新的均衡路径，各生产要素包括人力资本的边际产出将会显著提高。笔者发现，在低人力资本行业，人力资本对产出具有显著的促进作用；在高人力资本行业，人力资本反而抑制了产出增长，但未达到统计意义上显著。我国垄断行业的“工资溢价”吸引了大量高人力资本的进入，使得人力资本过度配置于公共部门，而人力资本的增加反而会由于提高生产成本、占用生产性资源对产出产生负向影响，导致人力资本错配程度进一步提高。

（2）事业单位和公共服务部门是我国人力资本错配的主要部门，竞争性行业的人力资本错配程度远低于国有垄断行业。交通运输、仓储和邮政业，教育业，公共管理和社会组织，卫生、社会保障和社会福利业的人力资本错配程度在我国19个行业中位列前4名。农、林、牧、渔业，居民服务和其他服务业，房地产业，这3个我国较为接近竞争性市场的行业的人力资本错配程度最低。政府一直以来以自然垄断和关乎生计的服务为由限制公共服务部门市场准入，由于事业单位和公共服务部门具有良好的社会保障和“工资溢价”，使得大量大学生希望通过公务员考试的方式求得一职，公务员考试在筛选出更好的人才的同时也提高了行业人力资本错配程度。

由此引申出的政策性含义包括：一方面，在新常态时期我国应继续坚持社会主义市场化道路，分离行政部门权利和企业部门利益，最大限度地减少政府对市场准入和经营管理的干预，降低行业进入和经营门槛，实现人力资本价格合理化；另一方面，由于创新性行业风险较大，政府应提供相应的激励机制，引导高人力资本进入创新部门，提高整体生产效率，实现以人力资本价格为基础的配置机制。

4 人力资本错配的测算Ⅱ：来自制造业行业内部的经验证据

4.1 研究问题的提出

在要素自由流动和完全竞争的市场环境下，企业最优产出要求要素边际产出和价格相等。但在现实环境中，由于受到市场分割、垄断以及体制等诸多因素的干扰，要素边际产出和价格往往不一致，从而引起要素错配和 TFP 损失。始于 Hsieh 和 Klenow（2009）的开创性研究在规模报酬不变的前提下构建了要素错配与 TFP 损失的分析框架，之后研究如 Vollrath（2014）还考察了人力资本错配对于 TFP 损失的影响，发现矫正人力资本价格扭曲引起的错配将使大部分发展中国家的产出提升 5%。作为一个大型转型经济体，要素市场化改革滞后使得中国要素市场的扭曲和错配较为严重。在此背景下，国内诸多学者（罗德明、李晔、史晋川，2012；龚关、胡关亮，2013；盖庆恩等，2015）计算了要素错配产生的 TFP 损失，证实生产要素的有效配置对于 TFP 具有显著的提升作用。但遗憾的是，上述分析大多是针对资本与劳动力数量这两种传统生产要素，对人力资本错配的关注较少。从讨论人力资本错配的相关研究来看，赖德胜和纪雯雯（2015）分析了人力资本在市场部门和政府以及垄断部门的错配对于自主创新的阻碍作用。李静等（2017）则分析了中国人力资本在部门之间的错配是引起要素报酬下降和生产效率低下的重要原因。马颖等（2018）则在 Vollrath（2014）的框架下讨论了行业层面的人力资本错配对于 TFP 及其产出的影响，结果发现人力资本在行业层面的错配导致2007年和2013年的实际总产出分别降低1.79%和1.63%。

上述研究为我们理解和度量人力资本错配提供了很好的借鉴，但在以下方面还有待继续改进：①基于H-K模型计算的研究主要分析资本和劳动力错配所产生的效率损失，但除龚关和胡关亮（2013）外，其他研究均假定生产函数具有规模报酬不变性质，且以成熟市场经济体的产业结构为基准，将要素生产弹性和替代弹性设置为固定值，这与我国产业结构的具体现实还存在一定差异。②将人力资本引入H-K模型时，继续使用规模报酬不变的生产函数便不再合适。然而除龚关和胡关亮（2013）外，其他研究均在规模报酬不变的框架下进行计算[①]。③关于人力资本错配的现有测算框架均基于行业或地区层面，还缺乏一个利用企业数据计算人力资本错配的测算框架。在样本数量的限制下，人力资本错配计算结果的可靠性大打折扣。更为重要的是，这既与要素（资本和劳动力）错配的主流做法不一致，也无法与资本、劳动力错配的计算结果进行对比。

鉴于以上缘由，本章在H-K模型的基础上进行扩展，提出了一个从企业层面计算人力资本错配的测算框架，并在此基础上利用中国工业企业数据库1998—2013年的相关数据进行了测算。计算结果表明：若生产要素得到有效配置，1998年我国工业总体TFP将提升17.75%，2013年将提升18.09%；若仅人力资本得到有效配置，1998年我国工业总体TFP将提升14.35%，2013年将提升8.88%。要素错配程度分别在2002年和2008年增大后逐渐下降，呈现出两个“波峰”的波动趋势，人力资本错配程度要高于资本和劳动力错配的程度，且主要集中在重化工、重工制造业等不符合比较优势的国有垄断行业中。此外，本章进一步研究发现，国有产权是导致人力资本错配的重要原因，国有产权对人力资本错配的影响具有门槛特征。相较于大量学者利用同一数据库所得出的结论，笔者计算出的要素

① 龚关和胡关亮(2013)同样放宽了规模报酬不变的假定,但他们利用LP法测算的结果显示90%以上的样本行业呈现规模报酬不变的特征,其实质仍是在规模报酬不变下的测算框架。更为重要的是,这篇文章仅仅考虑了资本和劳动力两种要素,并未考虑人力资本。

错配结果略低①，原因主要包括两方面：第一，以往研究在计算 TFP 损失时，仅仅考虑了资本和劳动力要素，并未将人力资本纳入生产函数中；第二，笔者放宽了规模报酬不变的假定。利用 LP 法估计要素生产弹性后发现，90% 以上的工业行业呈现规模报酬递减特征。在规模报酬递减的条件下，要素的扩张并不会带来产出相同幅度的增加，从而限制了潜在 TFP 增长，所计算出的要素错配结果也较小。如果考虑规模报酬不变或递增，要素错配的结果将变大，生产要素有效配置尤其是人力资本配置对于 TFP 的提升作用也将增强。

本章的边际贡献主要体现在：①对 H－K 框架进行了扩展，将包含人力资本的生产函数引入 H－K 测算框架，放宽规模报酬不变的假设，提出利用企业数据计算人力资本错配引发 TFP 损失的测算框架；②借鉴 Mabee（1997）的计算方法，估计了 1998—2013 年（除 2004 年、2009 年和 2010 年外）的企业人力资本存量；③运用 LP 法估计出我国三位数工业行业的要素产出弹性，识别了要素错配程度对规模报酬性质和要素生产弹性的敏感性。

本章剩余部分的结构安排如下：第二部分在放宽规模报酬不变的约束条件下，构建考虑人力资本的要素错配和 TFP 损失的测算框架；第三部分对数据、变量以及处理方法做出相关说明；第四部分测算并分析了 135 个行业的人力资本错配程度；第五部分围绕国有产权对人力资本错配的影响进行讨论；第六部分为研究结论。

4.2 测算框架

内生增长理论认为，人力资本与资本、劳动力等生产要素一样，是经济增长中不可忽视的因素。然而将人力资本纳入生产函数后，规模报酬不

① 邵宜航等(2013)认为若要素得到有效配置,我国制造业 TFP 将提升 207.8% ~237%。龚关和胡关亮(2013)认为若资本和劳动力得到有效配置,1998 年我国制造业 TFP 将提升 57.1%,2007 年将提升 30.1%。韩剑和郑秋玲(2014)发现要素错配带来的工业行业内和行业间 TFP 损失分别为 30.25% 和 4.72%。靳来群等(2015)发现所有制差异带来的要素错配和 TFP 损失在 200% 以上。

变的生产函数便不再合适了。于是，本章将人力资本引入 H－K 框架，放宽规模报酬不变这一假设。假定企业生产函数的具体形式为：

$$Y_{ij} = TFP_{ij} K_{ij}^{\alpha_i} L_{ij}^{\beta_i} H_{ij}^{\gamma_i} \tag{4-1}$$

其中，i 表示第 i 个行业，j 表示第 j 个企业，Y_{ij}、TFP_{ij} 和 K_{ij} 分别表示企业的真实产出、全要素生产率、资本存量。L_{ij} 和 H_{ij} 分别表示无技能劳动力规模和平均人力资本，衡量了企业的劳动力数量和劳动力质量。α_i、β_i 和 γ_i 为对应要素的生产弹性。以往学者习惯于将企业生产函数设定为规模报酬不变性质，但人力资本本身所具有的外部性可能会使生产函数呈现规模报酬递增性质（Lucas，1988）。鉴于此，笔者对要素生产弹性不再做约束，即 $\alpha_i + \beta_i + \gamma_i$ 可以不等于 1。

假定各行业中均存在一个代表性厂商为经济体提供消费品，该厂商利用行业内各企业的产出品作为生产要素，其生产函数符合 CES 生产函数形式：

$$Y_i = \left(\sum_{j=1}^{M_i} Y_{ij}^{\phi} \right)^{1/\phi} \tag{4-2}$$

其中，ϕ 为产品替代弹性。

设 $K_i = \sum_{i=1}^{M_i} K_{ij}$、$L_i = \sum_{i=1}^{M_i} L_{ij}$、$H_i = \sum_{i=1}^{M_i} H_{ij}$①，$K_i$、$L_i$ 和 H_i 分别表示第 i 个行业总体的资本存量、劳动力数量和人力资本。令 $k_{ij} = K_{ij}/K_i$、$l_{ij} = L_{ij}/L_i$、$h_{ij} = H_{ij}/H_i$，表示资本、劳动力数量和人力资本在行业内的均衡配置。

根据 Brandt 等（2013）的设定，第 i 个行业的全要素生产率 TFP_i 可以表示为：

$$TFP_i = \left(\sum_{j=1}^{M_i} Y_{ij}^{\phi} \right)^{1/\phi} / K_i^{\alpha_i} L_i^{\beta_i} H_i^{\gamma_i} = \left(\sum_{j=1}^{M_i} \left(k_{ij}^{\alpha_i} l_{ij}^{\beta_i} h_{ij}^{\gamma_i} \right)^{\phi} \right)^{1/\phi} \tag{4-3}$$

从式（4－3）中可以看出，TFP_i 主要与生产要素在行业内的均衡配置程度有关。

---

① 根据定义，行业 i 的平均人力资本应表示为：$H_i = \sum_{j=1}^{M_i} L_{ij} H_{ij} / L_i$，但为了便于测算，本章在这里将企业职工自身所具有的劳动力数量和劳动力质量两种生产要素完全分离，即劳动力数量并不会影响人力资本在企业间的分配，因此，可以认为行业 i 的平均人力资本为各企业平均人力资本的加总。

现实中，厂商面临的扭曲由产出扭曲、资本价格扭曲、劳动力数量价格扭曲以及人力资本价格扭曲四部分组成。本章假定相对于产出扭曲，引起资本产出价值变化的扭曲为 τ_{ij}^{k} ，引起劳动力数量产出价值变化的扭曲为 τ_{ij}^{l} ，这两种要素的扭曲在以往研究中已得到大量讨论。本章进一步设定，相对于产出扭曲，引起人力资本产出价值变化的扭曲为 τ_{ij}^{h} ，如企业创新动力不足使得人力资本的边际产出价值下降。结合生产函数式（4－1），企业的利润最大化问题可以表示为：

$$\max\{P_{ij}TFP_{ij}K_{ij}^{\alpha_i}L_{ij}^{\beta_i}H_{ij}^{\gamma_i}-\tau_{ij}^{k}RK_{ij}-\tau_{ij}^{l}\omega L_{ij}-\tau_{ij}^{h}\upsilon H_{ij}\} \tag{4-4}$$

其中，R 、ω 和 υ 分别表示租金率、单位劳动报酬和人力资本收益率，P_{ij} 为企业产品定价。根据行业总体和企业利润最大化的一阶条件可推导出企业产品的定价公式：

$$P_{ij}=(p_i^{1(1-\phi)}Y_i)^{(\alpha_i+\beta_i+\gamma_i)T_i}\cdot\overline{TFP_{ij}}\cdot\lambda_1^{i} \tag{4-5}$$

其中，$\overline{TFP_{ij}}=TFP_{ij}^{T_i}\cdot(\tau_{ij}^{k-\alpha_i}\tau_{ij}^{l-\beta_i}\tau_{ij}^{h-\gamma_i})^{T_i}$ ，$\lambda_1^{i}=[(\frac{\alpha_i}{R})^{\alpha_i}(\frac{\beta_i}{\omega})^{\beta_i}(\frac{\gamma_i}{\upsilon})^{\gamma_i}]^{T_i}$ ，$T_i=\frac{1-\phi}{\phi(\alpha_i+\beta_i+\gamma_i)-1}$ ，P_i 表示第 i 个行业的最终消费品的价格。同时可以推导出资本、劳动力数量和人力资本两两之间的均衡需求比：

$$\frac{K_{ij}}{L_{ij}}=\frac{\omega\cdot\alpha_i\cdot\tau_{ij}^{l}}{R\cdot\beta_i\cdot\tau_{ij}^{k}} \tag{4-6}$$

$$\frac{L_{ij}}{H_{ij}}=\frac{\upsilon\cdot\beta_i\cdot\tau_{ij}^{h}}{\omega\cdot\gamma_i\cdot\tau_{ij}^{l}} \tag{4-7}$$

$$\frac{K_{ij}}{H_{ij}}=\frac{\upsilon\cdot\alpha_i\cdot\tau_{ij}^{h}}{R\cdot\gamma_i\cdot\tau_{ij}^{k}} \tag{4-8}$$

根据式（4－6）～式（4－8），结合行业利润最大化问题，可以进一步推导出各行业中企业的均衡要素需求：

$$K_{ij}=K_i\frac{[\overline{TFP_{ij}}^{\frac{1}{\phi-1}}TFP_{ij}^{-1}(\frac{\tau_{ij}^{h}}{\tau_{ij}^{k}})^{\gamma_i}(\frac{\tau_{ij}^{l}}{\tau_{ij}^{k}})^{\beta_i}]^{\frac{1}{\alpha_i+\beta_i+\gamma_i}}}{\sum_{j=1}^{M_i}[\overline{TFP_{ij}}^{\frac{1}{\phi-1}}TFP_{ij}^{-1}(\frac{\tau_{ij}^{h}}{\tau_{ij}^{k}})^{\gamma_i}(\frac{\tau_{ij}^{l}}{\tau_{ij}^{k}})^{\beta_i}]^{\frac{1}{\alpha_i+\beta_i+\gamma_i}}} \tag{4-9}$$

$$L_{ij} = L_i \frac{[\overline{TFP_{ij}}^{\frac{1}{\phi-1}} TFP_{ij}^{-1} (\frac{\tau_{ij}^h}{\tau_{ij}^l})^{\gamma_i} (\frac{\tau_{ij}^k}{\tau_{ij}^l})^{\alpha_i}]^{\frac{1}{\alpha_i+\beta_i+\gamma_i}}}{\sum_{j=1}^{M_i} [\overline{TFP_{ij}}^{\frac{1}{\phi-1}} TFP_{ij}^{-1} (\frac{\tau_{ij}^h}{\tau_{ij}^l})^{\gamma_i} (\frac{\tau_{ij}^k}{\tau_{ij}^l})^{\alpha_i}]^{\frac{1}{\alpha_i+\beta_i+\gamma_i}}} \tag{4-10}$$

$$H_{ij} = H_i \frac{[\overline{TFP_{ij}}^{\frac{1}{\phi-1}} TFP_{ij}^{-1} (\frac{\tau_{ij}^k}{\tau_{ij}^h})^{\alpha_i} (\frac{\tau_{ij}^l}{\tau_{ij}^h})^{\beta_i}]^{\frac{1}{\alpha_i+\beta_i+\gamma_i}}}{\sum_{j=1}^{M_i} [\overline{TFP_{ij}}^{\frac{1}{\phi-1}} TFP_{ij}^{-1} (\frac{\tau_{ij}^k}{\tau_{ij}^h})^{\alpha_i} (\frac{\tau_{ij}^l}{\tau_{ij}^h})^{\beta_i}]^{\frac{1}{\alpha_i+\beta_i+\gamma_i}}} \tag{4-11}$$

可以看出，要素的（两两）均衡需求比是要素单位价格和扭曲程度的函数，与 TFP 无关，而企业的均衡要素需求与 TFP 以及行业整体的规模报酬性质相关。进一步可以发现，对于具有相同 TFP 的企业，当 $0 < \alpha_i, \beta_i, \gamma_i < 1$ 且 $\alpha_i + \beta_i + \gamma_i < 1/\phi$ 时，在规模报酬效应更大的行业内，企业 TFP 对自身均衡要素需求的贡献更大①。

将式（4-9）~式（4-11）代入式（4-3），可得各行业的 TFP：

$$TFP_i = (\sum_{j=1}^{M_i}((\frac{[\frac{\overline{TFP_{ij}}^{\frac{1}{\phi-1}}}{TFP_{ij}}(\frac{\tau_{ij}^h}{\tau_{ij}^k})^{\gamma_i}(\frac{\tau_{ij}^l}{\tau_{ij}^k})^{\beta_i}]^{\frac{1}{\alpha_i+\beta_i+\gamma_i}}}{\sum_{j=1}^{M_i}[\frac{\overline{TFP_{ij}}^{\frac{1}{\phi-1}}}{TFP_{ij}}(\frac{\tau_{ij}^h}{\tau_{ij}^k})^{\gamma_i}(\frac{\tau_{ij}^l}{\tau_{ij}^k})^{\beta_i}]^{\frac{1}{\alpha_i+\beta_i+\gamma_i}})})^{\alpha_i}$$

$$(\frac{[\frac{\overline{TFP_{ij}}^{\frac{1}{\phi-1}}}{TFP_{ij}}(\frac{\tau_{ij}^h}{\tau_{ij}^l})^{\gamma_i}(\frac{\tau_{ij}^k}{\tau_{ij}^l})^{\alpha_i}]^{\frac{1}{\alpha_i+\beta_i+\gamma_i}}}{\sum_{j=1}^{M_i}[\frac{\overline{TFP_{ij}}^{\frac{1}{\phi-1}}}{TFP_{ij}}(\frac{\tau_{ij}^h}{\tau_{ij}^l})^{\gamma_i}(\frac{\tau_{ij}^k}{\tau_{ij}^l})^{\alpha_i}]^{\frac{1}{\alpha_i+\beta_i+\gamma_i}})})^{\beta_i}(\frac{[\frac{\overline{TFP_{ij}}^{\frac{1}{\phi-1}}}{TFP_{ij}}(\frac{\tau_{ij}^k}{\tau_{ij}^h})^{\alpha_i}(\frac{\tau_{ij}^l}{\tau_{ij}^h})^{\beta_i}]^{\frac{1}{\alpha_i+\beta_i+\gamma_i}}}{\sum_{j=1}^{M_i}[\frac{\overline{TFP_{ij}}^{\frac{1}{\phi-1}}}{TFP_{ij}}(\frac{\tau_{ij}^k}{\tau_{ij}^h})^{\alpha_i}(\frac{\tau_{ij}^l}{\tau_{ij}^h})^{\beta_i}]^{\frac{1}{\alpha_i+\beta_i+\gamma_i}})})^{\gamma_i})^{\phi})^{1/\phi} \tag{4-12}$$

---

① 以式(4-11)为例，其分母为跨行业变量，不影响行业内人力资本的有效配置，因而我们仅需对分子进行分析即可。设式(4-11)的分子为 $h(\alpha_i,\beta_i,\gamma_i)$，对其取对数并进行变形可得：$\ln h(\alpha_i,\beta_i,\gamma_i) = \frac{\phi}{1-\phi(\alpha_i+\beta_i+\gamma_i)}\ln TFP_{ij} + \frac{\alpha_i\phi}{1-\phi(\alpha_i+\beta_i+\gamma_i)}\ln\tau_{ij}^k + \frac{\beta_i\phi}{1-\phi(\alpha_i+\beta_i+\gamma_i)}\ln\tau_{ij}^l + (\frac{\gamma_i\phi}{1-\phi(\alpha_i+\beta_i+\gamma_i)} - 1)\ln\tau_{ij}^h$。将上式分别对 α_i、β_i 和 γ_i 求偏导，可知当 $0<\alpha_i,\beta_i,\gamma_i<1$ 且 $\alpha_i+\beta_i+\gamma_i<1/\phi$ 时，$\ln TFP_{ij}$ 的系数（对人力资本配置的影响作用）最大。同理可得，TFP 在行业内资本和劳动力数量均衡分配中的影响作用对行业总体生产函数规模报酬水平变化的敏感度。因此，TFP 在行业内要素均衡分配中的影响作用对行业总体生产函数规模报酬水平的变化最为敏感。

在不存在要素错配的情况下，行业总体 TFP 达到最优，有效状态下的行业 TFP 即为 $\tau_{ij}^{k}=\tau_{ij}^{l}=\tau_{ij}^{h}=1$ 时的解：

$$TFP_i^* = \left(\sum_{j=1}^{M_i}\left(\frac{TFP_{ij}^{\phi(\alpha_i+\beta_i+\gamma_i)/[1-\phi(\alpha_i+\beta_i+\gamma_i)]}}{\sum_{j=1}^{M_i} TFP_{ij}^{\phi(\alpha_i+\beta_i+\gamma_i)/[1-\phi(\alpha_i+\beta_i+\gamma_i)]}}\right)^{\phi}\right)^{1/\phi} \quad (4-13)$$

借鉴 Hsieh 和 Klenow（2009）的做法，将要素错配归结为 TFP 的损失：

$$TFPlos_i = TFP_i^*/TFP_i - 1 \quad (4-14)$$

$TFPlos_i$ 即为要素错配所致的 TFP 损失，也可解释为：当要素有效配置时，TFP 的潜在增长。对于各生产要素错配分别引起的 TFP 损失，当 $\tau_{ij}^{l}=\tau_{ij}^{h}=1$ 时，测算资本错配程度；当 $\tau_{ij}^{k}=\tau_{ij}^{h}=1$ 时，测算劳动力数量的错配程度；当 $\tau_{ij}^{k}=\tau_{ij}^{l}=1$ 时，测算人力资本的错配程度。

另外，还可以得出规模报酬性质对于潜在 TFP 和 TFP 损失的影响，可以证明①：

$$\frac{\partial TFP_i^*}{\partial(\alpha_i+\beta_i+\gamma_i)} > 0 \text{ 和 } \frac{\partial TFPlos_i}{\partial(\alpha_i+\beta_i+\gamma_i)} > 0 \quad (4-15)$$

根据式（4－15）可以发现：

（1）如果行业性质表现为规模报酬递增，要素投入的扩张将会引起产出更大幅度的提高。在这种环境下，企业表现为“规模效率”，规模的扩大将提高企业的潜在增长率。此时要素错配的计算结果较大，要素有效配置可以显著地提高 TFP。

（2）如果行业性质表现为规模报酬不变，要素投入的扩张将会引起产出相同幅度的提高，潜在增长率和 TFP 损失表现为规模无关性，要素有效配置对于 TFP 的促进作用适中。

（3）如果行业性质表现为规模报酬递减，要素投入的扩张将会引起产出较小幅度的提高。在这种环境下，企业表现为“规模无效率”，规模的扩大将降低企业的潜在增长率。此时要素错配的计算结果较小，要素有效

① 具体证明见附录 A。

配置对于 TFP 的提升作用受到限制。

4.3 数据处理、参数设置与人力资本估算

4.3.1 数据处理

本章使用的是 1998—2013 年中国工业企业数据库①。该数据库由国家统计局提供，包括 1998—2007 年全部国有企业和主营业务收入大于 500 万元的民营工业企业，2008—2013 年主营业务收入大于 2000 万元的企业，覆盖全国 31 个省份。本章测算用到的指标包括：工业增加值、固定资产净值年平均余额、年度应付工资总额、年平均职工人数、注册类型、行业编码等。首先，按照以《国民经济行业分类》（GB/T 4754—2002）为标准的三位数行业代码进行分类，为消除 2003 年国家统计局对行业代码调整所产生的影响，笔者按照新的标准对 2003 年之前的样本进行了调整。其次，以 1998 年为基期，利用 CPI 对企业年度应付工资总额进行平减；利用原材料、燃料、动力购进价格指数对中间品投入进行平减；利用固定资产价格指数对固定资产净值年平均余额进行平减。再次，由于 2007 年之后的数据库不包含增加值数据，笔者参照李欣泽和司海平（2019）的方法，用 1998—2007 年三位数代码行业增加值与产品销售额的比值作为调节因子，估算 2008—2013 年企业的增加值水平。最后，参照 Cai 和 Liu（2009）、靳来群等（2015）的处理方法，对数据进行如下剔除：删除工业增加值、全部从业人员年平均人数、固定资产净值年平均余额、流动资产净值年平均余额、全年营业收入、主营业务收入、资产总计为负的样本，删除年平均从业人员人数为 8 以下的样本，删除固定资产净值年平均余额小于资产总计、流动资产净值年平均余额小于资产总计、全年营业收入小于主营业务收入的样本。为保证各年份之间具有可比性，本章进一步构建三位数代码行业层面的平衡面板数据，最终保留约 255.9 万个样本，涉及 135 个行业。

---

① 由于统计指标缺失，本章剔除了 2004 年、2009 年和 2010 年三年的数据。

为计算各要素的错配程度，在对数据进行以上调整的基础上，需计算各行业的要素产出弹性。龚关和胡关亮（2013）认为相对于 OP 法（Olley and Pakes，1996），LP 法在解决内生性问题和代理变量有效性方面更具有优势。因此，本章采用 LP 法，将工业增加值作为产出变量，以劳动力数量和平均人力资本①作为自由变量，固定资产年平均余额作为资本变量，中间品投入作为代理变量，分别估计以上行业的要素生产弹性（α_i、β_i 和 γ_i）②。笔者采用 Wald 检验对行业规模报酬性质进行检验，在 5% 的水平下达到统计意义上的显著，90% 以上的行业均拒绝了规模报酬不变的原假设，具体的检测结果中仅有卷烟制造业、自来水的生产和供应等行业为规模报酬不变行业，其余均为规模报酬递减行业。这与龚关和胡关亮（2013）测算所得出的 90% 以上行业均具有规模报酬不变性质的结果大相径庭，笔者认为这主要是在生产函数中引入了人力资本生产要素所致。长期以来，我国国有企业创新动力不足而民营企业创新资源不足，经济整体的创新效率低下，导致 TFP 长期在较低水平波动，仅有个别政府干预下的高度垄断的行业凭借垄断利润实现了规模报酬不变。

4.3.2 参数设置

为了计算我国工业企业人力资本错配程度，需对一些关键参数和变量进行赋值。参照 Hsieh 和 Klenow（2009）对行业间产品替代弹性的设置，取 $\phi = 2/3$。由式（4－9）、式（4－10）和式（4－13）可知，τ_{ij}^{k}、τ_{ij}^{l} 和 τ_{ij}^{h} 相同比例的变化并不会影响 k_{ij}、l_{ij} 和 h_{ij} 的测算结果，同样也不会影响 TFP_i 的测算结果，因此我们只需找到 τ_{ij}^{k}、τ_{ij}^{l} 和 τ_{ij}^{h} 的某一比例即可。由式（4－6）至式（4－8）可得：$\tau_{ij}^{k} \propto \frac{\alpha_i Y_{ij}^{nor}}{K_{ij}}$、$\tau_{ij}^{l} \propto \frac{\beta_i Y_{ij}^{nor}}{L_{ij}}$、$\tau_{ij}^{h} \propto \frac{\gamma_i Y_{ij}^{nor}}{H_{ij}}$，其中，$Y_{ij}^{nor} = P_{ij} Y_{ij}$ 表示企业的名义产出。《中国工业统计年鉴》中未统计企业的

① 各行业人力资本存量的具体估算过程见后文。

② 由于中国工业企业数据库在 2007 年之后不再提供中间品相关数据，故本章借鉴余淼杰等（2018）的方法估计 2011—2013 年的中间产品投入值，并在此基础上利用 LP 法进行核算。因工业数据库中并未包含 2008 年折旧的相关信息，故本章在计算要素生产弹性时未使用这一年的数据。

真实产出 Y_{ij} ，而获取各行业内企业产出产品的价格数据又十分困难，使得无法直接通过式（4－1）对 TFP_{ij} 进行直接测算。本章借鉴 Brandt 等（2013）的方法，通过如下方式测算 TFP_{ij} ：

$$TFP_{ij} = \frac{Y_{ij}^{nor}}{P_i K_{ij}^{\alpha_i} L_{ij}^{\beta_i} H_{ij}^{\gamma_i}} \cdot \left(\frac{Y_{ij}^{nor}}{\sum_{j=1}^{M_i} Y_{ij}^{nor}}\right)^{\frac{1-\phi}{\phi}} \propto \frac{Y_{ij}^{nor}}{K_{ij}^{\alpha_i} L_{ij}^{\beta_i} H_{ij}^{\gamma_i}} \cdot \left(\frac{Y_{ij}^{nor}}{\sum_{j=1}^{M_i} Y_{ij}^{nor}}\right)^{\frac{1-\phi}{\phi}} \tag{4-16}$$

式（4－16）中，P_i 虽然是不可观测变量，但它是一个跨行业变量，并不会影响各行业人力资本错配程度的测算。另外，为尽可能提高测算结果的稳健性，笔者剔除了 TFP_{ij} 前后 0.5% 异常值。

4.3.3 人力资本估算

本章利用固定资产净值年平均余额衡量企业的资本存量，利用年平均职工人数衡量企业的劳动力数量。传统研究（如 Schultz，1975；贝克尔，1987）主要利用个体受教育年限来衡量人力资本，但由于中国工业企业统计数据库没有提供完整的有关企业劳动力教育水平的信息，使得笔者无法利用受教育年限衡量企业人力资本存量。鉴于此，本章借鉴 Mabee（1997）的估计方法，利用 2004 年的相关数据估计企业的人力资本存量①。具体估计步骤为：

第一步，将劳动力所具有的不同学历处理为定距变量：“初中及以下学历＝6”“高中学历＝9”“大专学历＝15”“大学本科学历＝16”“研究生及以上学历＝19”，从而测算出各企业劳动力的平均受教育年限（ edu ）。

第二步，参照方军雄（2009，2011）、李焰等（2010）、巫强和葛玉好

① Mabee（1997）提出了一种将教育与劳动力收入相结合的人力资本测度方法。其假定在同一经济环境下，工资差异仅仅来源于人力资本的差异，若以没有任何教育经历的个体的工资（基本工资）作为人力资本的计量单位，则用劳动者所获得的实际工资除以基本工资就可以表示该劳动者的人力资本水平。该方法实施的核心问题是如何估算出某一经济环境下的基本工资水平。基于此，Mabee（1997）基于 Mincer 工资方程估算出教育对工资的影响作用，并取截距项作为该经济环境下的基本工资。

(2014) 等对于工资方程的设定方法[①]，建立如下工资 (Mincer, 1974) 方程[②]：

$$Ave\_wage_{sij} = \alpha + \beta_1 edu_{sij} + \beta_2 age_{sij} + \beta_3 revenue_{sij} + \beta_4 scale_{sij} + \beta_5 control_{sij} + \beta_6 gdp_{sij} + \beta_7 dum1_{sij} + \beta_8 dum2_{sij} + \beta_2 age_{sij} \cdot edu_{sij} + \beta_3 revenue_{sij} \cdot edu_{sij} + \beta_4 scale_{sij} \cdot edu_{sij} + \beta_5 control_{sij} \cdot edu_{sij} + \beta_6 gdp_{sij} \cdot edu_{sij} + \beta_7 dum1_{sij} \cdot edu_{sij} + \beta_8 dum2_{sij} \cdot edu_{sij} + \lambda_j + \varepsilon_{ij} \tag{4-17}$$

其中，s 表示第 s 个省份，i 表示第 i 个企业，j 表示第 j 个行业，α 为截距项，可认为是企业的最低工资保障，Ave_wage 表示企业平均工资，age 为企业成立年限，$revenue$ 为企业收益率即利润总额除以总资产，$scale$ 为企业规模即总资产的对数，$control$ 为国有控股情况（国有绝对控股 =1，其他 =0），gdp 为企业所在地区国民生产总值的对数，$dum1$ 为企业是否在中部地区（是 =1，否 =0），$dum2$ 为企业是否在西部地区（是 =1，否 =0），λ_j 为行业固定效应，ε 为残差项。考虑到上述控制变量不仅会影响到基本工资（$Basic\_wage$），也会影响到教育收益率，且两种影响可能存在差异，因此我们在工资方程中引入了企业劳动力平均受教育年限与控制变量的交互项。

第三步，企业的基本工资（无技能劳动力的工资）被定义为受教育水平（edu）为 0 的工资。那么根据式（4 - 17），企业的基本工资可以表示为：

$$Basic\_wage = \alpha + \beta_2 age_{sij} + \beta_3 revenue_{sij} + \beta_4 scale_{sij} + \beta_5 control_{sij} + \beta_6 gdp_{sij} + \beta_7 dum1_{sij} + \beta_8 dum2_{sij} + \lambda_j + \varepsilon_{ij} \tag{4-18}$$

第四步，利用 2004 年的数据估计式（4 - 17），得出各变量的估计系数并代入式（4 - 18），进一步利用 1998—2013 年（不包含 2004 年、2009

① 为了保证估计结果的稳健性，笔者还利用分层贝叶斯模型重新估计了各行业的工资方程（以行业为组，通过识别组间方差得到各行业工资方程的回归系数），并在此基础上核算各企业的基本工资和人力资本存量，结果同样说明国有企业具有人力资本“优势”，证明了本章估算结果的准确性，但鉴于篇幅所限，结果不再单独列出，有兴趣的读者可以向作者索取。

② 为尽可能地避免行业地区等经济环境的异质性对基本工资和教育收益率的影响，笔者还对行业和地区特征进行了控制。

年和2010年）工业企业数据库中的基础数据核算出各年度的基本工资。

第五步，利用工业企业数据库中的基础数据核算企业平均工资（年度应付工资总额除以职工人数），在此基础上利用计算出的企业平均工资和基本工资，企业的人力资本存量（h_{ij}）便可以被定义为：

$$h_{ij} = Ave\_wage_{ij}/Basic\_wage_{ij} \tag{4-19}$$

根据以上计算步骤，可以计算出企业层面的人力资本错配情况。图4－1报告了人力资本在企业间的分布情况，可以看出，随着时间的推移，图形不断右移，这符合我国自1999年高校扩招以来人力资本规模迅速扩张的实际情况。另外，图形不断变“矮”并变“胖”，且右侧拖尾变厚，表明企业间的人力资本差距在逐渐扩大，高人力资本企业不断增多。

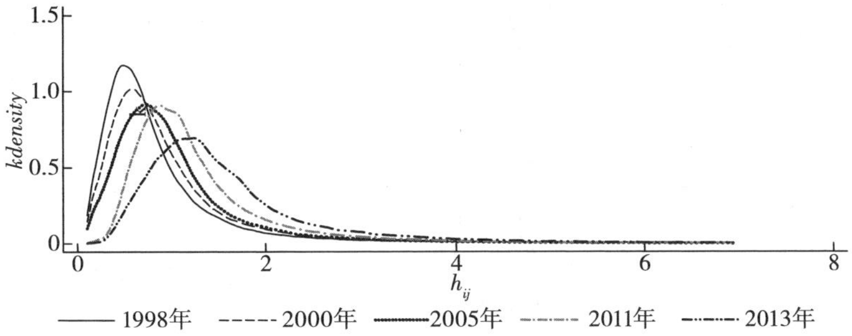

图4－1 人力资本在企业间的分布情况

资料来源：笔者根据中国工业企业数据库整理所得。

4.4 测算结果分析

4.4.1 要素弹性的测算结果

我们首先利用LP法估计出了各行业的要素生产弹性及其分布。表4－1详细说明了要素生产弹性的行业分布情况，要素生产弹性较高的行业虽然包括部分关乎国家国防安全的国有垄断行业（如航空航天器制造、雷达及配套设备制造），但大部分都是通过设置行业进入壁垒和资源要素垄断而形成的国有垄断行业。其中，资本生产弹性较高的一般为资源垄断型行业，包括其他煤炭采选、天然原油和天然气开采、与石油和天然气开采有关的服务活动等；劳动力数量生产弹性较高的一般为具有规模效应的垄断行业，包括电力供应、烟叶复烤等；人力资本生产弹性较高的主要为高度人力资本需求与集聚的行业，以及资源垄断型行业。生产弹性较低的行业主要包括两类：一类是国有垄断性质的低效率企业，例如铁路运输设备制造，该类行业主要存在于低资本生产弹性中；另一类是接近于完全竞争市场的劳动密集型产业，这类行业对人力资本的需求较低。

表 4－1　要素生产弹性的行业分布情况

弹性	均值	较大的 5 个行业	较小的 5 个行业
α_i	0. 1441	其他煤炭采选 69	污水处理及再生利用 462
		天然原油和天然气开采 71	烘炉、熔炉及电炉制造 356
		有色金属合金制造 334	制帽 183
		与石油和天然气开采有关的服务活动 79	铁路运输设备制造 371
		其他未列明的制造业 429	自来水的生产和供应 461
β_i	0. 2332	电力供应 442	炼焦 252
		其他黑色金属矿采选 89	肥料制造 262
		烟叶复烤 161	炼钢 322
		钟表与计时仪器制造 413	谷物磨制 131
		乐器制造 243	麻纺织 173
γ_i	0. 1851	航空航天器制造 376	毛皮鞣制及制品加工 193
		雷达及配套设备制造 402	制糖 134
		采盐 103	热力生产和供应 443
		天然原油和天然气开采 71	皮革鞣制加工 191
		化学矿采选 102	炼钢 322

4. 4. 2　人力资本错配的测算结果

在计算出了各要素的生产弹性后，便可以根据介绍的方法估计出各要素错配程度及其 TFP 损失。由于要素错配的计算结果是相对于行业均值的统计，这不仅会低估规模较大的行业对要素总错配程度的贡献，同时还会高估规模较小的行业对要素总错配程度的贡献。因此，参照龚关等（2015）的计算方法，以各行业增加值占当年工业行业增加值的比重为权重，对历年要素错配程度或潜在增长进行修正①，估计结果如表 4 - 2 所示。

表 4 -2 TFP 损失（潜在增长）测算结果及其修正后结果

年份	A1：TFP 损失（潜在增长）				A2：行业产出比修正后的 TFP 损失（潜在增长）			
	TFPlos	*TFPlos_K*	*TFPlos_L*	*TFPlos_H*	*TFPlos*	*TFPlos_K*	*TFPlos_L*	*TFPlos_H*
1998	0. 1605	0. 0796	0. 0711	0. 1140	0. 1755	0. 0680	0. 0708	0. 1435
1999	0. 1592	0. 0783	0. 0689	0. 1136	0. 1771	0. 0661	0. 0697	0. 1439
2000	0. 1610	0. 0782	0. 0662	0. 1141	0. 1917	0. 0693	0. 0746	0. 1515
2001	0. 1598	0. 0778	0. 0634	0. 1110	0. 1865	0. 0724	0. 0748	0. 1466
2002	0. 1571	0. 0766	0. 0608	0. 1098	0. 1741	0. 0702	0. 0714	0. 1390
2003	0. 1554	0. 0751	0. 0579	0. 1072	0. 1785	0. 0709	0. 0691	0. 1376
2005	0. 1521	0. 0721	0. 0564	0. 1077	0. 1778	0. 0704	0. 0645	0. 1354
2006	0. 1530	0. 0714	0. 0546	0. 1076	0. 1828	0. 0683	0. 0615	0. 1410
2007	0. 1510	0. 0705	0. 0526	0. 1057	0. 1748	0. 0692	0. 0594	0. 1329
2008	0. 1699	0. 0695	0. 0494	0. 1093	0. 1991	0. 0732	0. 0590	0. 1383
2011	0. 1667	0. 0617	0. 0510	0. 0804	0. 1878	0. 0652	0. 0565	0. 1015
2012	0. 1768	0. 0654	0. 0544	0. 0866	0. 1948	0. 0691	0. 0587	0. 1063
2013	0. 1730	0. 0709	0. 0590	0. 0776	0. 1809	0. 0740	0. 0640	0. 0888

表 4 -2 左半部分（A1）报告了各个年份 TFP 损失（潜在增长）的数值及其变化趋势，历年 TFP 损失均是相对于行业平均值而言。若资本、劳动力数量和人力资本均达到有效配置，2013 年我国行业平均 TFP 可提升 17. 30%，其中，人力资本有效配置的贡献最大。若人力资本达到有效配置，2013 年行业平均 TFP 可以提升 7. 76%，高于资本和劳动力达到最优配置时的潜在增长。表 4 -2 右半部分（A2）报告了经过行业产出比修正后的历年 TFP 损失（潜在增长）具体数值及其变化趋势。经过修正后，TFP

① 笔者并未采取 CES 加总方法计算总要素错配程度，具体原因为：①LP 法可以有效地避免内生性和代理变量有效性问题，使其与 CES 加总方法（固定替代弹性）和 OP 法相比更具优势。②“行业—全国”层面 LP 法更加接近经济现实。③从技术可行性上来看，“行业—全国”层面可变生产弹性（LP 法确定）限制了 CES 加总方式，故本章参照龚关等（2015）的做法采用行业增加值进行加权平均。④CES 加总方法所得出的结论并未改变估计结果的核心结论。

总体损失以及人力资本错配引发的 TFP 损失的测算结果明显增大，而资本和劳动力引发的 TFP 损失变化不大。就 2013 年而言，若资本、劳动力数量和人力资本均达到有效配置，TFP 可以提升 18.09%，相比于修正前的结果提高了 0.79%，若仅有人力资本达到有效配置，TFP 可以提升 8.88%，相比于修正前的结果提高了 1.12%。这说明修正前的结果低估了要素错配程度较高的行业，高估了要素错配程度较低的行业，要素错配程度与行业规模存在着一定的正相关性。

从修正后的结果来看，总体要素错配程度在 2000 年之前有所恶化，之后不断改善，并在 2008 年出现了大幅上升，整体呈现出具有两个“波峰”的波动特征。从不同要素类型来看，劳动力错配程度自 2000 年以后不断改善，而资本和人力资本错配程度随时间的变化特征与总体要素错配情况相似（但相比较而言，人力资本错配的改善程度优于资本错配）。自 1993 年以来，我国不断探索社会主义市场经济微观主体的制度框架，2003 年确立了社会主义市场经济体制基础，国有企业改革由制度创新转入制度完善期，并开始针对国有资产管理体制和国有产权着重进行改革，反映这一阶段政策实施的便是资本要素和劳动力数量错配程度下降。然而，2008 年的刺激性政策导致大量资本流入国有垄断部门，也随之扭曲了人力资本的配置情况。虽然之后错配问题有所缓解，但直至 2013 年，人力资本的错配程度仍然较大且高于资本错配，因而未来仍需要重视工资机制的不完善和垄断利润分配不平等所造成的扭曲问题。

为观察各要素错配程度在行业间的具体分布情况，笔者将 TFP 损失为 10% 设为原点，将人力资本错配与资本错配的相对大小及人力资本错配与劳动力数量错配的相对大小分别分为四个象限。图 4－2 为 2007 年人力资本错配与资本错配的相对大小，图中虚线为象限分割线，Ⅰ、Ⅱ、Ⅲ、Ⅳ四个象限分别表示人力资本错配和资本错配相对较大、人力资本错配相对较小而资本错配相对较大、人力资本错配和资本错配相对较小、人力资本错配相对较大而资本错配相对较小的行业。实线表示人力资本错配与资本错配相等，实线上方表示人力资本错配大于资本错配，下方表示人力资本错配小于资本错配。图 4－3 则报告了 2007 年人力资本错配与劳动力数量错配的相对大小。

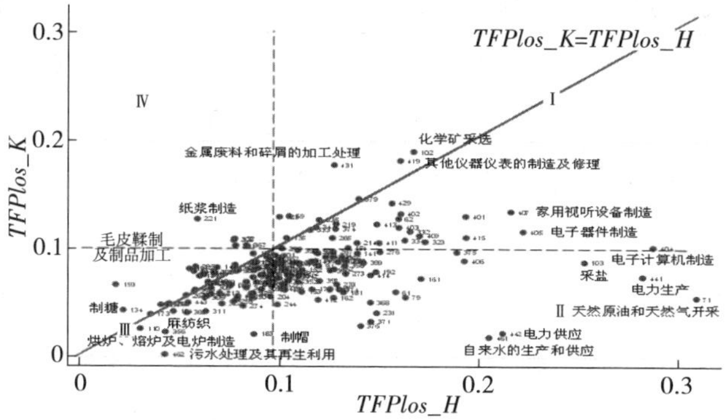

图 4－2　2007 年人力资本错配与资本错配比较

资料来源：笔者通过 2007 年中国工业企业数据库的资料计算整理所得。

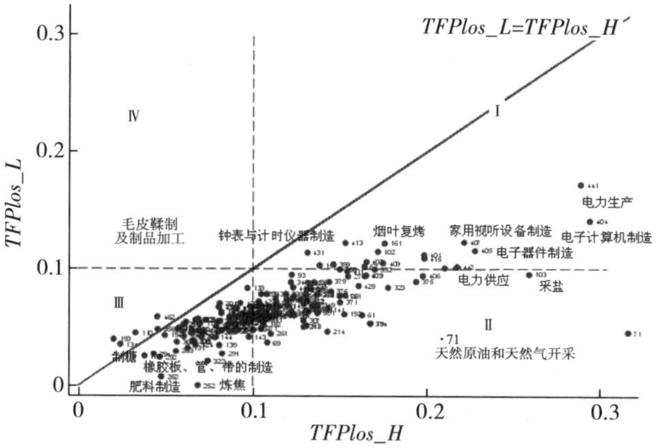

图 4－3　2007 年人力资本错配与劳动力数量错配比较

资料来源：笔者通过 2007 年中国工业企业数据库的资料计算整理所得。

在图 4－2 中，绝大部分行业的人力资本错配程度都要高于资本错配程度。第Ⅲ、第Ⅳ象限的行业共占总行业的 43.55%，以劳动密集型行业为主，主要是由于此类行业对人力资本的需求较少。其中，第Ⅲ象限的行业占总行业的 40.86%，以毛皮鞣制及制品加工业、制帽业等轻纺业为主。第Ⅰ、第Ⅱ象限的行业较多，共占总行业的 56.45%，以国有垄断行业为主。其中，第Ⅰ象限又以技术较为前沿的行业为主，如电子计算机制造、电子器件制造、其他仪器仪表的制造及修理等，此类行业需要大量的人力资本和资本要素进行研发活动，而我国以国有银行业为主的金融结构难以通过市场化机制分散这种研发风险（林毅夫、孙希芳、姜烨，2009），因此这类企业往往获取了大量政府补贴和信贷资源，在垄断利润的保护下创新动力不足，造成较大的要素错配和 TFP 损失。若分别将第Ⅰ象限行业的人力资本和资本要素正确配置，大约分别可以提升其 12.52% 和 13% 的 TFP。在图 4-3 中，几乎所有行业的人力资本错配程度均高于劳动力数量错配程度，表明我国在制定有关市场化改革、降低要素错配的相关政策时，更应注重劳动力质量的错配而非劳动力数量的错配问题。第Ⅰ象限中主要为规模较大的国有垄断行业，如电力供应等，第Ⅲ象限中主要为轻纺业，其余均集中在第Ⅱ象限，占行业总数的 47.31%。2013 年的情况与 2007 年较为相似，高人力资本错配行业仍然以电力生产、电力供应、其他煤炭采选、采盐等高度国有垄断性行业为主（见图 4-4、图 4-5）。

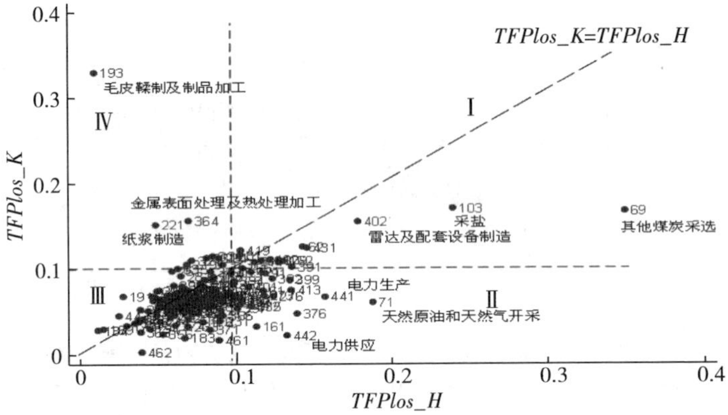

图 4-4　2013 年人力资本错配与资本错配比较

资料来源：笔者通过 2013 年中国工业企业数据库的资料计算整理所得。

4.4.3　进一步的讨论：行业差异或规模报酬

本章所使用的生产弹性与 Hsieh 和 Klenow（2009）、Brandt 等（2013）、靳来群等（2015）等对生产弹性的设定方法，主要存在两方面区

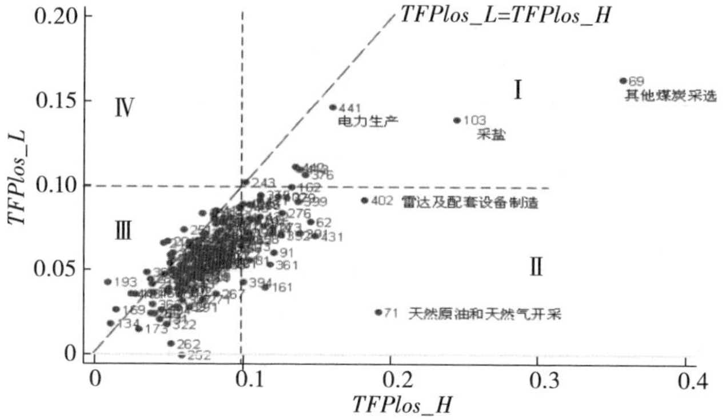

图4－5　2013年人力资本错配与劳动力数量错配比较

资料来源：笔者通过2013年中国工业企业数据库的资料计算整理所得。

别：一是本章所使用的生产弹性的依据为各行业数据的测算值，行业间生产弹性存在差异，而非参照其他国家对经济体生产弹性进行统一设定；二是依据LP法测算结果，在引入人力资本生产要素后，各行业生产弹性普遍呈现规模报酬递减的性质。为了识别出现差异的原因，首先，将各行业生产弹性设为固定值，具体来说，将各行业生产弹性设定为总体平均值：$\alpha = 0.144$，$\beta = 0.233$，$\gamma = 0.185$，在固定生产弹性和规模报酬递减的前提下进行测算，借此考察行业间生产弹性差异对测算结果的影响（A3）；其次，将固定生产弹性按比例提升至总和为1（各要素生产弹性提升约78%），即在固定生产弹性和规模报酬不变性质下进行测算，考察生产规模报酬不变对要素错配结果的影响（A4）；最后，为了获得不同生产环境下人力资本错配的定量结论，假设资本和劳动力的生产弹性不变，在规模报酬不变和递增（$\alpha + \beta + \gamma = 1.2$）的环境下重新进行测算（A5和A6），具体结果如表4－3所示。

表4－3　行业差异与规模报酬对TFP损失的影响

年份	A3：固定生产弹性，规模报酬递减（$\alpha = 0.144$，$\beta = 0.233$，$\gamma = 0.185$）				A4：固定生产弹性，规模报酬不变（$\alpha = 0.255$，$\beta = 0.415$，$\gamma = 0.330$）			
	TFPlos	*TFPlos_K*	*TFPlos_L*	*TFPlos_H*	*TFPlos*	*TFPlos_K*	*TFPlos_L*	*TFPlos_H*
1998	0.1682	0.0741	0.0738	0.1258	0.3369	0.1224	0.1296	0.2539

续表

年份	A3：固定生产弹性，规模报酬递减（α = 0.144，β = 0.233，γ = 0.185）				A4：固定生产弹性，规模报酬不变（α = 0.255，β = 0.415，γ = 0.330）			
	TFPlos	*TFPlos_K*	*TFPlos_L*	*TFPlos_H*	*TFPlos*	*TFPlos_K*	*TFPlos_L*	*TFPlos_H*
1999	0.1651	0.0716	0.0741	0.1225	0.3268	0.1210	0.1276	0.2442
2000	0.1747	0.0731	0.0821	0.1174	0.3467	0.1253	0.1418	0.2539
2001	0.1771	0.0794	0.0840	0.1175	0.3412	0.1292	0.1388	0.2432
2002	0.1660	0.0774	0.0768	0.1161	0.3322	0.1307	0.1316	0.2422
2003	0.1674	0.0763	0.0714	0.1147	0.3376	0.1279	0.1245	0.2364
2005	0.1658	0.0746	0.0682	0.1151	0.3360	0.1269	0.1197	0.2374
2006	0.1650	0.0749	0.0680	0.1129	0.3411	0.1283	0.1203	0.2388
2007	0.1635	0.0740	0.0655	0.1086	0.3313	0.1275	0.1172	0.2257
2008	0.1874	0.0776	0.0632	0.1203	0.3824	0.1317	0.1136	0.2538
2011	0.1767	0.0696	0.0610	0.0857	0.3537	0.1213	0.1110	0.1761
2012	0.1862	0.0742	0.0647	0.0876	0.3700	0.1293	0.1179	0.1793
2013	0.1862	0.0800	0.0737	0.0819	0.3752	0.1396	0.1338	0.1696
年份	A5：可变生产弹性，规模报酬不变（α 和 β 不变，γ 提高 238%）				A6：可变生产弹性，规模报酬递增（α 和 β 不变，γ 提高 347%）			
	TFPlos	*TFPlos_K*	*TFPlos_L*	*TFPlos_H*	*TFPlos*	*TFPlos_K*	*TFPlos_L*	*TFPlos_H*
1998	0.2988	0.0921	0.0938	0.2611	0.3178	0.0974	0.1031	0.2846
1999	0.2988	0.0898	0.0940	0.2601	0.3231	0.0931	0.1012	0.2858
2000	0.3170	0.0953	0.0998	0.2711	0.3421	0.0990	0.1065	0.3086
2001	0.3122	0.0960	0.0978	0.2656	0.3353	0.0999	0.1054	0.3036
2002	0.2861	0.0922	0.0953	0.2502	0.3064	0.0944	0.1035	0.2759
2003	0.2940	0.0920	0.0905	0.2483	0.3110	0.0955	0.0982	0.2744
2005	0.3001	0.0918	0.0832	0.2567	0.3178	0.0934	0.0891	0.2806
2006	0.3093	0.0898	0.0785	0.2655	0.3320	0.0904	0.0849	0.2934
2007	0.2945	0.0902	0.0733	0.2458	0.3203	0.0912	0.0800	0.2758
2008	0.3304	0.0934	0.0769	0.2628	0.3621	0.0925	0.0815	0.3004
2011	0.3163	0.0817	0.0772	0.2007	0.3468	0.0800	0.0838	0.2253
2012	0.3230	0.0908	0.0798	0.2061	0.3509	0.0916	0.0861	0.2310
2013	0.2934	0.0933	0.0920	0.1726	0.3041	0.0926	0.0914	0.1833

仔细观察表4－2和表4－3的估计结果可以发现，A3的估计结果和A2的估计结果几乎一致，但如果将固定生产弹性按比例提升至总和为1（规模报酬不变），要素错配程度便大幅上升，从而说明行业弹性差异对于估计结果的影响较小，对规模报酬影响较大。不仅如此，仔细观察A3和A4的结果还可以发现，人力资本错配的估计结果受到的影响更大，普遍在2倍以上，这说明不同环境下人力资本错配的估计结果存在较大差异。为了刻画这种影响，我们重新估计了A5和A6。与A2相比可发现，如果资本和劳动力的生产弹性固定不变，仅改变人力资本的生产弹性，则A4和A5的总体要素错配情况未发生较大变化，而资本和劳动力错配程度减小，人力资本错配程度加大。比较A5和A6测算结果发现，人力资本错配程度随着其生产弹性的扩大而扩大，这表明总体要素错配程度对生产函数的规模报酬性质极为敏感，而各要素错配又对自身生产弹性十分敏感①。由于现阶段我国产业结构以劳动密集型为主，资本份额较小而劳动份额较大，这与英国、美国等发达国家的产业结构存在较大差异，如果参照Hsieh和Klenow（2009）、Brandt等（2013）等的研究方法，以这些国家的产业结构为唯一结构设置生产函数，会高估我国的资本错配程度。

4.5 拓展分析：国有产权对人力资本错配的影响

大量研究（刘瑞明、石磊，2010；董晓庆、赵坚、袁朋伟，2014；张天华、张少华，2016）发现，在竞争的市场环境下，国有企业缺乏“自生能力”，其绩效偏低。尽管如此，国有企业仍然可以凭借其垄断地位取得廉价资源，赚取垄断利润，进一步转化为“高工资”和人力资本优势。因此，国有产权对人力资本错配具有重要影响。根据这个认识，笔者主要检验国有产权对人力资本错配的影响，具体步骤为：①以国有企业增加值占总行业增加值的比例衡量该行业的国有成分（*state*），并控制了行业集中度

① 这个结论证实了我们对于规模报酬性质和TFP损失的讨论，即在规模报酬递减的条件下，要素投入的扩张阻碍了潜在TFP增长，进一步导致递减状态下计算出的要素错配结果要小于不变和递增条件下的结果。

（*HHI*，企业销售收入占行业总体销售收入比重的平方和），行业负债率（*debt*，行业中所有企业负债总额占总资产比重），结合人力资本错配的计算结果进行实证检验。②考虑时间异质性对于估计结果的影响。具体做法为以1998年为基准，将解释变量替换为国有成分与8个（年）时间哑变量（1999—2007年）的交互项，并重新估计国有产权与人力资本错配之间的关系。③考虑行业异质性对于估计结果的影响。具体做法为，利用面板门槛回归模型对国有产权与人力资本错配之间的关系进行估计。

表4-4首先给出了国有成分对 *TFPlos_H* 影响作用的回归结果。对比式（4-5）的结果，在控制时间、行业固定效应以及控制变量后，国有成分对各要素错配程度的贡献均为正，且均在1%的水平上显著，回归结果具有较高的稳健性。从回归（4）来看，国有成分高的行业具有相对较高的要素错配程度，国有成分每提高1%，人力资本错配程度将提高0.1113，表明国有企业的创新效率损失和“人力资本优势”是引发人力资本错配的重要原因。对于控制变量来说，行业集中度显著提升了人力资本错配程度，行业集中度强化企业对资源的垄断程度以及产品溢价能力，在高额垄断利润下，企业创新动力较低而工资水平较高从而形成较高人力资本错配，而企业负债率的提高有利于降低人力资本错配程度。其原因可能是，在控制了国有成分后，在部分竞争性行业中，高额负债率意味着中小企业需要支付大量利息费用，中小企业为谋求发展往往通过缩减工资等内源性融资方式缓解流动性约束，这必然会使得行业整体人力资本规模减小，在一定程度上降低了行业人力资本错配程度。

表4-4　国有产权对人力资本错配的影响

变量	(1)	(2)	(3)	(4)
截距项	0.1035***	0.1094***	0.1110***	0.1113***
	(65.0638)	(126.2067)	(114.0503)	(114.1041)
state	0.0691***	0.0276***	0.0380***	0.0392***
	(9.8938)	(5.4972)	(6.5945)	(6.8059)
debt			-0.0012***	-0.0019***
			(-3.6275)	(-4.6740)

续表

变量	(1)	(2)	(3)	(4)
HHI				0.0511*** (2.9583)
时间固定效应	否	是	是	是
行业固定效应	否	是	是	是
样本量	1565	1565	1565	1565

注：①括号内为 t 值；②＊＊＊表示在1%的水平上显著。

表4－5为分年份的估计结果①。在分别控制了行业固定效应和相关控制变量后，式（4－10）和式（4－11）的估计结果相似度较高，结果较为可信。从式（4－11）可以看出，随着时间的推移，国有产权对人力资本错配的影响作用呈现出先增大（1999—2001年）再减小（2002—2013年）的倒“U”形态势。具体来看，①与1998—2001年非国有企业与国有企业要素错配差距逐步扩大这一事实相对应的是，图4－4中显示这一时期人力资本要素错配程度同样呈现出递增趋势。表明在这一阶段，我国国有企业改革虽取得了一定进展，但仍未涉及国有企业低效率的根本原因，存在部分错配程度较大而改革却相对滞后的行业企业，包括为克服“市场失灵”而产生的国有垄断行业（卷烟制造业等）、与行政权力相结合而产生的行政垄断行业②（烟煤和无烟煤的开采洗选业、天然原油和天然气开采业等）等，这类企业在行政垄断的影响下获取高额利润，创新动力低下，人力资本错配程度较高。②2003年是我国国有企业改革第一阶段的尾声和第二阶段的开端，这一阶段我国基本确立了国有企业发展的制度框架和社会主义市场经济体制基础，2003年国有企业与非国有企业要素错配差距的缩小可以作为肯定国有企业改革成就的有力证据。大部分国有企业的改革实施取

① 由于数据缺失和多重共线性等原因，1998年、2004年、2009年、2010年和2011年的估计系数无法估计。

② 对行政垄断行业样本剔除后的回归结果显示，1998—2002年国有成分对要素错配程度影响的扩大趋势明显放缓，表明行政垄断行业中的确存在着要素错配严重、但改革相对滞后的问题，这也是造成国有成分对要素错配影响作用持续扩大的原因之一。限于篇幅，回归结果在此省略报告，若有需要请自行向作者索取。

得了显著成效，不仅形成了以市场化为基础的要素定价机制，而且通过在国有垄断行业中引入竞争主体，迫使国有企业进行创新，促使“工资溢价”下降，人力资本错配程度降低。

表 4－5　分年份的国有产权对人力资本错配的影响

变量	(1)	(2)	(3)
截距项	0.1056*** (68.7498)	0.1146*** (140.2054)	0.1173*** (106.5702)
state (year = 1999)	0.0580*** (4.4337)	0.0054 (0.9097)	0.0076 (1.2810)
state (year = 2000)	0.0687*** (4.4338)	0.0114 (1.6033)	0.0132* (1.8648)
state (year = 2001)	0.0739*** (4.2099)	0.0160** (1.9748)	0.0156* (1.9356)
state (year = 2002)	0.0499** (2.5173)	－0.0156* (－1.7021)	－0.0177* (－1.9398)
state (year = 2003)	0.0714*** (3.7723)	－0.0167* (－1.7651)	－0.0256*** (－2.6694)
state (year = 2005)	0.0789*** (3.3350)	－0.0489*** (－4.1012)	－0.0564*** (－4.7361)
state (year = 2006)	0.0973*** (3.6693)	－0.0559*** (－4.1958)	－0.0645*** (－4.8401)
state (year = 2007)	0.0669** (2.4379)	－0.0901*** (－6.5558)	－0.1011*** (－7.3260)
state (year = 2008)	0.0411** (2.3614)	－0.1072*** (－2.9820)	－0.1214** (－2.2533)
state (year = 2012)	0.0382** (2.3827)	－0.1427*** (－3.4442)	－0.1466** (－2.5603)
state (year = 2013)	0.0217** (2.1655)	－0.1617*** (－4.0728)	－0.1823** (－2.4633)
行业固定效应	否	是	是
控制变量	否	否	是

续表

变量	(1)	(2)	(3)
样本量	1565	1565	1565

注：①括号内为 t 值；②＊＊＊、＊＊、＊分别表示在1%、5%、10%的水平上显著。

最后，笔者利用面板门槛回归模型讨论行业异质性对于估计结果的影响，具体估计步骤为：①利用“格子搜索法”（Grid Search）搜索具体的门槛值，并获取其残差；②利用“自助抽样法”（Boostrap）模拟似然比检验，以检验门槛效应是否存在；③利用搜索到的估计值估计门槛回归方程。图4－6为门槛估计值的似然比检验结果，仔细观察可以发现LR统计量在0.0044、0.0148和0.5313附近显著下降，低于5%水平下LR判断标准，检验结果无法拒绝门限估计值与其真实值估计结果一致的原假设，因此，我们可断定模型存在着三门槛效应。

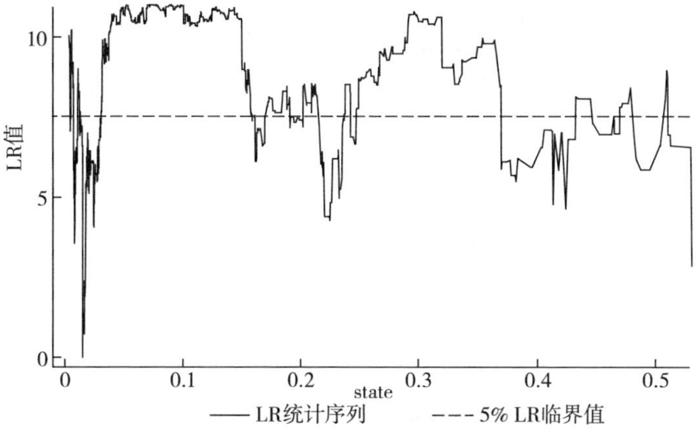

图4－6　门槛估计值似然比（LR）检验

资料来源：笔者整理总结所得。

利用搜索到的门槛估计值便可以估计具体方程，结果如表4－6所示。从双门槛和三门槛模型的估计结果来看，国有成分对人力资本错配的影响大致可分为两个阶段，第一段是当国有成分小于0.0148时，国有成分对人力资本错配的影响作用显著为负，这部分行业样本有299个，占总样本比例约为12.7%，主要包括木质家具制造、塑料家具制造、纺织面料鞋的制造、乐器制造等劳动密集型企业。这类行业本身对人力资本的需求较低，且接近于完全竞争性市场，在融入国有股权时，增强了其在要素市场尤其是资本要素市场的竞争力，有助于提高企业生产效率、减少人力资本错配。第二段是当国有成分大于0.0148时，国有成分对人力资本错配的影响显著为正，大部分样本处于0.0044 < *state* < 0.0148这一区间，占总样本的75.9%，在此区间内国有成分每提高1%，人力资本错配增大0.0723。然而当国有成分大于0.5313时，国有成分对人力资本错配的影响作用减小，这一区间主要包括的行业有：天然原油和天然气开采、与石油和天然气开采有关的服务活动、其他煤炭采选、电力供应、燃气生产和供应、热力生产和供应等自然垄断行业，这类企业具有较强的规模效应，国有成分有助于其扩大规模且形成规模效应，但仍然弥补不了其由创新效率低下所带来的损失。

表4-6　面板门槛模型回归结果

变量	双门槛模型	变量	三门槛模型
HHI	0.1790*** (5.6774)	*HHI*	0.1765*** (2.7330)
debt	-0.0084*** (-3.8357)	*debt*	-0.0087*** (-3.9790)
state < 0.0148 （样本量299）	-1.3579*** (-2.9357)	*state* < 0.0044 （样本量112）	-5.6277*** (-2.7159)
0.0148 < *state* < 0.5313 （样本量1188）	0.0742*** (3.7251)	0.0044 < *state* < 0.0148 （样本量87）	-1.4099*** (-3.0532)
0.5313 < *state* （样本量79）	0.0297** (2.1958)	0.0148 < *state* < 0.5313 （样本量1188）	0.0723*** (3.6403)
		0.5313 < *state* （样本量79）	0.0287** (2.1249)

注：①括号内为*t*值；②***、**分别表示在1%、5%的水平上显著。

4.6 结论性评述

鉴于人力资本在创新以及 TFP 提升中的重要作用，本章放宽了 Hsieh 和 Klenow（2009）所提出的资本错配测算框架中对规模报酬不变的限制，并将人力资本纳入生产函数中测算了 1998—2013 年我国 135 个行业工业企业的人力资本错配程度和 TFP 损失。具体步骤为：首先，利用 LP 法估计出各工业行业的资本、劳动力数量和人力资本的生产弹性；其次，利用测算框架对人力资本错配程度和 TFP 损失进行测算；最后，探讨了国有产权和行政垄断对人力资本的影响作用。结果发现：

（1）将平均人力资本引入生产函数后，我国 90% 以上的工业行业均表现出规模报酬递减的性质，反映出我国工业部门人力资本发挥的外部性作用较低，创新动力与创新效率总体较低。从要素错配的分布特征来看，劳动力密集型企业，尤其是轻纺业的各要素错配程度均较低，是1998—2013 年这一时期内符合我国比较优势的产业，而人力资本错配主要集中在重化工、重工制造业等不符合我国比较优势且具有行政垄断特征的行业。若资本、劳动力数量和人力资本均得到有效配置，1998 年我国工业总体 TFP 将提升 17.55%，2013 年将提升 18.09%，若仅人力资本得到有效配置，1998 年我国工业总体 TFP 将提升 14.35%，2013 年将提升 8.88%，人力资本错配程度高于资本和劳动力错配的程度。

（2）国有产权对人力资本错配的影响表现出明显的行业异质性。1998—2013 年，我国工业行业人力资本错配程度呈现缓慢的下降趋势，这与我国坚定不移地建设社会主义市场经济体制，深化国有企业改革有着不可分割的关系。尽管如此，国有产权通过与地方政府权力相结合，以较低的价格获取资本、土地等生产要素，这不仅使得国有企业可以在生产效率和创新效率较低的前提下获得高额利润，还可以在所有制缺位等条件下将超额利润转换为“工资溢价”和人力资本优势。因此，国有产权是影响人力资本错配的重要因素。此外，本章通过实证分析发现，国有产权对人力资本错配的影响表现出明显的行业异质性，在高集中度、高负债率、大规模以及企业平均年龄较大的行业中，国有产权对人力资本错配的促进作用更为显著。

与以往研究相比，本章计算出的要素错配程度略低，这主要是因为在考虑了人力资本后，我国90%以上的工业行业均表现出规模报酬递减的性质。在规模报酬递减的条件下，要素投入的扩张并不会带来产出相同幅度的增加，这使得潜在TFP增长受到限制，进一步导致在递减状态下计算出的要素错配结果略低。如果考虑规模报酬不变或递增，要素错配计算结果将有所增加，生产要素有效配置尤其是人力资本配置对于TFP的提升作用也更强。

5 人力资本错配的成因Ⅰ：行政垄断

5.1 研究问题的提出

党的十九大报告明确提出：创新是引领发展的第一动力，是建设现代化经济体系的战略支撑。在中国经济发展逐步由投资驱动向创新驱动转型的关键期，如何有效配置创新资源，成为中国新常态下经济可持续增长亟待解决的问题。改革开放以来，中国的人力资本尽管完成了快速的扩张和积累，却对技术创新（尤其是自主创新）的促进作用不太显著，这是长期以来 TFP 在低水平波动的主要原因（Whalley and Zhao，2013）。对于这一问题，其原因之一可能是中国的人力资本在不同所有制企业间存在着错配[①]：①吴延兵（2012a，2015）发现，与非国有企业相比，国有企业面临着生产效率和创新效率的双重效率损失，且创新效率损失要大于生产效率损失；②2000 年以来，国有部门的工资水平已经逐渐赶上并超过了非国有部门，且这种差距还有逐渐扩大的趋势（尹志超、甘犁，2009；周兴、王芳，2013）。在此背景下，具有较高教育背景的劳动力（高人力资本）流向了创新效率较低的国有企业和公共部门，使得国有企业和公共部门具有人力资本优势并存在着溢价（薛欣欣、辛立国，2015；李静、楠玉，2019b）。那么，是什么原因导致了人力资本错配呢？

---

① 赖德胜和纪雯雯（2015）以及纪雯雯和赖德胜（2018）也发现，相对报酬结构决定了人力资本行业间配置状态。在生产过程中，行政垄断力量对行业部门人力资本生产方式的干预不仅扭曲了相对报酬结构，还扭曲了人力资本创新绩效，造成人力资本错配。

部分学者认为所有制本身构成了人力资本错配的重要原因①：一方面，国有企业产权结构的天然缺陷导致其短视化现象严重（尤其不能实现创新剩余索取权与控制权相匹配），进一步导致其面临着生产效率和创新效率的双重损失，且创新效率损失较大（吴延兵，2012a）；另一方面，在经济转型的大背景下，国有企业和非国有企业的工资决定机制存在显著的差异：非国有企业的工资主要由市场因素决定，国有企业在产权模糊和所有者缺位等因素的影响下，其工资水平还受到非市场因素的干扰。因此，所有制分割决定了国有企业劳动力在教育、人力资本、经验以及技能回报率等方面存在着溢价，这是解释不同所有制企业间工资差距拉大的重要原因（邢春冰，2007；叶林祥、李实、罗楚亮，2011；岳希明、蔡萌，2015；聂海峰、岳希明，2016）。诚然，所有制为理解人力资本在不同所有制企业间的错配提供了很好的借鉴，但核心问题是：既然国有企业的生产效率和创新效率偏低，那么国有企业的利润从何而来，并使得国有企业具有人力资本优势，进一步支付人力资本溢价呢？笔者认为国有产权和行政权力的结合——行政垄断才是导致人力资本错配的重要原因。这主要是因为：①国有企业产权结构的天然缺陷导致国有企业经理人的目标更加多元化，创新效率较低；②尽管国有企业的创新效率较低，但行政垄断保证了国有企业可以通过行业壁垒、信贷所有制歧视和政府补贴等渠道享有超额利润，这不仅挤出了非国有企业的投资和利润，使得非国有企业的人力资本回报率较低，还导致国有企业可以利用超额利润来支付人力资本溢价，以确保其人力资本优势。

为了证实以上判断，本章在分析行政垄断影响人力资本错配的基础上，对行政垄断与人力资本错配之间的关系及其内生机制进行实证检验。与以往研究不同的是，本章的边际贡献主要体现在：第一，对 H－K 框架进行扩展，提出了一个考虑所有制差异的人力资本错配测算框架；第二，

① 本书第 3 章对国有产权与人力资本配置的关系进行了验证，本章进一步挖掘国有垄断部门支付工资溢价的根源——行政垄断与人力资本错配之间的关系及其内生机制，并对其进行实证检验。

利用《中国工业企业数据库》1998—2007年的相关数据构建了相关指标，对行政垄断与人力资本错配之间的关系进行了实证检验。

本章剩余部分的结构安排如下：第二部分阐述了本章的理论分析并提出研究假说；第三部分在H-K框架下提出一个由所有制差异导致的人力资本错配测算框架，进一步交代计算框架所需数据的处理和检验方法；第四部分进行实证检验；第五部分为结论及政策启示。

5.2 理论分析及研究假说

5.2.1 行政垄断与人力资本错配

在竞争的市场环境下，企业最优潜在产出要求要素的边际产出与边际成本相等，但由于市场分割和价格扭曲等因素，两者之间总是存在着差距，这种差距便反映了要素扭曲或错配程度。Hsieh和Klenow（2009）开创性地构建了要素错配与TFP损失的分析框架，并将要素错配定义为要素边际产出与边际成本的不一致。笔者发现，如果按照等边际收益原则改善中国和印度的要素错配情况，可以使中国和印度的TFP分别提升25%~40%和50%~60%。近年来，稳步推进的市场化改革使得产品市场扭曲和错配得到了极大的缓解，但要素市场的扭曲和错配仍然普遍存在①，一个重要的表现便是人力资本错配——尽管国有企业的创新效率较低，但国有企业仍然具有人力资本优势和溢价。那么，是什么原因导致中国的人力资本在不同所有制企业间存在着错配呢？根据国有企业创新效率损失和“工资溢价”的相关研究可以发现：所有制（国有企业产权结构的天然缺陷）固然可以解释国有企业的创新效率较低，但无法解释国有企业的人力资本优势及其溢价，人力资本错配归根结底在于国有产权和行政权力的结合——行政垄断。

人力资本错配的第一个表现是国有企业人力资本的边际产出较低。国

① 根据Hsieh和Klenow（2009）的研究框架，国内学者还研究了资本和劳动力错配产生的TFP损失（韩剑、郑秋玲，2014；靳来群、林金忠、丁诗诗，2015）。

有企业从其诞生之初便面临着产权界定不清、所有者缺位、软预算约束以及政策性负担等问题，这使得国有企业的生产经营活动面临严重的道德风险，全要素生产率和企业绩效较差（刘瑞明、石磊，2010）。改制虽然部分缓解了生产剩余索取权与控制权的矛盾，却无法实现创新剩余索取权与控制权相匹配，从而导致国有企业至今仍然面临诸多问题。这种固有缺陷使得国有企业经理人行为短视化现象较为严重，价值目标更加多元化，其将更多的精力用于增加控制权收益、在职消费和寻租等非生产性活动，而对一般经营和创新活动的兴趣较小（杨洋、魏江、罗来军，2015）。与之对应的是，非国有企业经理人的利润约束则更强（更多地受市场因素影响），生产效率和创新效率也较高。因此，与非国有企业相比，国有企业面临着生产效率和创新效率偏低，与之相关的人力资本边际产出也较小。

人力资本错配的第二个表现是国有企业仍然具有人力资本优势和支付溢价，这便不得不考虑中国转型时期国有企业独特的生存环境——行政垄断。单纯的垄断（自然垄断）是建立在市场竞争机制下，由技术进步、规模效应等导致。垄断部门既享有超额利润，也拥有更高的生产效率，因而人力资本等资源错配有限。与发达国家垄断企业通过制定高价谋求高额利润不同，中国的国有垄断企业与政府行为相结合，表现出强烈的行政垄断特征（褚敏、靳涛，2013），这主要源于20世纪50年代中国开始实施的重工业优先发展战略。重工业企业所需要的生产要素和技术都是与当时中国经济的要素禀赋（比较优势）相违背的，这类企业在市场竞争环境下缺乏自生能力，只能通过人为地压低利率和原材料价格等以降低重工业企业的生产成本，以及通过设置行业壁垒巩固其垄断地位并提高产品价格（Lin，2002）。一方面，在国家发展战略的影响下，行政垄断领域内的企业从产业分布来看主要集中于生产周期长、收入风险高，以及能源、资本和技术较为密集的行业，这些行业通常与我国现阶段的比较优势相违背，其配套设施、人力资本等往往不足以支撑其进行大规模技术创新，因而企业进行技术创新或升级的难度较大；另一方面，随着中国市场化改革的不断深化，逐步形成了以市场为主导的产品定价机制，行政垄断企业在市场中无法盈利的问题由隐性转为显性，即战略性负担（林毅夫、李志赟，2004）。政府为补偿战略性负担所造成的损失，给予了相关企业多种形式的隐性保护和补贴，但由于信息不对称问题的存在，企业实际所得的超额利润与承担的战略性负担无法匹配，在“所有者缺位”等因素的影响下，企业内部出现“租金分享”（叶林祥、李实、罗楚亮，2011），最终形成人力资本错配。

综上所述，所有制仅仅可以解释人力资本边际产出较低，却无法解释国有企业的人力资本优势及其溢价，而离开了所有制，技术进步和规模效应所导致的自然垄断对人力资本错配的影响也极为有限。事实上，国有企业与行政权力相结合产生的行政垄断才是人力资本错配的根本性原因：①国有企业产权结构的天然缺陷导致人力资本的边际产出较低；②凭借着行政垄断，中国的国有企业获得了非国有企业所无法匹敌的特殊竞争优势，使其可以在创新效率较低和经济效益较差的情况下获得超额垄断利润，进一步在产权模糊和所有者缺位等条件下转化为“高工资、高福利”，吸引人力资本进入并最终导致人力资本错配。据此，本章提出可供验证的第一个研究假说：

假说1：行政垄断对人力资本错配具有显著的正向影响。

5.2.2 行政垄断影响人力资本错配的中介机制

行政垄断企业获取的隐性保护和补贴主要体现在三个方面：一是行业壁垒。长期的计划经济使得国有企业与地方政府之间形成了错综复杂的紧密关系。改制虽然使国有企业退出了竞争行业，但时至今日，国有企业仍在国民经济命脉中处于主导地位，对地方经济增长起着决定性作用。地方政府出于就业、税收和非经济因素等方面的考虑，近乎本能地采用行政命令方式限制其他企业进入特定的行业或领域，通过地方保护和市场分割维持国有垄断企业的垄断地位，并间接维持其超额利润（靳来群、林金忠、丁诗诗，2015）。二是信贷偏好。中国当前的金融体系以银行业为主导，金融市场尚不发达，加之银行业同样是以国有企业为主的国有垄断行业，导致政府、国有银行和国有企业三者共同垄断了信贷资源，支配着信贷资源的流向。在这种情况下，即使国有企业的效率很低，其仍然可以获得低于市场价格的廉价信贷资源，而非国有企业则普遍面临着“融资难、融资贵”问题，即信贷所有制歧视。随着中国金融市场的日益发展，部分学者对信贷所有制歧视观点提出异议。例如，白俊和连立帅（2012）认为信贷资源的配置主要基于企业规模、盈利状况等自身禀赋，并不存在人为的干预和影响，其仍然是由间接融资（银行信贷）自身的属性和市场因素所决定。景麟德等（2018）认为，银行对于国有企业的信贷偏好主要是由于国有企业在融资过程中具有“信息释放”效应，即国有企业较为特殊的监管激励机制导致国有企业具有较低的风险偏好，其向银行释放的信息也更加真实，两种效应导致国有企业在银行信贷决策中具有预期损失更低、交易成本更加节约、隐性合约收益更大等特点。但事实上，国有企业自身的禀赋优势正是由其国有身份所决定的，并进一步转化为信贷资源竞争优势。不仅如此，这种优势不仅使国有企业的资本规模可以无限制地扩大，还在边际技术替代率为0和人力资本溢价的条件下导致人力资本规模同步提高，从而强化了国有企业的人力资本优势①。三是由信贷偏好延伸出的第三种优势——政府补贴。在政绩考核压力以及政府领导人自身职业发展的影响下，地方政府官员围绕经济增长排名进行竞争以实现个人效用最大化，相对于研发补贴这种总量小、时效性差的补贴方式，地方政府更偏好于向大型国有企业提供税收和出口补贴（罗宏、温晓、刘宝华，2016）。不仅如此，在政府补贴的保护下，相对于中小企业，国有企业的信贷风险更小，金融机构也倾向于向国有企业提供信贷服务，这同样确保了国有企业的超额利润，进一步加剧了人力资本错配的程度。综上所述，本章提出第二个可供验证的研究假说：

假说2：行政垄断通过行业壁垒、信贷偏好和政府补贴三个方面提高了人力资本错配程度。

---

① 吴延兵(2012b)认为，由于无法实现创新剩余索取权与控制权的匹配，国有企业的边际技术替代率长期为0。

5.3 模型构建、变量说明和数据来源

5.3.1 模型构建

为了分析行政垄断对于人力资本错配的影响，构建的基准模型如下：

$$TFPlos\_H_{it} = \beta_0 + \beta_1 mon_{it} + \sum \beta_i Control_{it} + \varepsilon_{it} \quad (5-1)$$

式（5－1）中，$TFPlos\_H_{it}$ 为反映企业层面人力资本（所有制）错配的指标，mon_{it} 为行政垄断，$Control_{it}$ 为其他影响人力资本错配的控制变量，β_i 为待估参数，ε_{it} 为残差项。

进一步地，为了识别行政垄断影响人力资本错配的内生机制，构建的机制检验模型为：

$$TFPlos\_H_{it} = \beta_0 + \beta_1 mon_{it} + \beta_2 mon_{it} \cdot med_{it} + \sum \beta_i Control_{it} + \varepsilon_{it} \quad (5-2)$$

式（5－2）中，med_{it} 为行政垄断影响人力资本错配的中介变量，其他变量与式（5－1）相同。

5.3.2 变量说明

根据以上模型，本章选取的变量包括：

（1）人力资本错配（$TFPlos\_H_{it}$）。根据 Hsieh 和 Klenow（2009）的研究框架以及 Brandt 等（2013）的研究，人力资本错配被如下定义①，即：

$$TFPlos_s = TFP_s^* / TFP_s - 1 \quad (5-3)$$

式（5－3）中，$TFPlos_s$ 即为所有制引起的要素错配，进而产生的 TFP 损失，也可解释为：当生产要素在所有制部门间有效配置时，TFP 的潜在增长。由所有制引起的各生产要素错配，进而产生的 TFP 损失分别为：当 $\tau_{sij}^l = \tau_{sij}^h = 1$ 时，测算所有制引起的资本错配程度；当 $\tau_{sij}^k = \tau_{sij}^h = 1$ 时，测算所有制引起的劳动力数量的错配程度；当 $\tau_{sij}^k = \tau_{sij}^l = 1$ 时，测算所有制

① 具体测算方法见附录 B。

引起的人力资本错配程度①。

（2）行政垄断（*mon*）。目前，关于行政垄断的衡量方法引用率较高的主要有：国有经济比重衡量法（丁启军，2010）和指标体系法（于良春、余东华，2009；靳来群、林金忠、丁诗诗，2015）。由于国有经济比重衡量法过于单一，无法反映政府行为和市场环境的影响，而指标体系法的量化结果易受到指标选取的主观性影响，鉴于此，本章借鉴聂海峰和岳希明（2016）、陈林等（2016）对行政垄断的量化方法，将行政垄断视为一个只具有“是”和“否”两个状态的取值空间。行政垄断行业的设定与陈林等（2016）一致，用 *mon* 表示，当 $mon=1$ 时为行政垄断行业，反之为竞争性行业。

（3）行业壁垒（*hhi*）。行业壁垒是地方政府为了避免辖区企业遭到外向企业竞争所采取的一种干预措施，往往通过对外向竞争性企业征收高昂的税收、设置行政性壁垒等方法对本地企业进行保护，从根本上讲是因为辖区内企业效率低下，在市场竞争环境中不具有自生能力。本章以赫芬达尔指数 *HHI* 衡量行业的竞争程度或进入壁垒，该指数越高表明行业竞争程度越低，进入壁垒越高：

$$HHI_{ijt} = \sum_{i=1}^{M_{jt}} (income_{ijt} / \sum_{ijt}^{M_{jt}} income_{ijt})^2 \tag{5-4}$$

其中，j 表示第 j 个行业，t 表示第 t 年，i 表示第 i 个企业，M 表示行业内企业数量，*income* 为产品销售收入，$income_{ijt} / \sum_{ijt}^{M_{jt}} income_{ijt}$ 表示第 t 年第 j 个行业的第 i 个企业的市场份额占有率。

（4）信贷偏好（*fin*）。良好的金融环境有利于提高资源配置效率，信贷资源向国有部门的倾斜和利率歧视是引起人力资本错配的重要原因。因此，采用行业利息费用支出占总负债的比重衡量该行业企业信贷利率水平，利用总负债占增加值的比重衡量该行业企业的信贷资源获取水平，采用信贷资源获取水平与信贷利率水平的比值衡量金融机构信贷服务对该行

① 模型的参数设置、要素弹性等估计方法与第4章相同，故不再赘述。

业企业的偏好程度。

（5）政府补贴（*gov*）。刘瑞明和石磊（2010）认为，政府补贴在保护低生产效率企业的同时，挤占了生产效率相对较高的中小企业的资源，降低了社会整体的生产效率，笔者将中国工业企业数据库中各企业的财政补贴加总，得到各行业的财政补贴总额，以补贴收入占行业生产总值的比重衡量该行业对补贴收入的依赖程度。该指标利用中国工业企业数据库测得。

（6）控制变量。包括行业资产收益率（行业利润除以行业资产规模，*roa*）、行业规模（行业总资产规模的对数，*scale*）和行业企业平均年龄（行业内企业的平均年龄，*age*），上述指标均利用中国工业企业数据库的数据测得。

各变量的说明与描述性统计如表 5－1 所示。仔细观察结果可以发现，行政垄断行业在人力资本错配、行业壁垒、信贷偏好、政府补贴、行业规模、行业企业平均年龄方面都要高于非行政垄断行业，尤其是政府补贴和信贷偏好，要远高于非行政垄断行业，但行政垄断行业的资产收益率却与非行政垄断行业有着较大差距，这同样反映了中国社会生产资源存在着较大的错配问题。

表 5－1　变量说明与描述性统计

样本			总样本		行政垄断行业		非行政垄断行业	
变量	符号	样本量	均值	方差	均值	方差	均值	方差
人力资本错配	h_{ij}	174 万	1.244	0.831	1.353	1.022	1.222	0.788
	TFPlos_H	1476	0.321	0.041	0.370	0.091	0.332	0.052
行政垄断	*mon*	1476	0.000	0.000	1.000	0.000	0.213	0.168
行业壁垒	*hhi*	1476	0.024	0.002	0.025	0.001	0.024	0.002
信贷偏好	*fin*	1476	115	6801	208	31184	135	13429
政府补贴	*gov*	1476	0.009	0.000	0.026	0.002	0.013	0.001
行业资产收益率	*roa*	1476	0.152	0.007	0.114	0.007	0.144	0.007
行业规模	*scale*	1476	15.243	2.141	16.502	1.777	15.512	2.329

续表

样本			总样本		行政垄断行业		非行政垄断行业	
变量	符号	样本量	均值	方差	均值	方差	均值	方差
行业企业平均年龄	*age*	1476	11.058	19.079	14.125	36.323	11.713	24.317

5.3.3 数据来源与处理

本章使用的数据来自1998—2013年中国工业企业数据库①，从中提取了本章测算用到的指标，包括工业总产值、工业增加产值、固定资产净值年平均余额、年度应付工资总额、年平均职工人数、注册类型、行业编码、县市编码等多项指标，参照第3章的数据处理方法对数据进行整理。最终保留约174万个样本，涉及约56万家企业、164个行业，并根据企业登记注册类型划分为国有企业和非国有企业。

5.4 实证检验

5.4.1 人力资本错配的影响机制检验

表5-2报告了国有成分和行政垄断对人力资本错配影响机制的回归结果，在未控制控制变量的第（1）、第（3）列回归结果与控制控制变量的第（2）、第（4）列回归结果基本一致，表明回归结果具有一定的稳健性，R^2均在0.78以上，表明模型具有良好的拟合效果。由于本章测算的人力资本错配是各行业国有企业和非国有企业之间的人力资本错配，因此国有成分对*TFPlos_H*没有显著影响②。但行政垄断的回归系数仍然显著为正，行政垄断行业中所有制间的人力资本错配程度平均高出非行政垄断行业约0.5698，表明行政垄断是不同所有制间人力资本错配形成的根本原因，假说1得证。

① 2004年数据不包含“工业总产值”，因而在后文测算中剔除了该年度数据。

② 国有成分（*state*）用国有企业增加值占行业增加值比重表示。

表 5－2　国有成分和行政垄断对人力资本错配影响机制的检验结果

变量	(1)	(2)	(3)	(4)
state	0. 0213 (0. 4903)	－0. 0193 (－0. 3987)		
mon			0. 7114 *** (13. 5504)	0. 5698 *** (8. 1599)
截距项	1. 1412 *** (26. 5528)	0. 6922 *** (4. 2794)	0. 4395 *** (11. 5607)	0. 1258 (1. 0723)
观测值	1476	1476	1476	1476
R^2	0. 7897	0. 7919	0. 7897	0. 7919
控制变量		控制		控制

注：①括号内为 *t* 值；②＊＊＊表示在1%的水平上显著。

进一步地，对行政垄断影响人力资本错配的机制进行检验，通过分别引入行政垄断（*mon*）与行业壁垒（*hhi*）、政府补贴（*gov*）以及信贷偏好（*fin*）的交互项，检验行政垄断对人力资本错配的影响路径，回归结果如表 5－3 所示。

表 5－3　行政垄断对人力资本错配影响机制的检验结果

变量	(1)	(2)	(3)	(4)	(5)	(6)
mon×*hhi*	－0. 2272 (－0. 4398)	－0. 1685 (－0. 3270)				
mon×*gov*			0. 9960 ** (2. 1015)	1. 0878 ** (2. 2887)		
mon×*fin*					0. 0001 * (1. 9327)	0. 0002 ** (2. 0854)
mon	0. 7181 *** (13. 5914)	0. 5758 *** (8. 2346)	0. 6944 *** (12. 9703)	0. 5562 *** (7. 9060)	0. 6988 *** (13. 0634)	0. 5464 *** (7. 7079)
hhi	0. 2423 ** (2. 0231)	0. 3019 ** (2. 4918)				
gov			－0. 8205 ** (－1. 9793)	－1. 0075 ** (－2. 3877)		

续表

变量	(1)	(2)	(3)	(4)	(5)	(6)
fin					-0.0002*** (-3.1285)	-0.0002*** (-3.4020)
截距项	0.4321*** (11.3230)	0.1195 (1.0201)	0.4496*** (11.7245)	0.1496 (1.2725)	0.4555*** (11.9069)	0.1280 (1.0949)
观测值	1476	1476	1476	1476	1476	1476
R^2	0.7903	0.7929	0.7904	0.7928	0.7913	0.7938
控制变量		控制		控制		控制

注：①括号内为 *t* 值；②***、**、*分别表示在1%、5%、10%的水平上显著。

从表5-3的回归结果来看，模型的稳健性和拟合优度均较高。行业壁垒（*hhi*）、政府补贴（*gov*）和信贷偏好（*fin*）的估计系数反映了其对非行政垄断行业（*mon*=0）人力资本错配的影响作用，交互项（*mon*×*hhi*、*mon*×*gov* 和 *mon*×*fin*）的回归系数反映了其对于行政垄断行业（*mon*=1）的影响，具体来说：

（1）*hhi* 的回归系数显著为正，但 *mon*×*hhi* 的回归系数却不显著，说明行业壁垒对行业人力资本错配具有显著的促进作用，且对行政垄断和非行政垄断行业的影响没有显著差异，其原因在于中国国有企业的垄断地位通常是与地方行政权力相结合的行政垄断，这些企业往往在市场环境下没有自生能力，需通过设置行业壁垒、政府保护等才能维持生存，无论是自身创新条件还是创新动力都普遍较低。

（2）*gov* 和 *fin* 的回归系数均显著为负，这主要是因为当前非行政垄断行业的企业创新资源匮乏，且面临“融资难、融资贵”等困境，政府补贴和信贷偏好有利于这些行业增强其创新资源和条件，降低行业内的人力资本错配。

（3）*mon*×*gov* 和 *mon*×*fin* 的回归系数均显著为正，表明政府补贴和信贷偏好是引起行政垄断行业内部人力资本错配程度较高的重要因素，其原因在于中国行政垄断行业企业获取的大量政府补贴和信贷资源并没有转化为产出或者创新产出，反而在创新剩余索取权与控制权无法匹配的条件下，转化为工资溢价，吸引大量人力资本进入，与非行政垄断行业企业在企业规模、人力资本规模等方面都拉开了较大差距，造成行政垄断行业企业创新动力不足，而非行政垄断行业企业创新资源不足，即政府补贴错配和金融资源错配加之国有产权劣势形成了较高的人力资本错配，从而证实了研究假说 2。

5.4.2 稳健性检验：关于垄断异质性的讨论

相较于行政垄断行业，自然垄断行业具有典型的规模经济和正向的“外溢性”，其生产率也较单纯的行政垄断行业更高。在这种背景下，政府对于自然垄断行业的支持——行政垄断，成为一种必要措施。其不仅矫正了市场失灵（外溢性）所导致的人力资本价格“低估”，还可以促进相关行业的绩效和生产率提升。与单纯的行政垄断行业相比，政府对于自然垄断行业的支持将产生较小的人力资本错配和 TFP 损失。根据这个理解，本章的稳健性检验主要检验自然垄断行业中政府干预及其相关手段对于人力资本错配的影响。

在中国的垄断行业中，大多数企业均为国有企业，严格区分行政垄断行业和自然垄断行业是较为困难的，故一个可行的思路便是根据行业特性和一般性认识进行分类。参照第 3 章的分类标准，选取电力、燃气及水的生产和供应业，交通运输、仓储和邮政业作为自然垄断代表性行业重复表 5 -2和表 5 -3 的估计步骤，则稳健性检验结果见表 5 -4。

表 5 -4 稳健性检验

变量	(1)	(2)	(3)	(4)	(5)
state	-0.0074 (0.0712)				
mon × *hhi*			-0.1148 (-0.3137)		
mon × *gov*				0.3417 ** (2.4673)	
mon × *fin*					0.0001 *** (3.0244)

续表

变量	(1)	(2)	(3)	(4)	(5)
mon		0.2473*** (3.6427)	0.6074*** (8.1617)	0.2239*** (4.3733)	0.2621*** (4.2176)
hhi			0.1035*** (3.6613)		
gov				-0.5213** (-2.4027)	
fin					-0.0001*** (-3.0024)
截距项	0.6621 (0.9211)	1.2762** (2.2466)	1.1738*** (6.0117)	0.2037 (1.0624)	0.0636*** (3.4291)
观测值	317	317	317	317	317
R^2	0.6072	0.6204	0.6417	0.6482	0.6679
控制变量	控制	控制	控制	控制	控制

注：①括号内为 t 值；②***、**分别表示在1%、5%的水平上显著。

表5-4中，列（1）和列（2）为自然垄断代表性行业中行政垄断对人力资本错配的影响，列（3）至列（5）为进一步的机制检验结果。仔细观察以上估计结果可以发现，估计系数与表5-2和表5-3的方向一致，但系数要小于表5-2和表5-3的估计结果，说明即使在自然垄断行业中，政府对于自然垄断行业的干预同样引起了一定的人力资本错配，但由于规模经济和外溢性等因素的存在，其对人力资本错配的影响要小于单纯的行政垄断行业，与笔者的预期结果相一致，说明结论是较为稳健的。

5.5 结论性评述

近年来，中国人力资本的快速积累和扩张与长期处于低水平波动的TFP形成鲜明对比，问题的关键在于社会创新资源与创新动力的错配，如何有效配置人力资本创新资源，在中国经济发展逐步由投资驱动向创新驱动转型的关键时期显得尤为重要。本章在Hsieh和Klenow（2009）、Brandt

等（2013）的测算框架的基础上，基于内生增长理论，放宽生产函数规模报酬不变的约束条件，并引入人力资本生产要素，利用中国工业企业数据库测算了1998—2007年中国工业企业中由所有制差异引起的人力资本错配程度，并详细讨论了行政垄断对人力资本错配的影响机制，结果发现：①1998—2007年中国人力资本错配水平呈下降趋势，尽管如此，中国工业企业人力资本错配水平相对于资本错配和劳动力错配更为严重，其主要存在于大量不具备比较优势、肩负严重的战略性负担的资本密集型行业中，这些行业的共同特征是受到政府保护而处于行政垄断地位；②行政垄断是人力资本错配产生的重要原因。行政垄断行业企业本身在市场环境中不具有自生能力，只能在政府保护下维持生存，其创新动力和创新条件都较为欠缺，政府补贴和信贷资源向行政垄断行业企业的过度配置，并未转化为产出或创新产出，而是在“所有者缺位”的条件下转化为工资溢价，吸引人力资本进入，形成人力资本错配。

上述结论表明，打破行政垄断对于矫正人力资本错配、提升TFP和实现高质量发展具有重要影响。由此引申的启示包括：第一，降低行业壁垒，优化信贷和补贴资源配置。对于行政垄断行业而言，由于其大多为承担着重要的战略性负担、不具备比较优势的行业，行业内企业在市场环境下没有自生能力，盈利能力较差，需依靠政府补贴和偏向性极强的信贷资源配置来获取超额利润，这导致国有垄断部门人力资本的创新效率较差。因此，降低垄断行业壁垒，实现信贷和补贴资源的优化配置，不仅有助于扭曲资源错置，创造公平合理的竞争环境，还有助于提高垄断部门的创新动力。第二，改善垄断部门的公司治理结构，消除工资溢价。从本章的分析结果来看，垄断部门依靠行业壁垒、偏向性信贷和补贴资源获得超额利润，并在所有者缺位等条件下转化为工资溢价，是垄断部门具有人力资本优势的重要原因。然而在社会主义制度下，国有企业归全体公民所有，又称全民所有制企业，这就意味着行政垄断行业内的国有企业改革应把重点放在优化垄断利润分配的合理性，防止其被小部分团体侵吞或占有，具体可结合企业政府补贴、信贷获取规模和利率水平以及盈利水平等实际情况，合理提升行政垄断行业企业的纳税比例，对垄断部门的超额进行重新分配，这样便可以消除工资溢价，缓解垄断部门人力资本的盲目扩张，并最终实现人力资本的正确配置。

6　人力资本错配的成因Ⅱ：高校扩招

6.1　研究问题的提出

经济追赶的本质是人力资本追赶和人力资本结构升级（袁富华、张平、陆明涛，2015）。教育作为人力资本形成的重要途径，改革开放后，我国政府加大了对教育的投入力度，教育事业取得了长足的发展，尤其是1999年实行高校扩招政策以来，中国的人力资本实现了快速的扩张和积累。1985—2018年，全国劳动力人口的平均受教育年限从6.2年上升到10.6年，主要劳动年龄人口受过高等教育的比例跃升至16.9%，教育事业带来的人才红利逐步显现。然而，人力资本的持续扩张虽然对促进创新和产业结构升级起到了良好的推动作用（Che and Zhang，2017；毛其淋，2019；周茂等，2019），但人力资本供求的结构性矛盾日益凸显，配置效率低下。李世刚和尹恒（2017）发现，中国的人力资本在政府—企业间存在着扭曲和错配，大量的优秀人才被配置到政府部门是有损于经济增长的。从行业间的人力资本分布来看，大量的高学历人才进入并过度沉积到国有垄断和公共服务部门，生产创新性部门的人力资本则较为匮乏。在高校扩招政策的影响下，人力资本扩张可以提升创新绩效，但配置效率低下却对创新绩效产生了消极影响（李静、楠玉、刘霞辉，2017；纪雯雯、赖德胜，2018；李静、楠玉，2019a）。马颖等（2018）发现，如果能够纠正人力资本错配，2013年和2017年的实际产出可分别提升1.79%和1.63%。鉴于人力资本错配产生的负面影响，党的十九届五中全会通过的《中共中央关于制定国民经济和社会发展第十四个五年规划和二〇三五年远景目标的建议》中明确指出要坚持创新驱动发展，深入实施人才强国战略，激发人才创新活力，全面塑造发展新优势。那么，厘清人力资本错配的形成机理，进一步设计出有效的对策便显得尤为迫切。

对于人力资本错配的原因，一个值得关注的因素便是行政垄断。部分学者（李静、楠玉，2019a；葛晶、李勇，2019a）发现，行政垄断行业的人力资本（所有制）错配较为严重，可以解释人力资本错配在行业间差距的60%。葛晶和李勇（2019a）进一步发现，与竞争行业相比，行政垄断行业中的企业可以凭借其市场势力获得超额利润①，并在“产权模糊”和“所有者缺位”等条件下将超额利润转化为超额工资，高学历人才则被工资溢价所吸引，最终形成人力资本错配。以上讨论为笔者提供了很好的借鉴。然而，行政垄断这一因素固然重要，却只是从需求层面对人力资本错配的成因进行了解读，供给层面的因素——高校扩招也同样不容忽视，其原因在于：中国的高等教育扩张主要由政府的刚性权力驱动，其并不是对产业结构调整和劳动力市场需求变动的适时回应，教育扩张与经济发展之间也并未表现出良性循环（方超、黄斌，2018）。此外，劳动力市场（所有制）分割还导致大量高学历人才被过度地配置到国有垄断部门和公共服务部门中，生产创新型部门的人力资本较少②。基于上述认识，本章在梳理现有研究的基础上分析了高校扩招影响人力资本错配的内生机理，并在此基础上利用双重差分法（DID）进行实证检验。与已有文献相比较，本章的边际贡献体现在：①构建了从企业层面测算人力资本（所有制）错配的计算框架，进一步利用1998—2013年中国工业企业数据库的数据进行测算③；②

---

① 具体的手段包括行政壁垒、低利率信贷支持和税收补贴等方面。

② 集中表现为竞争部门的工资由市场因素决定，国有垄断部门的工资则由非市场因素决定（叶林祥、李实、罗楚亮，2011）。

③ 现有研究中除马颖等（2018）外，还缺乏一个令人信服的关于人力资本错配的计算框架，而马颖等（2018）的计算框架仅仅适用于行业层面。因此，本章对Hsieh和Klenow（2009）的研究进行扩展，将人力资本引入生产函数中，放宽规模报酬不变的假设，提出一个基于企业层面计算行业人力资本（所有制）错配的计算框架。

利用 DID（双重差分）和 DDD（三重差分）模型对高校扩招与人力资本错配的关系进行实证检验。

剩余部分的结构安排如下：第二部分梳理现有研究，分析高校扩招影响人力资本错配的内生机理，提出相应的研究假说；第三部分构建人力资本错配的测算框架，介绍模型和数据，并基于以上指标进行实证检验；第四部分是结论和启示。

6.2 理论分析及研究假说

6.2.1 高校扩招与人力资本错配

要素市场化改革滞后是中国转型时期的一个重要特征，其不仅表现为资本和劳动力的扭曲和错配，还表现为人力资本错配。作为人力资本扩张的一项重要政策，高校扩招虽然使得我国的高学历人才规模迅速扩张，但在劳动力市场所有制分割的前提下，也同样使得高学历人才被过度配置到国有垄断部门和公共服务部门中，生产创新性部门的人力资本强度较低。因此，高校扩招对于人力资本错配具有重要影响，具体来说：

（1）高校扩招与人力资本规模配置扭曲

从劳动力的配置方式和分布特征来看，中国的人力资本和高学历劳动力市场存在着明显的所有制分割，配置效率低下。在此背景下，高校扩招主要降低了非国有部门的高等教育“溢价”，其结果导致更多的高学历人才（人力资本）被过度地配置到国有垄断部门和公共服务部门，人力资本的规模配置效率较低，错配程度较高。对于生产创新性部门而言，劳动力市场均衡由市场因素决定。高校扩招引起的人力资本扩张使得高学历人才跳跃性增加，然而非国有企业的需求却没有大幅度提升，这导致人力资本的供求结构失衡，降低高等教育溢价。袁晖光和谢作诗（2012）发现，中国高等教育的收益率在 2000 年以后逐渐下降，尤其是在扩招政策的冲击下，大学生劳动力的相对工资收益下降更为明显（2003 年以后）。马光荣等（2017）也发现，1997—2009 年，高校扩招首先降低了年轻劳动力的高等教育溢价，随着时间的推移，扩招对于教育溢价的冲击逐渐向所有年龄段扩散。在扩招政策的持续影响下，中国高等教育溢价累计降低 42%。然而，与非国有部门相比，高校扩招对于国有垄断部门的薪酬溢价影响较小。部分研究学者（尹志超、甘犁，2009；李勇，2016）发现，国有垄断和公共服务部门的工资水平在 2000 年以后开始迅速增长，并逐渐赶超了非国有部门，两部门工资差距进一步扩大，其原因在于：一方面，中国的国有垄断部门可以凭借其行政垄断地位，借助行政手段和其他非市场化手段赚取超额利润，提高行业工资报酬。与此同时，国有垄断部门凭借其垄断势力控制市场价格，将行业内部的超额工资福利转嫁给普通消费者或政府（岳希明、李实、史泰丽，2010；叶林祥、李实、罗楚亮，2011）。另一方面，我国的劳动力市场还存在着明显的所有制分割，在“产权模糊”和“所有者缺位”等因素的影响下，国有垄断部门的工资水平还受到非市场因素的影响，这为垄断行业将超额利润转化为“高工资”提供了便利（邢春冰，2007）。于是，国有垄断部门和非国有部门工资的“此消彼长”使得大量的高学历人才进入并沉积到管制程度较高的国有垄断和公共服务部门中，出现了全社会受教育程度较低和部门行业教育过度并存的现象，人力资本规模配置效率较低，错配程度较高。

（2）高校扩招与人力资本技术配置扭曲

从产出市场看，高校扩招实现了人力资本的快速扩张，并提高了创新和 TFP 水平，但对国有垄断部门和非国有部门的影响是存在着差异的。提升教育水平不仅是劳动者增加人力资本的重要途径，也是促进创新和 TFP 水平、实现高质量发展的重要途径。在此初衷下，教育部于 1999 年出台了《面向 21 世纪教育振兴行动计划》。随着这项政策的实施，中国的人力资本规模实现了迅速扩张，部分学者便在此基础上分析了高校扩招对于经济增长及创新的正面影响。邵宜航和徐箐（2017）发现，通过提升人力资本，高等教育扩张有助于增强总体的创新能力，但同时也会干扰高等教育的信号作用和人力资本的“信号识别”，从而对增长产生负面影响。总体而言，高等教育扩张对经济增长和创新效率的影响呈现出“先上升、后下降”的倒“U 形”特征。近来的研究（李建强、赵西亮、张畇彬，2019；

周茂等，2019）还将高校扩招作为一项准自然实验，利用 DID 检验了高校扩招对于创新和产业升级的影响，结果发现高校扩招有利于创新规模的提升和制造业升级。然而，人力资本扩张虽然有利于总体的创新和经济增长，但对国有垄断部门的促进作用则不明显。吴延兵（2012a）发现，由于国有企业的公有产权属性，不仅会对生产效率产生负面影响，还同时阻碍了创新效率的提升。通过监督和激励体制的设计，国有垄断部门虽然缓解了生产效率损失，但还无法改善创新效率损失。董晓庆等（2014）和刘和旺等（2015）也发现，国有垄断部门的研发投入和创新产出虽然高于非国有部门，但整体的创新效率较差，远低于非国有部门。因此，尽管大量的高学历人才进入国有垄断部门，但受制于产权结构的缺陷，国有垄断部门的人力资本优势无从发挥，人力资本的技术配置效率较低，错配程度较高。

综上所述，高校扩招实现了人力资本的快速扩张，但同时也对劳动力市场产生了严重冲击：一方面，劳动力市场的所有制分割使得大量高学历人才被过度配置到国有垄断部门，规模配置效率较低；另一方面，受制于国有企业产权结构的固有缺陷，国有垄断部门的生产和创新效率较低，即使高学历人才被配置到国有垄断部门，其人力资本优势也无从发挥，技术配置效率较低。根据以上讨论，本章得出第一个可供验证的研究假说：

假说 1：高校扩招将通过扭曲规模配置效率和技术配置效率加剧人力资本错配。

6.2.2 改制有助于缓解高校扩招的扭曲作用

改制是增强国有企业活力、提升国有企业绩效的重要手段，具体从以下两个方面缓解高校扩招对于人力资本配置的扭曲作用：第一，由于具有更加完善的公司治理结构，改制企业的公司股东和所有者有更多的手段监督经理人的决策行为，降低企业经理人将超额利润转化为工资溢价的动机。即使面临人力资本的快速扩张，改制企业也会基于市场原则根据利润最大化目标和长期发展战略来确定最优的工资水平和人力资本规模，高学历人才过度进入并沉积到改制企业的可能性较低，即改制将缓解高校扩招对于人力资本规模配置效率的扭曲作用。第二，更加合理的公司治理结构意味着改制企业可以设计出更加合理的薪酬体系，缓解经理人自身利益与公司发展的不一致，这有助于降低代理成本，促使经理人行为长期化，提升企业的生产效率和创新效率。相关的经验估计结果（张辉、黄昊、闫强明，2016；祁怀锦、刘艳霞、王文涛，2018）表明，改制可以通过保护知识产权、均衡企业投资水平和增强高管薪酬业绩敏感性等方式改善公司治理水平，提升国有企业的经营绩效和 TFP。因此，即使面临人力资本冲击，改制企业的技术配置效率依然较高，即改制将有助于缓解高校扩招对于人力资本技术配置效率的扭曲作用。因此，本章提出第二个可供验证的研究假说：

假说 2：改制有助于缓解高校扩招对于人力资本配置的扭曲作用。

6.3 实证检验

6.3.1 数据来源与处理

本章使用的数据来自 1998—2013 年中国工业企业数据库[①]，从中提取了包括工业总产值、固定资产净值年平均余额、利息费用支出、注册类型和行业编码等多项指标。对于衡量人力资本的重要指标，本章利用三位数行业中高学历劳动者占总人数的比值（行业人力资本密集度）进行度量[②]。同时，为了获得计算人力资本错配的基础数据，本章还参考李勇等（2020）的计算方法对中国工业企业数据库的数据进行整理，最终保留约 900 个样本，涉及 56 万家企业和 164 个三位数行业。

6.3.2 模型设定与变量选取

本章的基准模型为 DID 模型，模型的识别思路为：首先，将我国政府

---

① 由于统计指标缺失，剔除了 2004 年、2009 年和 2010 年三年的数据。

② 虽然在工业企业数据库中，包含各企业劳动力受教育程度详细信息的仅有 2004 年，但每个行业本身具有较稳定的人力资本密度特征，因此本章以 2004 年的行业人力资本状况代表该行业的人力资本密集度。

在 1999 年实施的高校扩招政策作为“准自然实验”，并将扩招政策下的第一届本科毕业生的毕业年份（2003 年）作为政策实际冲击年份。其次，Ciccone 和 Papaioannou（2009）、Che 和 Zhang（2017）认为，不同人力资本强度的行业受到扩招政策的冲击强度存在着差别，即行业人力资本密集度越强，扩招政策的扭曲作用越大。根据这一思路，本章主要通过比较高人力资本强度行业（实验组）和低人力资本强度行业（对照组）在 2003 年前后人力资本（所有制）错配的变化来识别高校扩招对于人力资本错配的影响，具体模型为：

$$TFPlos\_H_{it} = \alpha_0 + \alpha_1 time_t \cdot Industry\_HCI_i + \beta X_{it} + \lambda_i + \gamma_t + \varepsilon_{it} \tag{6-1}$$

其中，i 代表第 i 个行业，t 代表第 t 年；*TFPlos_H* 代表行业人力资本错配程度；*time* 为试验期虚拟变量，用来划分高校扩招政策冲击的前后期（2003 年前 =0，2003 年及以后 =1）；$Industry\_HCI_i$ 为行业人力资本密集度，沿用 Ciccone 和 Papaioannou（2009）、Che 和 Zhang（2017）的计算方法，主要用 1980 年美国各行业中具有大学本科及以上学历就业人数的比重进行衡量；$time_t \cdot Industry\_HCI_i$ 为交乘项（DID），估计系数（α_1）刻画了扩招前后人力资本强度在不同行业间的平均差异，若 $\alpha_1 > 0$，表明高校扩招加剧了人力资本错配，则假说 1 得证；X_{it} 为控制变量，包括 *r_kz*、*age_kz*、*hhi*、*repress*、*mon*；λ_i 和 γ_t 分别表示行业以及时间不可观测效应。*hhi* 代表行业的竞争程度或进入壁垒；*repress* 代表金融机构对相关行业的信贷偏好程度，是信贷偏好的一个重要度量指标；*mon* 代表是否属于行政垄断行业（是 =1）。

除上文测算方法测得的各年份三位数工业行业人力资本错配程度（*TFPlos_H*）及行业人力资本密集度（*Industry_HCI*）外，下文回归中所涉及的变量主要有：

（1）规模配置扭曲（*dis_sca*）和技术配置扭曲（*dis_tec*）。如前所述，人力资本错配主要包括规模配置扭曲和技术配置扭曲两个方面，本章参考李勇等（2020），采用企业平均人力资本与行业平均人力资本的比值衡量规模配置扭曲；采用人力资本对 TFP 的单位贡献度衡量技术配置扭曲。进一步地，为了获得行业规模配置扭曲和技术配置扭曲程度，本章将计算出的这两个指标按照三位数行业简单平均，最终求得行业 *dis_sca* 和 *dis_tec* 两个变量。

（2）行政垄断（*mon*）。本章参照陈林等（2016）的做法，将行政垄断视为一个只具有“是”“否”两个状态的取值空间。具体指标包括：行业内国有份额（国有企业劳动力和固定资产投资占比）、企业个数（行业法人单位数量）、竞争程度（法人单位数量的负对数）。在此基础上，利用主成分分析法构建行政垄断指标，若某行业的指标大于75 分位点，则视为行政垄断行业（$mon = 1$），反之为竞争性行业（$mon = 0$）。根据计算结果，最终获得了35 个行政垄断行业。

（3）行业壁垒（*hhi*）。行业壁垒是国有垄断部门限制竞争，获得垄断优势，赚取超额利润的重要方式，其方式是通过对竞争性企业设置行政性壁垒、征收非正常税收来实现的。为了反映行业壁垒的影响，主要用赫芬达尔指数（HHI）进行度量。

（4）信贷偏好（*repress*）。国有垄断部门获得垄断势力的另外一个重要来源便是信贷偏好，具体表现为金融部门对于国有企业和垄断行业的偏好和可以使其以低于市场利率的方式获取廉价信贷资源，是产生人力资本错配的重要原因。根据这个理解，用行业利息费用支出占总负债的比重衡量该行业企业的信贷利率资源获取水平，用总负债占增加值的比重衡量该行业企业的资源获取水平。在计算出这两项指标后，采用信贷资源获取水平与信贷利率水平的比值衡量金融机构对该行业的信贷偏好程度。

（5）其他变量。行业层面其他需要控制的指标包括行业资产收益率（*roa*）和行业企业平均年龄（*age*），分别用行业利润除以行业资产规模和行业内企业的平均年龄度量。

6.3.3 估计结果分析

（1）基准回归：双重差分（DID）

本章采用 DID 研究高校扩招政策对我国人力资本配置状况的影响效

应，该方法可以减少需要考虑的干扰因素，克服政策评估中的内生性问题，其唯一前提是平行趋势假定。DID 的回归结果如表 6－1 所示，无论是否加入控制变量，DID 的估计系数均显著为正，说明高校扩招政策加大了行业人力资本错配程度。然而，只有满足平行趋势假定时，DID 模型的估计结果才具有准确性。根据平行趋势的检验结果可以发现，无论是否添加控制变量，*pre_i* 均不显著，表明在高校扩招前，人力资本错配在不同人力资本密集型产业之间没有显著差异。而 *post_2*～*post_9* 的系数显著为正，说明在高校扩招政策产生影响后的第 2 年至第 9 年，该政策对该行业的人力资本错配产生了重要影响，即回归结果满足平行趋势假定。

表 6－1　双重差分（DID）模型估计结果

变量	*TFPlos_H*			
	DID		parallel trend test	
time × *Industry_HCI*	0.2831*** (2.31)	0.2534** (2.04)		
控制变量		控制		控制
pre_5			0.0380 (1.37)	0.0636 (0.35)
pre_4			0.0135 (0.49)	0.0361 (0.34)
pre_3			0.0522 (1.08)	0.0660 (0.46)
pre_2			0.0806 (0.91)	−0.0954 (0.57)
pre_1			0.0398 (1.43)	0.0553 (1.08)
current			0.0052 (0.19)	0.0149 (0.56)
post_2			0.0167*** (2.68)	0.0250*** (2.95)
post_3			0.0213*** (2.97)	0.0130*** (3.50)

续表

变量	TFPlos_H			
	DID		parallel trend test	
post_4			0.0311*** (3.14)	0.0324*** (3.02)
post_5			0.0383*** (4.12)	0.0388*** (4.27)
post_8			0.0392*** (4.33)	0.0401*** (4.14)
post_9			0.0411*** (3.82)	0.0423*** (3.88)
post_10			舍弃	舍弃
_CONS	0.2481*** (7.46)	0.7071*** (14.9)	1.1308*** (36.32)	0.3904*** (9.18)
N	900	900	900	900
R^2	0.7927	0.7974	0.8543	0.8702
F 值	28.11***	27.65***	38.34***	41.73***
时间固定效应	是	是	是	是
行业固定效应	是	是	是	是

注：①括号内为 *t* 值；②＊＊＊、＊＊、＊分别表示在1%、5%、10%的水平上显著；③2013年和行业441的数据由于共线性被剔除。

（2）*DID* 有效性检验

1）控制产业时间趋势。为了控制产业不可观测因素对于估计结果的影响，参照 Liu 和 Qiu（2016）的做法，将产业特定的线性时间趋势项（$\eta_i \times t$）作为额外的控制变量加入基准模型重新进行回归。从表6-2第（1）列的估计结果可以发现，交乘项（*DID*）的估计结果显著为正，说明估计结果不受产业不可观测因素的影响。

2）两期 *DID*。为了剔除潜在的序列相关对于估计结果的影响，笔者进一步利用两期倍差法进行估计。具体估计步骤为：首先，以政策实际冲击年份（2003年）作为时间节点，将样本重新划分为两个阶段；其次，对每个阶段的每家企业的变量求算术平均值重新构造样本。估计结果如表6-2

第（2）列所示，发现 *DID* 系数同样显著为正，说明在考虑了序列相关后，高校扩招对于人力资本配置的扭曲作用这一研究结论是可信的。

3）预期效应。笔者使用反事实回归方法检验高校扩招是否存在预期效果，确保政策外生。由表 6－2 第（3）列结果可知，将政策执行提前一年，回归系数不仅很小，而且不具有统计学意义，表明高校扩招政策对人力资本错配没有预期效应。同时，表 6－2 第（4）列的滞后效应检验也说明高校扩招政策对于人力资本错配不具有滞后效应。

4）安慰剂检验。笔者通过随机生成政策年度进行安慰剂测试，进一步证实该政策在准自然实验中的外生性。从表 6－2 第（5）列中的回归结果可以看出，*DID* 系数的估计结果在统计上仍然不显著，表明我们构建的准自然实验通过了安慰剂测试。

5）剔除其他政策效应。在样本时间窗口内，最具影响力的政策之一是 2001 年底我国加入 WTO。然而，受到这一政策影响的主要是开展对外出口活动的企业。鉴于此，笔者将中国工业企业数据库与中国海关数据库进行配对，以控制企业是否有对外贸易活动。此外，相关政策还包括以国有企业改革为主要内容的经营责任制。将未改革的国有企业作为对照组，已进行混合所有制改革的国有企业作为实验组，进一步考察了高校扩招政策对人力资本配置扭曲的影响。从表 6－2 第（6）列的回归结果可以看出，*DID* 的回归结果依然没有显著变化。

表 6－2　稳健性检验

变量	*TFPlos_H*					
	产业时间趋势（1）	两期 DID（2）	预期效应（3）	滞后效应（4）	安慰剂检验（5）	剔除其他政策效应（6）
DID	0.2877 *** （2.9613）	0.3249 *** （2.7714）	0.3332 *** （3.1322）	0.3097 *** （5.0722）	0.0013 （0.1204）	0.3924 *** （4.0174）
产业线性时间趋势	控制					
time		－0.1123 （－0.4412）				

续表

变量	TFPlos_H					
	产业时间趋势（1）	两期 DID（2）	预期效应（3）	滞后效应（4）	安慰剂检验（5）	剔除其他政策效应（6）
政策执行提前一年			-0.0368 (-0.9674)			
政策执行之后一年				-0.0031 (-0.2681)		
控制外贸活动						0.0012 (4.6617)
N		839	900	900	900	900
时间效应		控制	控制	控制	控制	控制
行业×时间效应		控制	控制	控制	控制	控制

注：①括号内为 *t* 值；②＊＊＊表示在1%的水平上显著。

（3）进一步讨论

1）机制检验：根据研究假说1，高校扩招将通过扭曲规模配置效率和技术配置效率加剧人力资本错配，故利用 *dis_sca* 和 *dis_tec* 两个变量识别高校扩招影响人力资本错配的中介机制。中介机制检验如表6-3所示，*DID* 的估计系数显著为正，说明高校扩招导致规模配置扭曲提升0.0683个单位，技术配置扭曲提升0.0617个单位。再结合表6-1的估计结果，可以发现高校扩招扭曲了人力资本在不同所有制企业间的规模配置效率和技术配置效率，进一步加剧了人力资本错配，研究假说1得证。

表6-3　中介机制检验

变量	*dis_sca*	*dis_tec*	*TFPlos_H*	*TFPlos_H*
DID	0.0683*** (4.77)	0.0617*** (5.46)	0.0422*** (5.27)	0.0329*** (6.14)
dis_sca			0.3633** (2.41)	0.2877*** (3.62)
dis_tec			0.4127*** (3.42)	0.3688*** (4.74)

续表

变量	*dis_sca*	*dis_tec*	*TFPlos_H*	*TFPlos_H*
控制变量	控制	控制		控制
_CONS	1.1688*** (5.17)	1.3253** (2.36)	0.0417** (2.36)	0.2684*** (8.77)
R^2	0.7622	0.7488	0.1438	0.6271
F 值	42.16***	38.24***	10.22***	32.25***
N	672	672	672	672
时间固定效应	是	是	否	是
行业固定效应	是	是	否	是

注：①括号内为 *t* 值；②＊＊＊、＊＊分别表示在1%、5%的水平上显著。

2）三重差分模型（DDD）：考虑到改制可以缓解高校扩招对人力资本错配的促进作用，本章使用三重差分模型，加入改制变量对样本进一步分析，具体估计模型为：

$$TFPlos\_H_{it} = \alpha_0 + \beta_1 \cdot DID + \beta_2 \cdot DDD + \beta_3(time_t \cdot gaizhi_j) + \beta_4(gaizhi_j \cdot Industry\_HCI_i) + \phi X_{ijt} + \lambda_i + \gamma_t + \varepsilon_{it} \quad (6-2)$$

其中，*i* 代表第 *i* 个行业，*j* 代表第 *j* 个企业，*t* 代表第 *t* 年；*gaizhi* 为企业是否进行国企改制的标志，*DDD* 则为 $time_t \times Industry\_HCI_i \times gaizhi$。该变量的构造需要先对中国工业企业数据库进行合并，接着对数据进行相应处理以避免统计误差①，最后识别企业是否在样本期内进行了改制（国有及集体企业是否改制成为本国非国企或外资企业）。中国工业企业数据库的合并部分借鉴杨汝岱（2015）的方法进行匹配，然后根据登记注册类型识别出由国企改为本国非国企或外资企业的改制企业。经过筛选，最终识别出 122446 个样本。式（6－2）中，若 $\beta_2 < 0$ 并达到统计意义上显著，同时 $\beta_1 > 0$ 且显著，则假说 2 得证。

由 DDD 的回归结果［见表 6－4 第（1）列］可知，*DID* 项的系数显著

① 首先删除在样本区间内多次变更所有制的企业，以确保每个改制企业只包含改制前后两个时期；其次删除样本期初或期末变更所有制的企业，以确保企业在改制前后均有观测值，从而比较改制前后盈利能力的变化。

为正，说明高校扩招加剧了人力资本错配，与基准模型的估计结果一致；*DDD* 的系数显著为负，说明改制缓解了高校扩招对于人力资本配置的扭曲作用。为了识别其中的中介机制，我们重复表 6－4 的估计步骤进行检验。通过表 6－4 第（2）列和第（3）列的估计结果可知，尽管高校扩招提升了人力资本规模配置和技术配置扭曲程度，但与未改制企业相比，改制企业人力资本规模配置和技术配置扭曲程度较低（分别低 0.1077 个和 0.0827 个单位），即改制缓解了高校扩招对于人力资本配置的扭曲作用，研究假说 2 得证。

表 6－4　三重差分（DDD）及其机制估计结果

变量	*TFPlos_H*	*dis_sca*	*dis_tec*	*TFPlos_H*	*TFPlos_H*
	(1)	(2)	(3)	(4)	(5)
DID	0.1336*** (27.95)	0.1274*** (27.66)	0.1672*** (20.81)	0.0837*** (38.22)	0.0762*** (30.27)
DDD	−0.0474*** (−4.91)	−0.1077*** (−5.38)	−0.0827*** (−3.99)	−0.0422*** (−4.01)	−0.0213*** (−5.29)
dis_sca				−0.0263*** (3.92)	−0.0178*** (3.25)
dis_tec				−0.0417*** (3.77)	−0.0325*** (3.44)
time × gaizhi	0.0113*** (6.69)	0.0273*** (5.38)	0.0128*** (4.17)	0.0211*** (5.22)	0.0322*** (4.28)
gaizhi × Industry_HCI	0.0162*** (2.56)	0.0222*** (3.01)	0.0177*** (3.22)	0.0146*** (3.67)	0.0214*** (3.52)
控制变量	控制	控制	控制		控制
_CONS	0.3907*** (178.58)	0.6228*** (80.99)	0.7264*** (83.58)	0.6284*** (78.92)	0.7422*** (90.33)
N	122446	122446	122446	122446	122446
R^2	0.9245	0.9122	0.9034	0.8422	0.9638
F 值	15934.59	10992.74	18294.33	17029.31	19224.43
时间固定效应	是	是	是	是	是
行业固定效应	是	是	是	是	是

注：①括号内为 *t* 值；②＊＊＊表示在1%的水平上显著。

6.4 结论性评述

随着中国进入中高速经济增长的新时期，稳步推进要素市场化改革，实现包括人力资本在内的创新要素的有效配置是提高 TFP、推进产业高质量发展的关键。然而，中国的要素市场除资本和劳动力错配外，还存在着人力资本的扭曲和错配：大量的高学历人才进入并沉积到国有垄断部门，出现了全社会受教育水平较低和垄断行业教育过剩并存的现象。有鉴于此，本章结合劳动力市场存在所有制分割的背景，从规模配置扭曲和技术配置扭曲两个方面讨论了高校扩招与人力资本错配的关系，并基于中国工业企业数据库 1998—2013 年的数据进行实证检验。结果发现，高校扩招扭曲了人力资本的规模配置效率和技术配置效率，进而导致人力资本在国有垄断部门和非国有部门间的错配。除此之外，由于改制企业具有更加合理的公司治理结构，在拥有较高创新效率的同时具有较低的工资溢价，故改制将有利于缓解高校扩招对于人力资本配置的扭曲作用。

综上可得，国有垄断部门的工资溢价和创新效率较低是引起人力资本（所有制）错配的根本原因，而工资溢价和创新效率较低均与国有企业经理人创新激励不足、决策行为短期化有关。改制企业因为拥有更加合理的公司治理结构，故人力资本错配的程度较低，高校扩招对于人力资本配置的扭曲作用也较小。因此，完善国有企业（尤其是垄断行业的国有企业）的公司治理结构，改变现有国有股权过于集中的股权结构，适当引入合理的激励机制，切实履行董事会和监事会的监督职责，将有助于缓解高校扩招对于人力资本配置的扭曲作用。

7　人力资本错配的扭曲效应Ⅰ：创新扭曲效应

7.1　研究问题的提出

进入新常态以来，自主创新成为制约我国经济持续增长的重要瓶颈。根据张杰和周晓艳（2011）的测算，1998—2007 年中国本土企业的创新研发投入强度平均只有 2.48%。其中，民营企业的创新研发投入强度平均为 2.66%，民营企业中只有 11.46% 的企业有创新研发投入活动；国有企业的创新研发投入强度平均为 1.70%，国有企业中只有 12.67% 的企业有创新研发投入活动。从总体上看，我国本土企业的自主创新水平严重滞后于经济发展的现实需求。提高自主创新水平，实现创新驱动发展战略在很大程度上存在着“理论上重要、实践中滞后”的不对称情形（高帆，2008）。那么，应该如何理解现阶段的自主创新困局呢？

理论上，人力资本对于一个国家的创新的影响是举足轻重的。在传统的增长理论中，人力资本是一种劳动投入，作为要素之一，人力资本的投入量增加会带来产出的增长。然而在新增长理论中，人力资本起到的作用已经超过了简单的要素范畴，人力资本的配置能力可以重新优化组合其他生产要素，带来产出的提高。两种理论都表明了人力资本对于提高创新效果的显著性。结合现实情况分析我国的人力资本规模，中国自 1999 年起实行高校扩招的政策，至 2022 年当年中国的高校毕业生规模多达 1076 万人，规模和增量均创历史新高，为我国建设创新型国家积累了丰富的人力资本。但有研究发现，中国的人力资本创新效应并不明显（岳书敬、刘朝明，2006）。中国科学院《中国现代化特征2010》也指出，中国的创新效应不足，导致TFP增长率水平较低，难以将人力资本转化为创新的动力，使得自主创新成为制约我国经济持续增长的瓶颈。那么，为什么在我国当前人力资本积累丰富的背景下，人力资本的创新效应却无法很好地发挥呢？

赖德胜和纪雯雯（2015）指出，创新的迸发是人力资本的积累和人力资本的配置共同作用的结果，人力资本对创新绩效和TFP的提升不仅与人力资本规模有关，还与其配置状态有关。在当前教育扩张背景下，人力资本的合理配置才是提高创新绩效的关键因素。关于人力资本的配置对创新的影响，Murphy等（1991）认为高人力资本如果配置到生产部门，会促进生产部门的技术创新，如果配置到非生产部门，就会把才能用于财富的分配，从而阻碍创新的发展。庄子银（2007）把人力资本配置的因素引入了内生技术创新模型，进一步说明了相对报酬结构扭曲带来的人力资本错配对创新产生的负面效应。纪雯雯和赖德胜（2018）结合现实情况发现，我国本科及以上学历的人力资本较为集中地配置在公共管理和社会组织，卫生、社会保障和社会福利事业等服务性行业，以及电力、燃气以及水的生产和供应等垄断性生产行业，并且随着人力资本的增加，人力资本行业配置呈现出逐渐沉淀化和垂直化特征，部门间人力资本配置效率低下，有损创新绩效。显然，我国的人力资本存在行业间的扭曲错配问题，并且这种问题会对TFP和自主创新产生负面影响，说明从人力资本错配的角度分析其对于自主创新的作用具有合理性。

从外在形式来看，人力资本在不同部门之间的错配主要表现为所有制错配。越接近国有企业的行业其人力资本密度越大，反之则越小。人力资本错配更像是事实的描述而非原因，那么人力资本错配的制度性基础又是什么呢？纪雯雯和赖德胜（2018）认为，是劳动力市场中相对报酬结构的差异，导致从体制内到体制外人力资本表现出逐渐减少的垂直化特征，从而发生人力资本错配扭曲的问题。近年来，对人力资本相对报酬即工资在不同所有制之间的影响因素研究发现，非国有部门的工资主要受到市场因素的影响，而国有垄断部门由于产权模糊和所有者缺位等因素，工资还会受到市场外因素的影响，使得国有垄断部门存在着工资“溢价”，造成不同所有制企业间工资差距扩大（岳希明、蔡萌，2015）。

沿着这个思路，本章强调行政垄断所导致的人力资本错配才是我国自主创新水平低下的重要原因，要素（所有制）错配仅仅是行政垄断的表现形式。一方面，信贷所有制歧视确保了国有企业的垄断地位，是行政垄断的重要表现形式；另一方面，行政垄断造成垄断部门的工资“溢价”，进一步导致人力资本错配和自主创新水平低下。行政垄断的程度越高，资本和人力资本错配的程度便越严重，自主创新水平也越低。为了验证这个判断，本章在对二者关系进行回顾的基础上，利用2000—2021年的相关数据对行政垄断、要素错配和自主创新的关系进行实证分析，以期得出有益的结论。

本章剩余部分的结构安排如下：第二部分对行政垄断、人力资本错配与自主创新的关系进行理论分析，得出可供检验的研究假说；第三部分利用2000—2021年的省际面板数据构建指标，并对相关的研究命题进行验证；第四部分为结论和政策性建议。

7.2 理论分析及研究假说

行政垄断是新常态时期我国本土企业资本和人力资本（所有制）错配的重要制度基础，并进一步制约了自主创新水平的提高。行政垄断的程度越高，人力资本错配的程度便越高，企业的自主创新水平也就越低。

7.2.1 行政垄断与自主创新

技术创新可以使企业避免激烈的价格竞争，通过差异化战略制定垄断高价，是企业获得垄断地位和超额利润的重要方式。在位垄断企业为了维持既有的垄断地位，会继续增加研发投入。因此，垄断在一定程度上是有利于创新的。然而，与发达国家垄断企业通过制定高价谋求垄断利润不同，中国的垄断企业与政府相结合，表现出明显的行政垄断特征（褚敏、靳涛，2013）。我们主要从垄断企业的产权属性和分布特征两个方面论述行政垄断对自主创新的抑制作用：第一，从产权属性来看，中国的垄断企业属于国有垄断部门，其经营决策更多体现政府的偏好。但从我国经济发展的实践来看，财政分权和“晋升激励”使得地方政府偏好于那些具有“低风险、见效快、收益高”特征的短期项目，而对具有“高风险、见效慢、高收益”特征的研发创新项目不感兴趣（魏婕、许璐、任保平，2016）。因此，与竞争性企业相比，中国垄断企业的创新激励较差。第二，从分布特征来看，在经过“抓大放小”之后，中国的垄断企业主要分布于能源、电力和水等关系国计民生的重要关键性领域，但这些领域的“外部性”较强，在正常的环境下缺乏自生能力，这使得政府不得不对这些企业进行“救助”，从而导致这些企业的寻租行为和软预算约束，并最终降低企业的创新绩效（Huang and Xu，1998）。

结合以上论述，本章提出可供验证的假说1：

假说1：行政垄断程度越高，自主创新水平便越低。

7.2.2 行政垄断影响自主创新的路径：人力资本错配

随着市场化改革的稳步推进，政府干预经济的方式已经从“追求价格租金的行政垄断”转变为“扭曲要素价格的行政垄断”。由于国有垄断部门的所有人缺位、产权模糊、“内部人控制”等特征，使得其工资受到非市场因素的影响。行政部门通过设置市场进入壁垒、管制市场价格获得垄断权力，以及通过支配国有银行占主导的金融体系为国有企业带来较低的融资成本，从而实现国有企业高工资以及员工高福利。具体来说，在行政垄断的背景下，国有企业通常利用政府赋予的行政权力获得廉价资金、维持超额利润。但在“共享式”工资和“所有者缺位”等因素的影响下，国有企业的超额利润便转化为工资，使得其劳动力的工资具有制度性“溢价”。尹志超和甘犁（2009）、姜丽卿和钱文荣（2012）等通过计算发现，国有垄断部门的工资水平已经逐渐赶上并超过了非国有部门，两部门的收入差距在逐渐拉大。近年来也有研究发现，在当下经济减速的时期，两部门的收入差距会进一步扩大，这主要是因为在经济减速过程中，国有垄断和公共服务部门的工资溢价和员工福利不会受到影响，而市场化程度较高的生产创新性部门则会面临破产风险。此外，生产创新性部门对经济减速的后果完全由生产性部门承担，也将导致人力资本进一步向国有垄断部门和公共服务部门无效率集中，恶化两部门的收入差距（李静、司深深，2020）。

两部门的收入差距拉大，一方面会限制生产创新性部门的总体消费和需求结构升级，社会需求结构会被锁定在低质量产品环节。在这种背景下，企业的技术创新热情会被削弱，不利于自主创新的实现（李勇、马芬芬，2021）；而另一方面又使得大量高人力资本从非国有部门流向国有垄断部门，形成过度沉积（葛晶、李勇，2019a）。

国有垄断部门人力资本过度沉积的直接后果，就是生产创新性部门人力资本的下降。在国有垄断部门工资存在着制度性“溢价”和创新效率较低的条件下，具有更高教育水平和更多技能经验的劳动力（人力资本）将进入该部门，从而引起人力资本在国有垄断部门和非国有部门之间的“错配”，这极大地影响了人力资本在两部门间的配置效率，并最终降低了总体的自主创新水平。靳来群等（2015）发现，1998—2007 年由所有制之间的差异引发的制造业 TFP 损失每年都在 200% 以上，其中劳动力（人力资本）错配带来的 TFP 损失约为 100%。从微观上来看，张车伟和薛欣欣（2008）、薛欣欣和辛立国（2015）发现国有垄断部门的工资溢价源于该部门的人力资本“优势”。从宏观上来看，赖德胜和纪雯雯（2015）认为，现阶段中国本土企业的自主创新困境应该是由政府垄断型人力资本导致的，人力资本在国有垄断部门和生产创新性部门的错配是制约现阶段自主创新水平提高的重要制度性约束。据此本章提出可供验证的假说 2：

假说 2：行政垄断引发的国有垄断部门人力资本水平越高，自主创新水平越低。

7.3 实证检验

为了证实行政垄断与自主创新的关系及其影响路径，本章通过 2000—2021 年全国 28 个省份的省际面板数据构建相应指标进行实证检验，相应变量的定义和计算方法如表 7 -1 所示。

表 7－1 变量定义、指标选取和具体计算方法

变量性质	变量名称	变量含义	具体计算方法
被解释变量	Δ*IPR*	专利申请增长率	地区规模以上工业企业有效发明专利数增长率
核心解释变量	*MON*	行政垄断	2000—2006 年行政垄断的数据来源于于良春和余东华（2009），2007—2021 年的数据利用该方法进行填充
	HM	国有企业人力资本比重	地区人力资本的基础数据来源于李海峥等（2013），然后再利用残差结构一阶自相关固定效应模型进行分解
控制变量	*PGDP*	人均 GDP	各地区 GDP/各地区总人口数
	UBR	城市化率	各地区非农人口数/各地区总人口数
	FDI	外商直接投资	地区实际利用外商直接投资/地区国内生产总值
	OPEN	开放度	地区进出口总额/地区国内生产总值
	CM	国有企业贷款比重	残差结构一阶自相关固定效应模型

7.3.1 变量定义、数据来源和具体计算方法

我们选取专利申请增长率（Δ*IPR*）作为被解释变量反映自主创新[①]。核心解释变量中，于良春和于东华（2009）围绕制度、结构、行为和绩效四个方面对行政垄断进行测定，据此编制了《中国地区性行政垄断指数（2000—2006）》，因这一指数在理论内涵和数据质量上均较为合理且全面，故本章使用这一指数。对于 2006 年之后的数据则用该方法继续进行填充。为了验证行政垄断影响自主创新的具体路径，本章主要通过国有企业人力资本比重（*HM*）来反映人力资本错配的程度。

（1）解释变量：国有企业人力资本比重（*HM*）。由于数据和数据方面的限制，以往研究主要利用受教育年限来反映人力资本，但受教育年限仅可反映人力资本的一个侧面。李海峥等（2013）利用国际上通行的 J－F 方法对中国国家和地区层面的人力资本进行了估算，具有一定的权威性，

① 由于行政垄断主要影响创新的结果而非投入，故本章没有考虑研发投入（R&D）这一指标。

具体如下：①将全部人力资本划分为分配给国有企业和分配给非国有企业两部分；②从相应年份的《中国统计年鉴》《中国工业经济统计年鉴》中获取“各地区规模以上国有工业企业总产值”和“各地区规模以上工业企业总产值”的原始数据，进一步计算出各地区规模以上国有工业企业产出份额；③从中央财经大学中国人力资本与劳动经济研究中心和《中国统计年鉴》中获取中国地区层面人力资本总额和各地区国内生产总值，进一步计算出各地区人力资本份额；④假定国有企业的人力资本份额与国有企业的产出份额存在着固定的正向比例关系，基于以上步骤计算出的“各地区人力资本份额”和“各地区规模以上国有企业产出份额”，利用残差结构一阶自相关固定效应模型进行估计，得出固定比例系数；⑤利用各地区人力资本份额乘以固定比例系数，便可求得“各地区国有企业人力资本比重”这一指标。

（2）控制变量：参考现有研究的做法，分别选取了人均 GDP（*PGDP*）、城市化率（*UBR*）、外商直接投资（*FDI*）、开放度（*OPEN*）和国有企业贷款比重（*CM*）五个指标。其中，人均 GDP 和城市化率反映了需求（收入）因素对于自主创新的影响，外商直接投资和开放度反映了贸易和开放因素对于自主创新的影响。国有企业贷款比重（*CM*）反映了资本错配的程度，假定分配给国有企业的贷款份额与国有企业的产出份额存在着固定的正向比例关系，继续利用残差结构一阶自相关固定效应模型，可最终求得国有企业贷款份额这一指标。

地区层面的人力资本数据来源于中央财经大学中国人力资本与劳动经济研究中心网站。2000—2006 年行政垄断的数据来源于于良春和余东华（2009），2007—2021 年的数据则按照该方法进行填充。其他变量的原始数据来源于各年份的《中国统计年鉴》《中国金融统计年鉴》和《中国工业经济统计年鉴》。为剔除价格指数的影响，分别以 2000 年的 GDP 平减指数为基期，将其换算成定基指数，并在此基础上对相应年份的产出进行调整，以获取这些变量的实际数据，外商直接投资和开放度则利用当年的中间汇率进行调整。各变量最终的描述性统计结果如表 7－2 所示。

表 7-2 各变量描述性统计结果

变量名称	均值	最大值	最小值	标准差
ΔIPR	0.1322	0.2438	0.1039	0.2541
MON	0.0598	0.0827	0.0122	0.3574
CM	0.6237	0.8273	0.2238	0.4877
HM	0.6621	0.7908	0.2631	0.5074
$PGDP$	0.0921	0.1064	0.0722	0.5021
UBR	0.4913	0.5725	0.3214	0.0731
FDI	0.2687	0.3045	0.1017	0.3928
$OPEN$	0.3171	1.7222	0.0322	0.4034

7.3.2 模型设定

本章检验行政垄断与自主创新关系的具体估计模型为：

$$\Delta IPR_{it} = \beta_1 MON_{it} + \sum_j \beta_j Control_{jt} + \mu_i + v_t + \varepsilon_{it} \qquad (7-1)$$

式（7-1）中，ΔIPR_{it} 为专利申请增长率，反映自主创新水平，MON_{it} 为行政垄断，β_j 为待估参数，$Control_{jt}$ 为其他影响自主创新的控制变量，μ_i 为个体效应，v_t 为时间效应，ε_{it} 为残差。

为了检验行政垄断影响自主创新的具体路径，本章进一步引入行政垄断与资本、人力资本错配的交互项，构建的具体模型为：

$$\Delta IPR_{it} = \beta_1 MON_{it} + \beta_2 MON_{it} \cdot CM_{it} + \sum_j \beta_j Control_{jt} + \mu_i + u_t + \varepsilon_{it} \qquad (7-2)$$

$$\Delta IPR_{it} = \beta_1 MON_{it} + \beta_2 MON_{it} \cdot HM_{it} + \sum_j \beta_j Control_{jt} + \mu_i + u_t + \varepsilon_{it} \qquad (7-3)$$

式（7-2）和式（7-3）中，$MON_{it} \cdot CM_{it}$ 为行政垄断和资本错配的交互项，$MON_{it} \cdot HM_{it}$ 为行政垄断和人力资本错配的交互项，分别检验行政垄断影响自主创新的资本和人力资本错配路径。

7.3.3 估计结果分析

本章的实证检验包括三部分：首先，利用“残差结构一阶自相关固定效应模型”估计资本错配（CM）和人力资本错配（HM）两个指标；其次，利用式（7－1）估计行政垄断和自主创新之间的关系；最后，利用式（7－2）和式（7－3）估计行政垄断影响自主创新的路径。

（1）资本和劳动力错配的估计结果

通过表7－3的估计结果可以发现，F 检验说明模型存在明显的个体效应，Hauseman检验说明个体固定效应模型要优于个体随机效应模型，系数的显著性检验（t 检验）也较为显著，说明各地区产出份额和各地区资本（人力资本）份额存在着固定比例关系的假定是较为合理的，产出的增加往往需要更多的信贷资本和人力资本（估计系数分别为0.2478和0.3629）。

表7－3　残差结构一阶自相关固定效应模型估计结果

变量	各地区规模以上国有工业企业总产值/各地区规模以上工业企业总产值	
	各地区银行信贷总额/各地区GDP	各地区人力资本水平/各地区GDP
β	0.2478*** (5.7212)	0.3629*** (4.0712)
$\rho(AR(1))$	0.6631*** (4.4418)	0.5147** (1.8027)
Within R^2	0.1723	0.1829
F 检验 (P>F)	100.2661*** (0.0000)	86.5271*** (0.0000)
Hauseman 检验 (P>chi2)	32.1328*** (0.0000)	28.6637*** (0.0000)

注：①括号内为 t 值；②***、**分别表示在1%、5%的水平上显著。

在估计出自相关系数（ρ）后，便可以最终求得各地区国有企业资本和人力资本的绝对值与相对份额。

（2）行政垄断与自主创新关系及其影响路径的检验结果

为验证假说1，本章首先利用式（7－1）对行政垄断和自主创新的关系进行实证检验，估计结果如表7－4所示。

表 7－4 行政垄断与自主创新关系的估计结果

变量	ΔIPR			
	(1)	(2)	(3)	(4)
(ΔIPR) _L			−0.2267** (1.8917)	−0.2874*** (2.5536)
MON	−0.8324*** (−3.0918)	−1.1712*** (−2.9837)	−0.9926*** (−3.0054)	−1.7784*** (−5.3238)
PGDP	0.8874*** (2.5491)	0.7672** (1.7762)	0.2688*** (3.0314)	0.8625*** (5.4478)
UBR	0.3309*** (4.9802)	0.5620*** (4.3312)	0.2708*** (3.1109)	0.2901*** (2.9811)
FDI	0.8211*** (5.9914)	0.6902*** (4.8831)	0.7032*** (4.0922)	0.7744*** (5.0438)
OPEN	0.4695*** (2.9614)	0.4429*** (3.1120)	0.4572*** (2.8014)	0.5029*** (3.0821)
Cons	1.8827*** (4.0231)	3.2254 (0.8317)	2.1174** (1.8715)	1.0922*** (5.0427)
Within R^2	0.0721	0.0834		
F 检验	37.99***			
Hauseman 检验 (P > chi2)		88.31*** (0.0000)		
不可识别检验			100.32 (0.0000)	
Wald F 检验 (P 值)			98.38 (0.0000)	
过度识别检验			—	
Sargan 检验 (P 值)			29.3215 (1.0000)	15.4438 (1.0000)
AR (2) 检验 (P 值)				0.1721
估计方法	FE	RE	TSLS	GMM

注：①括号内为 t 值；②＊＊＊、＊＊分别表示在 1%、5% 的水平上显著。

通过表7-4可以发现，F检验和Hauseman检验的结果说明固定效应模型是较为合适的。固定效应模型（1）中，核心解释变量（*MON*）的估计系数显著为负（通过了1%的显著性水平检验）。为了控制遗漏变量和双向因果关系所产生的“内生性”，本章分别使用TSLS和GMM方法重新进行估计，核心解释变量的估计系数依然显著为负，行政垄断每提高1个单位，将导致自主创新水平（Δ*IPR*）分别下降0.99个和1.78个单位，说明在行政垄断的影响下，国有企业的创新激励被扭曲、创新绩效被降低，并最终阻碍了本土企业的自主创新。控制变量的估计系数显著为正，分别说明需求和开放因素对于自主创新的正面影响，与现有研究的分析结果是一致的，故不再详述。

进一步地，本章利用式（7-2）和式（7-3）对行政垄断影响自主创新的路径进行检验，估计结果如表7-5所示。

表7-5　行政垄断影响自主创新路径的估计结果

变量	ΔIPR					
	(1)	(2)	(3)	(4)	(5)	(6)
(ΔIPR)_L			-0.1187*** (-2.8614)	-0.0922*** (-1.9928)	-0.6625* (-1.4438)	0.0871 (0.0442)
MON	-0.1414*** (-2.0911)	-0.2682** (-1.7633)	-0.4172*** (-5.3301)	-0.1417** (-1.8809)	-0.2705*** (-3.1677)	-0.1422** (-1.9401)
MON×CM	-0.3712*** (-2.8047)		-0.2698** (-1.6926)		-0.2125*** (-4.9984)	
MON×HM		-0.5921*** (-2.9572)		-0.5720*** (-3.4825)		-0.4598*** (-5.0738)
PGDP	0.6638*** (2.4421)	0.4465** (1.9312)	0.3382* (1.6417)	0.4693*** (2.4467)	0.3621* (1.4217)	0.1144 (0.2427)
UBR	0.2917** (1.9017)	0.4227** (1.7792)	0.3892** (1.6817)	0.1744** (1.7463)	-0.2721*** (-4.9281)	-0.1831* (-1.3274)
FDI	0.8211*** (5.9914)	0.2318** (1.8017)	0.1877** (1.9209)	0.2573*** (4.6683)	0.3377*** (4.9877)	0.3026** (1.6966)

续表

变量	ΔIPR					
	(1)	(2)	(3)	(4)	(5)	(6)
OPEN	0.2033 *** (1.9983)	0.1096 *** (-2.0217)	0.1423 *** (3.9829))	-0.1327 *** (-4.0552)	0.1684 *** (-3.0266)	-0.2724 ** (-1.9082)
Cons	0.3312 *** (3.0174)	0.8327 ** (5.8823)	0.6619 *** (4.0177)	1.6207 * (1.0238)	0.6637 (0.2199)	0.4892 *** (4.2908)
Within R^2	0.0721	0.0834				
F 检验	28.73 ***	26.94 ***				
Hauseman 检验 (P > chi2)	68.21 (0.0000)	81.27 *** (0.0000)				
不可识别检验			98.29 (0.0000)	88.09 (0.0000)		
Wald F 检验 (P 值)			90.17 (0.0000)	92.33 (0.0000)		
过度识别检验			—	—		
Sargan 检验 (P 值)			26.9217 (1.0000)	28.0914 (1.0000)	18.9332 (1.0000)	20.3521 (1.0000)
AR (2) 检验 (P 值)					0.2017	0.1832
估计方法	FE	FE	TSLS	TSLS	GMM	GMM

注：①括号内为 *t* 值；②＊＊＊、＊＊、＊分别表示在 1%、5%、10% 的水平上显著。

首先笔者估计了列（1）和列（2），在加入交互项后，交互项（*MON*×*CM* 和 *MON*×*HM*）的估计系数显著为负，且行政垄断和资本错配的交互项（*MON*×*CM*）的估计系数（绝对值）要小于行政垄断和人力资本错配的交互项（*MON*×*HM*）的估计系数。为控制遗漏变量所产生的内生性，笔者进一步估计了列（3）和列（4），且为保证工具变量的有效性，笔者还进行了一系列的检验。不可识别检验在 1% 的水平上显著拒绝了“不可识别”的原假设，工具变量的秩条件得以满足。进一步的联合显著性 F 检验

（Wald F 检验）大于 10，不存在弱工具变量。具体的估计结果中，交互项的变量显著为负。最后，为控制双向因果关系所产生的内生性，我们利用 GMM 方法估计了列（5）和列（6）。工具变量有效性检验（Sargan 检验）和自相关检验［AR（2）检验］分别说明了工具变量和估计方程的可信性，具体的估计结果中交互项的估计系数依然显著为负，说明行政垄断通过要素错配影响自主创新的中介路径是较为可信的。在行政垄断的背景下，国有企业虽然在资本和人力资本的获取上具有"优势"，但这种"优势"不仅没有用于创新研发活动，反而用于寻租等非生产性活动中，这不仅弱化了国有垄断部门本身的创新活动，还通过资本和人力资本的错配制约了非国有部门的创新活动。因此，行政垄断和信贷所有制（国有垄断部门的人力资本水平）越高，自主创新程度越低（以 GMM 的估计结果为例，行政垄断和要素错配的交互项每提高 1 个单位，将分别导致自主创新水平降低 0.21 个和 0.46 个单位），即假说 2 得证。

7.4　结论性评述

对于新常态以来中国本土企业的自主创新困局，现有研究从中国转型时期的事实性特征出发，分析了要素市场扭曲对于自主创新的抑制作用。然而，我国的要素市场不仅表现为价格的扭曲（低估），还表现为要素资源在不同所有制部门之间的错配。因此，分析要素错配对于企业自主创新的影响将更具合理性。不仅如此，要素错配更像是对已有现实的描述而非原因。那么，是什么因素导致了我国本土企业要素的错配？导致要素错配的制度性基础又是什么？本章认为，要素在不同所有制之间的错配对于企业创新具有重要影响，也是行政垄断的具体表现形式。根据这个认识，本章探讨了行政垄断、要素错配和自主创新之间的关系。通过分析发现，行政垄断是要素错配的制度性基础，其通过扭曲资本和劳动力的价格，造成了资本和人力资本在不同所有制之间的错配，挤出了本该应用于非国有企业的资本和人力资本。因此，在国有企业缺乏创新效率的前提下，行政垄断将抑制自主创新，行政垄断和信贷所有制歧视（人力资本错配）的程度越高，总体的自主创新水平便越低。为了验证以上逻辑，本章利用2000—2021年的省际面板数据对行政垄断影响自主创新的内生机制及其影响路径进行了实证检验，结果证实了笔者的判断。据此得出的政策性启示如下：

（1）正确处理好政府与市场的关系，规范政府干预经济的手段，消除行政垄断，实现政府部门与国有垄断部门利益的分离。从近年来相关研究的讨论和本章的分析结果来看，行政垄断是要素（所有制）错配的制度性基础，信贷所有制歧视，垄断部门的“高收入”仅仅是行政垄断的“表现”而已。如果不破除行政垄断，要素资源的优化配置便无从谈起，而其核心便在于实现政府部门与国有垄断部门利益的分离。也只有这样，才能打破国有企业与行政权力长期结合过程中已经形成的庞大的利益集团，并使地方政府丧失实施行政垄断的动机，软预算约束以及寻租等非生产性活动也会得到很好的控制。

（2）矫正要素错配，实现资本和人力资本（尤其是人力资本）在不同所有制之间的合理配置。在破除行政垄断的基础上，推进要素市场化改革，矫正要素错配，实现资本和人力资本在不同所有制之间的合理配置是十分必要的。这不仅包括推进金融市场化改革、消除信贷所有制歧视的相关措施（例如构建金融体系内部公平竞争的融资环境），还包括推进户籍制度改革、消除行业工资“溢价”等改善人力资本错配的相关措施。

8　人力资本错配的扭曲效应Ⅱ：产业扭曲效应

8.1　研究问题的提出

党的十九大报告明确指出，我国经济已由高速增长阶段转向高质量发展阶段。在这一发展阶段，迫切需要转变发展方式，优化经济结构，转变增长动力，需要以供给侧结构性改革为主线，努力推进质量变革、效率变革和动力变革，提高 TFP，建设实体经济、科技创新和人力资源等方面协调发展的高质量产业体系。然而在传统增长方式和贸易模式的影响下，我国对于生产要素的使用和积累依然处于国际分工和价值链的中低端，产品档次偏低，高品质、个性化以及高附加值的产品供给不足，仍然较难摆脱开放环境下的资源锁定效应（黎绍凯、李露一，2020）。提升 TFP，促进产业结构优化升级仍然是制约产业高质量发展的关键瓶颈，因此分析产业结构升级的影响因素，探寻制约产业结构升级的关键瓶颈便具有重要的理论意义和实践价值。

人力资本扩张是促进技术创新、推动产业结构升级的重要因素：一方面，人力资本具有更高的技术熟练程度和创新效率，有助于促进创新和 TFP（Ciccone and Papaioannou，2009；Jones and Romer，2010）；另一方面，技术创新会通过扩散效应引起产业再配置，促进产业结构升级（刘小鲁，2011；蔡玉蓉、汪慧玲，2018）。然而，在高校扩招的影响下，中国的人力资本实现了快速的扩张和积累，其虽然对创新总产出具有正向促进作用，但对创新效率和 TFP 产生了负向冲击（陈林、夏俊，2015；李健、张满林、张兰，2018）。那么一个核心问题便是，人力资本扩张为什么未能很好地促进创新和 TFP，进一步引起产业结构升级呢？一个重要的因素便是人力资本错配。具体分析人力资本扩张的现实可以发现，中国的人力资本扩张（高校扩招）是以“后发外生型”战略路径选择为基础，由政府的刚性权力外生驱动，其并不是对产业结构调整和劳动力市场需求变动的适时回应（李立国，2014）。因此，在我国比较优势仍未改变、劳动力市场还存在着所有制分割的条件下，人力资本的急速扩张导致高学历人才的供需失衡，大量本科及以上学历的劳动力过度沉积到高度管制的电信、金融、交通业以及公共服务部门，这导致人力资本在垄断部门和竞争部门间存在着扭曲和错配，其不仅会抑制技术创新和 TFP，还会限制竞争部门收入增长，恶化两部门收入差距，最终阻碍产业结构升级（纪雯雯、赖德胜，2018；李静、司深深，2020）。

有鉴于此，本章在梳理现有研究的基础上，分析人力资本错配与产业结构升级的关系及其内生机理，然后利用 2000—2021 年的省际平衡面板数据构建指标进行实证检验。本章的创新之处在于：第一，构建人力资本错配阻碍产业结构升级的理论分析框架，具体从技术创新、产业结构偏离度、竞争部门收入增长和两部门收入差距四个方面分析了人力资本错配阻碍产业结构升级的中介机理；第二，构建人力资本错配和产业结构升级的相关指标，进一步利用中介效应模型识别以上中介机制，结果确认存在中介效应。

剩余部分结构安排如下：第二部分梳理相关文献，归纳人力资本错配与产业结构升级的关系和影响路径；第三部分构建指标，介绍本章使用的数据和检验方法，并进行实证检验；第四部分得出结论并提出相关建议。

8.2 理论分析及研究假说

人力资本的正确配置对于促进创新、提升 TFP 具有重要影响。Baumol（1990）认为各国之间虽然存在着较大的人力资本存量差距，但人力资本配置引发的创新水平不同才是增长差距形成的根本。London 等（2008）发现人力资本积累如果与社会需要不匹配，将会引起人力资本的闲置甚至浪费，进一步对创新产生负面影响。Vollrath（2014）则基于14个发展中国家的个体工资数据考察了人力资本错配对于TFP损失的影响，结果发现矫正人力资本价格扭曲引起的错配将使大部分发展中国家的产出提升5%。与大多数发展中国家类似，中国人力资本的配置效率也同样较为低下。叶林祥等（2011）和马草原等（2017）认为，在垄断和所有制分割等因素的影响下，中国国有垄断部门和非国有（竞争）部门的工资形成机制存在着很大差异。非国有部门的工资由市场因素决定，与其边际生产力有关。国有垄断部门则不同，在“产权模糊”“所有者缺位”和“内部人控制”等因素的影响下，国有垄断部门内部具有强烈的“租金分享”倾向，其工资和福利存在着“溢价”，稳定性程度更高。于是，在工资和福利溢价的影响下，大量高学历人才过度沉积到创新效率较低的国有垄断和公共服务部门，生产性和创新性部门的人力资本强度则较低，人力资本在垄断部门和竞争部门间存在着扭曲和错配（葛晶、李勇，2019a）。

8.2.1 技术创新和产业结构偏离的中介效应

大量人力资本过度沉积到国有垄断和公共服务部门，直接后果便是导致竞争性和创新性部门的人力资本投入不足，这将抑制技术创新，产生TFP损失。纪雯雯等（2018）发现，中国的人力资本在行业间逐渐形成垂直化和沉淀化状态，部门间人力资本错配主要表现为竞争部门人力资本匮乏、国有垄断和公共服务部门人力资本冗余。在高校扩张的大背景下，人力资本规模扩大有利于创新绩效，但配置效率低下却有损创新规模和绩效。马颖等（2018）则在Vollrath（2014）的框架下讨论了中国行业层面的人力资本错配对于TFP及其潜在产出的影响，结果发现人力资本在行业层面的错配将导致2007年和2013年的实际总产出分别降低1.79%和1.63%。从技术创新影响产业结构升级的具体路径来看，Audretsch等（1996）和Becker等（2004）认为，在产业发展初期，技术创新活动会倾向于集聚，这有助于技术创新能力的提升，产业结构也日趋成熟。在此之后，创新活动则趋于扩散，进而带动相邻地区和产业结构升级，故二者存在着相互促进的关系。蔡玉蓉等

（2018）也发现，技术创新可以通过提高产业劳动生产率，改变社会需求结构和产品生命周期促进产业结构升级。由此可以推断，人力资本错配将抑制技术创新，产生TFP损失，这会限制技术创新的集聚和扩散效应，阻碍产业结构升级。于是本章提出第一个可供验证的研究假说：

假说1：人力资本错配程度越大，技术创新水平越低，产业结构升级也越慢。

除了影响创新和TFP外，人力资本错配还会影响要素结构调整，引起产业结构偏离（比较优势），阻碍产业结构升级。Atkinson等（1969）认为，一国的适宜技术结构内生于该国要素禀赋结构，如果一国选择与其人力资本结构相匹配的“适宜”技术则将显著降低产业升级的成本。李静等（2016）认为，人力资本与产业结构的不匹配会导致研发投入的使用效率低下，其虽然在短期内会通过规模扩张形成静态比较优势，但从长期来看，人力资本错配将会引起产业发展偏离动态比较优势。如果要实现比较优势的动态升级，政府需要在完成初始的资本积累后，采取向稀缺要素技术进步倾斜的鼓励政策。总体来看，人力资本结构、技术选择和产业升级是一个不断匹配的动态过程，技术“本地化”是产业动态比较优势演进的关键，产业技术选择同人力资本结构的匹配则是促进产业结构升级的基础条件（李静、楠玉，2017a）。根据以上讨论，本章提出第二个可供验证的研究假说：

假说2：人力资本错配程度越大，产业结构偏离比较优势程度越高，产业结构升级也越慢。

8.2.2　竞争部门收入增长和两部门收入差距的中介效应

收入增长及其差距是影响产业结构升级的重要因素。Foellmi等（2008）认为，随着收入水平的提高，各种产品的边际效用不会成比例增加，产品间的边际替代率也随之改变，这将导致产品消费量的不平衡增长和需求结构变化。同时，由于需求结构变化使其无法与既定的供给结构相匹配，故需求结构变化还会引起供给结构变化和产业间的不平衡增长。杨秀云等（2020）也发现，收入差距的改善将有助于产业结构升级，日益扩大的行业收入差距对产业结构升级具有直接的负面影响。然而，人力资本在垄断部门和竞争部门间的错配会对竞争部门（非国有企业）的收入增长产生负面影响，拉大两部门收入差距，阻碍产业结构升级。

首先，人力资本过度沉积到国有垄断和公共服务部门，将会引起人力资本的闲置甚至浪费，这将对竞争部门的收入增长产生负面影响。刘瑞明等（2010）认为，受制于产权安排的固有缺陷（软预算约束），国有企业不仅自身的效率较低，还同时会对非国有企业的收入增长产生负面影响。因此，国有企业存在着双重效率损失。不仅如此，维持国有企业在上游市场的垄断地位实际上是一种隐性补贴，这构成了国有垄断部门巨额利润的主要来源，并对下游竞争部门的收入增长和总体社会福利产生负面影响（刘瑞明、石磊，2011）。

其次，在劳动力市场存在着所有制分割的前提下，人力资本错配实际上与其工资和福利“溢价”有关，这势必会拉大两部门收入差距。如上所述，在劳动力市场所有制分割等因素的影响下，中国的国有垄断部门和公共服务部门存在着工资和福利“溢价”，这也是人力资本过度沉积到垄断部门的根本原因。尹志超等（2009）计算了垄断部门和竞争部门的工资差距，结果发现垄断部门的工资水平从2000年开始持续增长，并逐渐赶上并超过了竞争部门，且这种差距还在持续增大。李静等（2020）还发现，人力资本错配对于两部门收入差距的影响在经济减速阶段更为严重。这主要是因为，在经济减速过程中，国有垄断部门和公共服务部门的工资和福利“溢价”不会受到影响，而市场化程度较高的生产和竞争部门则会面临破产风险，并且减速后果完全由生产性部门承担，这将导致人力资本进一步向国有垄断部门和公共服务部门无效率集中，恶化两部门收入差距。

于是，联系收入增长及差距影响产业结构升级的文献可以进一步推论，竞争部门收入的低增长和日益恶化的两部门收入差距将限制竞争部门和总体的消费及需求结构升级，社会需求结构将一直被锁定在低质量产品环节，而对质量较好、价格较高的中高端商品的市场需求则较小。于是，在总体社会需求被低端锁定的背景下，企业进行技术创新的热情被削弱，提升产品质量的新发明、新技术也难以应用，产业高级化进程受阻，产业结构升级陷入困顿。有鉴于此，本章提出第三个和第四个可供验证的研究假说：

假说3：人力资本错配程度越高，竞争部门收入增长率越低，产业结构升级也越慢。

假说4：人力资本错配程度越高，两部门收入差距越大，产业结构升级也越慢。

8.3　实证检验

8.3.1　变量和数据来源

（1）被解释变量

我们采用产业结构高级化（*RIFS*）衡量产业结构升级，具体借鉴付凌晖（2010）等的做法，采用向量夹角来度量产业高级化。估计步骤为：首先，按照三次产业分类，将每一类产业增加值占 GDP 的比重作为空间向量的一个分量，并在此基础上构成一组三维产业空间向量 X_0 = （x_{01}，x_{02}，x_{03}）；其次，选择基本单位向量组 X_1 = （1，0，0），X_2 = （0，1，0），X_3 = （0，0，1）作为基准向量，依次计算产业空间向量与它们的夹角即 $\theta_j = \arccos\left(\frac{\sum_{i=1}^{3} x_{ji}x_{0i}}{(\sum^{3},x^{2})^{1/2}(\sum^{3},x^{2})^{1/2}}\right)$，其中，$x_{ji}$ 表示基本单位向量组的第 i 个分量，x_{0i} 表示向量 X_0 的第 i 个分量；最后，确定夹角 θ_j 的权重，计算产业结构高级化指数即 $Strup = \sum_{i=1}^{3} W_j\theta_j$。其中，$W_j$ 为权重，结合反余弦函数的单调递减性质可知，在产业结构升级过程中，第一产业比重越低，第二、第三产业比重上升越高，θ_j 越大。鉴于此，我们将 W_1、W_2 和 W_3 分别赋值3、2 和 1。

（2）核心解释变量

核心解释变量为人力资本错配（*HUM*），采用政府部门和垄断部门人力资本集中度之和除以竞争部门人力资本集中度衡量。为获得人力资本错配指标，首先参照赖德胜等（2015）的方法计算三部门人力资本集中度。

具体步骤如下：第一，选取三部门基本就业结构比例。公共管理和社会组织行业代表政府部门[①]，国有企业代表垄断部门，竞争部门以私营企业、个体就业、股份制企业和外资企业的集合为代表。第二，确定人力资本配置调整因子。通过衡量各个行业的相对垄断程度将13个行业以盈利为目的划分为垄断部门和竞争部门，并在此基础上计算三部门人力资本配置调整因子[②]。第三，用三部门就业比例乘以调整因子获得三部门人力资本集中度。第四，用政府和垄断部门人力资本集中度除以竞争部门人力资本集中度，得出人力资本错配程度。

（3）中介变量

1）产业结构偏离度（*TCI*）。借鉴林毅夫（2002）的方法，采用TCI指数反映产业结构偏离度，其逻辑在于：一个经济体或地区的最优产业结构内生于要素禀赋结构，而如果该经济体或地区实施了违背比较优势的发展战略，其必然先从制造业开始优先发展资本密集型产业，导致制造业吸纳劳动力的能力变差。因此，制造业部门相对于经济整体吸纳劳动力的能力可以作为该经济体或地区产业结构符合比较优势程度的一个合理度量指标，该指标越大，表明产业结构违背比较优势的程度越大。限于数据获取，本章用工业部门代替制造业部门，具体计算公式为：$tci_{it}=\frac{AVM_{it}/LM_{it}}{GDP_{it}/L_{it}}$。其中，$i$表示第$i$个地区，$t$表示第$t$年，$AVM_i$表示工业部门增加值，$LM_i$表示工业部门从业人员，$GDP_i$表示国民生产总值，$L_i$表示从业人员总量。

2）技术创新（*INN*）。选取有效发明专利数增长率反映技术创新。

3）竞争部门收入增长率（*NSOE*）。参照刘瑞明等（2010）的做法，

---

① 由于《中国劳动统计年鉴》仅提供全国分行业就业人员教育结构，所以选取公共管理和社会组织行业代表政府部门。

② 13个以盈利为目的的行业包括：建筑业，批发和零售业，住宿和餐饮业，房地产业，制造业，采矿业，电力、燃气及水的生产和供应业，交通运输、仓储和邮政业，金融业，居民服务修理和其他服务业，租赁和商务服务业，信息传输、计算机服务和软件业，水利、环境和公共设施管理业。各部门人力资本配置调整因子的计算公式为：该人力资本配置调整因子＝大专及以上就业人员在该部门的比重/该部门增加值占GDP的比重。

采用非国有企业收入增长率衡量竞争部门的收入增长，具体用“地区当年非国有企业主营业务收入额/地区上年非国有企业主营业务收入 - 1”表示[①]。

4）两部门收入差距（*RGAP*）。两部门收入差距采用地区国有企业和非国有企业工资增长率之差的绝对值来衡量。国有企业、非国有企业收入增长率分别为地区城镇国有企业、非国有企业就业人员平均工资较上年的增长率。

（4）控制变量

为了控制其他影响产业结构升级的重要变量，参考李勇等（2015）和戴魁早等（2020）的做法，选取城市化率（*UBR*）、开放度（*OPEN*）和市场化程度（*MAR*）作为控制变量。其中，城市化率用地区非农人口数/总人口数表示，金融发展水平用地区金融机构信贷余额/地区 GDP 表示，开放度用地区进出口额/地区 GDP 表示，2000—2007 年的市场化指数来源于樊纲等（2010）的《中国市场化指数：各地区市场化相对进程 2009 年报告》，2008—2016 年的市场化指数来自王小鲁等（2018）的《中国分省份市场化指数报告》，2017—2021 年的市场化指数根据各地区市场化指数采用外推法进行补齐。

本章的数据样本为 2000—2021 年[②]，包括除西藏外的全国 30 个省份的平衡面板数据。人力资本错配计算所需数据来源于《中国劳动统计年鉴》，除地区市场化指数外的其他数据则来源于各年统计年鉴。为剔除价格水平的影响，相关名义指标以 2000 年为基期，利用定基指数进行调整。另外，由于进出口总额以及外商直接投资的原始数据以美元为计价单位，因此利用各年的汇率均价将其折算，汇率数据来源于国家统计局官网。主要变量描述性统计结果如表 8 - 1 所示。

① 参照统计年鉴的划分标准，竞争部门包括：城镇集体单位、股份合作单位、联营单位、有限责任公司、股份有限公司和其他内资单位。

② 之所以将样本起始点选为 2000 年，其原因在于从 2000 年开始，国有企业和垄断部门的工资开始超过非国有企业，人力资本错配程度自 2000 年起逐渐加重。

表8-1 描述性统计结果

变量	区域	2000年		2006年		2014年		2021年	
		均值	标准差	均值	标准差	均值	标准差	均值	标准差
RIFS	东部	0.761	0.613	0.973	0.762	1.293	0.771	1.482	0.789
	中西部	0.457	0.658	0.527	0.771	0.717	0.826	0.824	0.627
HUM	东部	0.838	1.067	0.665	0.847	0.617	0.653	0.563	0.776
	中西部	1.257	1.281	1.261	1.083	1.362	0.864	1.371	0.883
TCI	东部	0.563	0.652	0.497	0.441	0.418	0.443	0.392	0.412
	中西部	0.774	0.621	0.713	0.672	0.663	0.614	0.617	0.663
INN	东部	0.254	0.261	0.316	0.288	0.313	0.321	0.382	0.323
	中西部	0.088	0.427	0.102	0.302	0.121	0.251	0.143	0.305
NSOE	东部	0.333	0.524	0.491	0.547	0.617	0.448	0.652	0.615
	中西部	0.227	0.328	0.361	0.442	0.408	0.287	0.424	0.216
RGAP	东部	0.118	0.404	0.129	0.461	0.213	0.522	0.242	0.671
	中西部	0.281	0.478	0.302	0.492	0.331	0.574	0.357	0.778

如表8-1所示，从时间趋势看，产业结构高级化（*RIFS*）、技术创新（*INN*）和竞争部门收入增长率（*NSOE*）在2000—2021年均有所增长，人力资本错配（*HUM*）、产业结构偏离度（*TCI*）和两部门收入差距（*RGAP*）则逐渐减小。从截面趋势来看，各指标也表现出明显的地区差异，即*RIFS*、*INN*和*NSOE*的东部均值要大于中西部均值，其他三个变量则相反。除此之外，核心解释变量人力资本错配（*HUM*）在2014年以后下降速度有所减缓，这与四个中介指标的变化趋势相吻合①，充分说明人力资本错配在样本期内产生的负面影响，从而为以上研究假说和后续的实证检验提供初步依据。

8.3.2 模型设定

本章主要采用中介效应模型估计人力资本错配影响产业结构升级的中

① *INN*、*NSOE*的增长趋势和*TCI*、*RGAP*的下降趋势有所减缓，反映了次贷危机、结构性减速等因素对于垄断部门和竞争部门的非对称影响，即对于竞争部门的冲击较大，对垄断部门的冲击则较小。

介机制，具体估计方程为：

$$RIFS_{it} = c + \alpha_1 HUM_{it} + \sum \alpha_j control_{it} + \mu_i + \upsilon_t + \varepsilon_{it} \tag{8-1}$$

$$MED_{it} = c + \beta_1 HUM_{it} + \sum \beta_j control_{it} + \mu_i + \upsilon_t + \varepsilon_{it} \tag{8-2}$$

$$RIFS_{it} = c + \lambda_1 HUM_{it} + \lambda_2 MED_{it} + \sum \lambda_j control_{it} + \mu_i + \upsilon_t + \varepsilon_{it} \tag{8-3}$$

式（8－1）～式（8－3）中，$RIFS_{it}$ 为产业结构升级，HUM_{it} 为人力资本错配，MED_{it} 为中介变量，具体包括产业结构偏离度（TCI）、技术创新（INN）、竞争部门收入增长率（$NSOE$）和两部门收入差距（$RGAP$）四个指标，$control_{it}$ 为控制变量。α_j 、β_j 和 λ_j 为待估参数，μ_i 为个体效应，υ_t 为时间效应，ε_{it} 为残差项。

中介效应模型的具体估计步骤为：第一，利用式（8－1）进行回归，待估参数 α_1 反映了人力资本错配对产业结构升级的总影响；第二，利用式（8－2）进行回归，识别人力资本错配对中介变量的影响；第三，在式（8－1）的基础上添加中介变量继续进行回归，待估参数 λ_1 和 λ_2 反映了人力资本错配对产业结构升级的直接效应（λ_1）和间接（中介）效应（λ_2）。如果 β_1 和 λ_2 均显著，说明中介效应存在；如果 λ_1 不显著，说明存在完全中介效应；如果 λ_1 和 λ_2 均显著，说明存在部分中介效应，中介效应所占比重为 $\frac{\beta_1\lambda_2}{\lambda_1 + \beta_1\lambda_2}$。如果 β_1 和 λ_2 至少有一个不显著，还需使用 Sobel 统计量进行检验。Sobel 统计量的具体计算公式为：

$$S_{it} = \frac{\beta_1\lambda_2}{\sqrt{\beta_1^2 S_{\lambda_2}^2 + \lambda_2^2 S_{\beta_1}^2}} \tag{8-4}$$

式（8－4）中，S_{it} 为 Sobel 统计量，S_{β_1} 和 S_{λ_2} 分别为 β_1 和 λ_2 的标准误。如果 Sobel 统计量大于临界统计量（5% 的临界统计量为 0.97），则表明中介效应存在。

8.3.3 估计结果分析

本章利用双向固定效应模型检验人力资本错配与产业结构升级之间的

关系，表8-2为基准回归结果。根据表8-2的估计结果可以发现，模型（组内）判定系数为0.4438，说明模型具有良好的解释力度，F检验和Hauseman统计量通过了1%的显著性水平检验，说明固定效应的估计结果优于混合效应和随机效应的估计结果。具体的回归结果中［列（1）］，核心解释变量*HUM*的估计系数在1%的水平上显著为负（-0.8437），说明人力资本错配是不利于产业结构升级的。为了控制“遗漏变量”和“双向因果关系”产生的内生性，我们进一步估计列（2）和列（3）。其中，列（2）为加入控制变量后的估计结果，列（3）为*SYS-GMM*的估计结果（工具变量为核心解释变量的滞后一期和二期）。根据列（2）和列（3）可以发现，核心解释变量（*HUM*）估计系数（绝对值）有所下降，但仍通过了1%的显著性水平检验。最后，为保证估计结果的稳健性，遵从李勇等（2015）的做法重新计算产业结构高级化指数（*RIFS*1）①，并重复列（1）~列（3）的过程重新估计列（4）~列（6），人力资本错配（*HUM*）的估计系数仍然显著为负，说明人力资本错配阻碍产业结构升级的研究结论是较为可信的。

控制变量的回归结果中，市场化程度（*MAR*）的估计系数通过了5%的显著性水平检验（且显著为正），说明市场化水平提升对产业结构升级具有良好的促进作用，与戴魁早等（2020）的研究结论相一致。城市化率（*UBR*）的估计系数同样显著为正，说明城镇化水平的提高也是引起产业结构升级的重要原因（李勇等，2015）。开放度（*OPEN*）估计系数虽然为正，但不显著，其原因在于：改革开放以来我国的技术升级主要是通过“以合作换技术”的FDI模式实现的，但随着我国的技术水平逐渐接近技术前沿，这种技术引进的方法只会拉大我国与发达国家的技术差距，最终造成技术水平和产业结构的“低端锁定”（易信、卜伟，2019）。

---

① 具体是用各地区第三产业产值除以各地区第二产业产值计算得出。

表8-2 基准估计结果

变量	RIFS			RIFS1		
	(1)	(2)	(3)	(4)	(5)	(6)
L_HUM			-0.2614*** (-2.9857)			-0.1374*** (-3.2911)
HUM	-0.8437*** (-3.2713)	-0.6626*** (-2.8859)	-0.4122*** (-3.2214)	-0.8215*** (4.1147)	-0.7831*** (-2.9954)	-0.3738*** (-3.0177)
UBR		0.6694** (2.4418)	0.6256** (2.3617)		0.3544*** (4.1138)	0.3627** (2.0177)
OPEN		0.2177 (1.0617)	0.1297 (0.8813)		0.1187 (1.0177)	0.1522 (1.2438)
MBR		0.5832*** (3.2723)	0.5177** (2.2877)		0.3928** (2.4451)	0.4492** (2.1244)
MAR		0.4188** (2.0238)	0.3624** (2.2264)		0.4421*** (3.2612)	0.4172*** (3.2457)
_Cons	10.2821*** (5.6132)	8.0711*** (4.8561)	8.5214*** (4.9921)	6.6627*** (5.0273)	1.0812*** (6.4416)	7.2217*** (5.2214)
时间效应	控制	控制	控制	控制	控制	控制
地区效应	控制	控制	控制	控制	控制	控制
Within R^2	0.4438	0.5214	0.3614	0.4617	0.4421	0.3276
F 检验	82.17***	66.74***		66.21***	60.22***	
Hausman 检验	10.0721***	9.0422***		6.0027***	5.107***	
Wald F 检验 (P值)			98.38 (0.0000)			92.55 (0.0000)
Sargan 检验 (P值)			37.82 (0.3889)			30.12 (0.3297)
AR（1）检验 (P值)			-2.827 (0.0000).			-2.829 (0.0000)
AR（2）检验 (P值)			-0.1082 (0.3361)			-0.2748 (0.3102)

注：①括号内为 *t* 值；②***、**分别表示在1%、5%的水平上显著。

8.3.4 中介效应分析

为了识别人力资本错配阻碍产业结构升级的中介机制，继续利用式（8-2）、式（8-3）进行检验，表8-3为技术创新和产业结构偏离度中介效应的估计结果。根据表8-3的估计结果可以发现，*HUM* 在列（1）和列（3）中的估计系数显著为负，说明人力资本错配不仅会对技术创新产生不利影响，同时还会引起产业发展偏离动态的比较优势，导致产业结构偏离度提高。进一步地，加入 *INN* 和 *TCI* 这两个中介变量估计列（3）~列（5），结果发现 *HUM* 和中介变量的估计系数同样显著。不仅如此，列（3）*HUM* 的估计系数为-0.663，是人力资本错配影响产业结构升级的总效应，列（4）和列（5）*HUM* 的估计系数分别为-0.572和-0.431，是人力资本错配抑制产业结构升级的直接效应。与列（3）相比，列（4）和列（5）估计系数的绝对值有所下降，说明模型存在部分中介效应，技术创新和产业结构偏离度中介效应占比分别为17.93%和14.54%。最后，我们还利用 *RIFS*1 重新估计列（6）~列（8），*HUM* 的估计系数同样遵循上述趋势。以上结论说明，技术创新和产业结构偏离度的中介效应是存在的，假说1和假说2得证。

表8-3 技术创新和产业结构偏离度中介效应估计结果

变量	*INN*	*TCI*	*RIFS*			*RIFS*1		
	(1)	(2)	(3)	(4)	(5)	(6)	(7)	(8)
HUM	-0.402*** (-3.211)	0.338** (1.952)	-0.663*** (-2.995)	-0.572*** (-3.014)	-0.431*** (-4.248)	-0.783*** (-4.251)	-0.482*** (-3.992)	-0.373*** (-4.014)
INN				0.311*** (4.992)			0.271*** (5.147)	
TCI					-0.217*** (-5.617)			-0.212*** (-5.421)
_*Cons*	2.661*** (3.290)	3.214*** (4.061)	8.071*** (5.928)	6.054*** (5.321)	5.548*** (4.415)	1.081*** (6.335)	3.209*** (8.301)	1.411*** (6.074)
控制变量	控制	控制	控制	控制	控制	控制	控制	控制
时间效应	控制	控制	控制	控制	控制	控制	控制	控制

续表

变量	*INN*	*TCI*	*RIFS*			*RIFS*1		
	(1)	(2)	(3)	(4)	(5)	(6)	(7)	(8)
地区效应	控制	控制	控制	控制	控制	控制	控制	控制
Within R^2	0.4617	0.4423	0.5214	0.5571	0.5628	0.4421	0.5811	0.5721
F 检验	48.33***	39.72***	66.74***	38.92***	40.25***	60.22***	39.11***	36.72***
Hausman 检验	5.047***	6.022***	9.042***	6.056***	4.303***	5.107***	8.291***	5.082***
中介效应占比（%）				17.93	14.54		18.43	16.11

注：①括号内为 *t* 值；②＊＊＊、＊＊分别表示在1%、5%的水平上显著。

另外，我们还利用竞争部门收入增长率（*NSOE*）和两部门收入差距（*RGAP*）两个指标继续识别人力资本错配阻碍产业结构升级的中介机制，结果如表8－4所示。与表8－3的估计结果相似，人力资本错配在列（1）和列（2）的估计系数分别为－0.224和0.368，且通过了1%的显著性水平检验，说明人力资本错配不仅限制竞争部门的收入增长，还会拉大两部门收入差距。在此基础上笔者继续估计列（3）～列（5），结果发现 *HUM* 和中介变量的估计系数仍然显著。与列（3）相比，列（4）和列（5）估计系数的绝对值同样有所下降（*RIFS*1 的中介效应识别结果也是如此），竞争部门收入增长率和两部门收入差距的中介效应同样存在，竞争部门收入增长率和两部门收入差距的中介效应占比分别为15.16%和19.73%。假说3和假说4得证。

表8－4　竞争部门收入增长和两部门收入差距中介效应估计结果

变量	*NSOE*	*RGAP*	*RIFS*			*RIFS*1		
	(1)	(2)	(3)	(4)	(5)	(6)	(7)	(8)
HUM	－0.224*** (－3.291)	0.368*** (4.449)	－0.663*** (－3.319)	－0.237** (－2.441)	－0.274*** (－5.138)	－0.783*** (－4.417)	－0.241*** (－3.992)	－0.373*** (－4.013)
NSOE				0.189*** (5.832)			0.124*** (5.029)	

续表

变量	*NSOE*	*RGAP*	*RIFS*			*RIFS*1		
	(1)	(2)	(3)	(4)	(5)	(6)	(7)	(8)
RGAP					−0.183 *** (−6.613)			−0.183 *** (−5.442)
_Cons	2.781 ** (2.441)	2.828 ** (2.174)	8.071 *** (5.441)	2.153 *** (5.403)	3.812 *** (6.224)	1.081 *** (6.335)	2.147 *** (4.338)	1.092 *** (5.124)
控制变量	控制	控制	控制	控制	控制	控制	控制	控制
时间效应	控制	控制	控制	控制	控制	控制	控制	控制
地区效应	控制	控制	控制	控制	控制	控制	控制	控制
Within R^2	0.4918	0.5034	0.5214	0.4211	0.4071	0.4421	0.4014	0.3681
F 检验	40.17 ***	45.37 ***	66.74 ***	30.72 ***	28.32 ***	60.22 ***	18.27 ***	29.64 ***
Hausman 检验	7.901 ***	6.027 ***	9.042 ***	6.306 ***	4.872 ***	5.107 ***	6.174 ***	4.363 ***
中介效应占比（%）				15.16	19.73		10.33	15.29

注：①括号内为 *t* 值；②＊＊＊、＊＊分别表示在1%、5%的水平上显著。

最后，由于人力资本错配还表现出明显的地区差异，笔者重复表 8－4 的回归步骤进行分地区估计①，结果发现人力资本错配对于产业结构升级的负面影响在东部地区较小，在中西部地区则较大。进一步的中介效应检验也表明，东部地区的中介效应要小于中西部地区的中介效应，这与东部地区国有垄断部门比重较低，工资和福利“溢价”较低，人力资本错配程度较小的认识相一致，故不再赘述。

8.4　结论性评述

基于 2000—2021 年的省际面板数据，本章首先对人力资本错配与产业结构升级之间的关系进行实证检验，结果发现人力资本错配对产业结构升级具有负向阻碍作用。为了识别人力资本错配扭曲产业结构升级的中介机

① 鉴于篇幅所限，详细的回归结果不再具体列出，有兴趣的读者可以向作者索取。

制，本章进一步利用中介效应模型进行实证检验，结果发现人力资本错配不仅抑制技术创新，引起产业结构偏离，还会限制竞争部门收入增长，拉大两部门收入差距，并最终阻碍产业结构升级，模型存在部分中介效应，各变量的中介效应占比分别为17.93%、14.54%、15.16%和19.73%。最后，分地区的检验结果还表明东部地区的扭曲和中介效应较小，中西部地区的扭曲和中介效应较大。上述结论表明：矫正人力资本错配，实现人力资本在垄断部门和竞争部门间的正确配置将有助于缓解人力资本错配对产业结构升级的扭曲和中介影响。据此，本章提出如下建议：

第一，深化混合所有制改革，努力提升国有垄断部门的创新效率。国企改革是提升国有企业绩效的重要手段，但改革至今，国有企业尤其是垄断部门的创新效率仍然偏低，是导致人力资本错配的重要原因。因此，在新的形势下，以要素市场化配置深入推进混合所有制改革，尊重和利用技术要素市场规律，建立和完善国有垄断部门创新成果的产权体系，这有助于激发国有垄断部门的创新活力，矫正人力资本错配，促进产业结构升级。

第二，消除国有垄断和公共服务部门的工资、福利“溢价”，实现各部门工资“市场化”决定。除创新效率较低外，国有垄断和公共服务部门的工资、福利“溢价”是导致人力资本错配的又一重要原因，尤其在经济下行压力加大，技术创新和产业结构升级正面临关键瓶颈期的今天，消除工资和福利的“溢价”，建立市场化的用工制度和职业经理人制度，同样会改善人力资本的配置效率，进一步促进产业结构升级。

第三，加大对于竞争部门的创新扶持力度，提供与其创新风险和创新能力相匹配的薪酬激励。国有垄断和公共服务部门固然对于高学历人才具有吸引力，但也存在着创新效率较低等缺陷。只要竞争部门能够提供与其创新风险和创新能力相匹配的薪酬激励，人力资本的配置效率同样会得到改善。然而，竞争部门融资约束的存在使其创新活动受到限制，也难以为高学历人才提供薪酬激励。因此，政府需要改善资本市场的融资效率，通过多层次、广覆盖、有差异和分工合理的金融工具为竞争部门的创新活动提供充足的资金，进而实现创新活动与薪酬激励的良性循环。

9　矫正人力资本错配的治理措施：以混合所有制改革为例①

9.1　研究问题的提出

占经济主导地位的国有企业，其高工资和低效率的问题被社会各界所诟病。造成这一现象的一个重要原因便是人力资本在所有制部门间的错配。基于 H－K 研究框架，大量学者讨论了中国劳动力和资本的错配程度（Brandt，Tombet，and Zhu，2013；陈永伟、胡伟民，2011；罗德明、李晔、史晋川，2012；邵宜航、步晓宁、张天华，2013；龚关、胡关亮，2013；韩剑、郑秋玲，2014；靳来群、林金忠、丁诗诗，2015；盖庆恩等，2015），并几乎得出了一致结论——所有制差异是引发中国要素错配的重要原因。随着研究的不断深入，研究视角逐步由资本、劳动力等传统生产要素转向人力资本错配。钱雪亚和缪仁余（2014）认为，中国经济运行中存在着物质资本价格偏高和人力资本价格偏低的扭曲现象。马颖等（2018）在 H－K 框架下讨论了人力资本错配对行业产出和经济总产出的影响，发现人力资本供给不足会产生较大的产出缺口。李静和楠玉（2019a）厘清了在我国经济减速时期，公共部门和生产性部门间人力资本错配对经济稳增长影响的具体实现机制。为数不多的研究主要存在着以下

① 本章的主要内容以《混合所有制改革是否有助于缓解人力资本配置扭曲》为题发表于《南京审计大学学报》2020 年第 6 期。

两个方面的不足：

一方面，研究假定TFP外生给定，忽略了人力资本外溢性对实际产出的促进作用。内生增长理论认为TFP是由经济系统内生决定的变量，肯定了人力资本从事创新生产活动对TFP的贡献，因而，溢出效应会降低人力资本过度配置引发的错配程度，导致人力资本价格扭曲及TFP损失被低估。另外，与非国有企业相比，国有企业面临着较为严重的创新效率损失（吴延兵，2012a，2015），其背景是产权天然缺陷导致国有企业不能实现创新剩余索取权与控制权的匹配，使得其大量存在着人力资本超出实际岗位需求的现象（罗润东、彭明明，2010，颜敏、王维国，2017）①。李静等（2017）针对技术密集型部门和最终产品部门间的人力资本错配问题进行研究发现，在薪酬激励下，具有创新潜力的科技型人才大量流向了国有非创新部门，掐断了人力资本外溢渠道。而国有企业之所以能够负担这种"过度教育"（Acemoglu and Robinson，2006；丁重、邓可斌，2018），主要由于人力资本价格在政府保护和补贴下出现了扭曲。可见，人力资本配置与企业创新动力之间同样存在着错配，因而，在研究所有制间的人力资本错配程度时，应区分人力资本规模和外溢性分别导致的TFP损失。

另一方面，在中国劳动力市场所有制分割的背景下，受教育年限或工资水平难以准确衡量个体人力资本。人力资本通常被认为与个体受教育年限、健康、工作经验等方面相关（Schultz，1961），然而在劳动力市场所有制分割下，国有企业内个体受教育年限虽然在很大程度上解释了其工资水平（张原、陈建奇，2007；张车伟、薛欣欣，2008；张世伟、徐永巍，2014；方福前、武文琪，2015），但人力资本相关性较低。中国国有企业存在着高学历追逐特征，但人力资本规模仍然远大于国有企业岗位的稀缺性供给（颜敏、王维国，2017）。另外，由于人力资本具有不可测性，加以"所有者缺位"和"内部人控制"等产权缺陷，为国有企业高管利用雇

① 近年来，大量拥有工程和科学学位的大学生为追求工资和工作稳定，选择到政府机关、事业单位等非创新部门工作，从近年来报考公务员的热度可见一斑。据公考资讯网统计，2018年公务员考试招考人数为12.2万人，总报名人数超过300万，竞争比约为25:1。

员聘用权进行寻租提供了空间和动机（马草原、马文涛、李成，2017）。最终决定应聘者能否进入国有企业的因素可能不是人力资本水平，而是“政治背景”等符合国企高管个人利益需求的特征。因此，利用受教育年限或工资水平代表人力资本忽略了国有企业个体工资水平、受教育年限与自身人力资本的错配，存在着逻辑上的缺陷。

可见，在TFP内生性框架下讨论中国人力资本的错配问题离不开所有制差异。事实上，以往关于中国要素错配形成机制的研究大多基于此。靳来群等（2015）认为资本和劳动力错配主要源于国有企业与地方行政权力相结合所形成的行政垄断，通过行业壁垒、信贷资源垄断、政府补贴等扭曲要素价格，进而产生要素错配。邢志平和靳来群（2016）认为，劳动力流动管制以及户籍制度改革滞后同样扩大了地区金融资源错配。李静等（2017）发现由于国有垄断和薪酬激励，人力资本大量流向非生产部门，是导致中国创新效率低下的主要原因。因此，如何改善所有制间的人力资本错配成为一个必须解决的问题。党的十八届三中全会提出“积极发展混合所有制经济”“鼓励发展非公有资本控股的混合所有制企业”等内容，明确了混合所有制改革在中国国有企业体制改革中的重要地位。学者们几乎一致肯定了混合所有制改革取得的成效。刘晔等（2016）发现混合所有制改革有助于提升企业效率，其主要通过保护知识产权对竞争性行业中的国有企业效率产生促进作用。陈林和唐杨柳（2014）、张辉等（2016）围绕国有企业政策性负担的讨论也得出类似的结论，但陈林（2018）在区分自然垄断行业和非自然垄断行业后发现，混合所有制改革不能显著提升自然垄断行业中企业的TFP。而祁怀锦等（2018）的研究认为混合所有制改革通过均衡企业投资水平、增强高管薪酬业绩敏感性提升了治理水平和经营绩效。综上，有关混合所有制改革对人力资本错配的改善效果是一个亟待探究的领域，本章尝试对这一问题进行回答。

本章剩余的内容包括：第二部分通过一个基于TFP内生性假定的框架分析了所有制间高等教育劳动力错配的形成及分解；第三部分阐述了本章的理论机制；第四部分进行实证检验；第五部分对相关实证结果进行稳健

性检验；第六部分是结论及政策启示。

9.2 理论模型

在分析混合所有制改革是否有助于缓解所有制间的人力资本错配之前，我们需厘清所有制间人力资本错配的形成机制。本部分构建了一个考虑人力资本外溢效应的 N 个行业的企业生产决策框架，以分析人力资本价格扭曲对错配的影响机制。

现有研究习惯于将要素错配定义为：要素价格扭曲导致各企业要素边际产出出现差异进而引发的 TFP 损失。在企业 TFP 外生以及边际产出递减的假定下，面临较低要素价格的企业被配置了过多的生产要素，导致经济整体要素边际产出下降和 TFP 损失。不同于传统资本和劳动力数量，内生增长理论突出了人力资本的溢出效应对 TFP 的贡献作用，而能否有效发挥人力资本的溢出效应同样影响着经济体整体的 TFP 水平。可见，当放宽企业 TFP 外生的约束条件时，人力资本错配不仅源于价格扭曲引发的过量配置，还取决于人力资本溢出效应的大小。

9.2.1 模型假设

模型假设：①经济体中存在着资本和劳动力两种生产要素，劳动力分为无教育经历劳动力和人力资本，企业生产 1 单位产品需消耗 1 单位资本；②教育经历具有专用性，指定人力资本仅在同一行业内的企业间自由流动；③人力资本对企业产出的影响存在外溢性，即企业 TFP 是人力资本规模的函数；④存在两种生产部门：国有部门和非国有部门，各部门存在一个代表性厂商为经济体提供最终消费品。

借鉴 Lucas（1998）、Acemoglu（1996）的人力资本外溢性模型，将人力资本作为一种稀缺性生产要素在生产函数中予以单独考虑。行业 $s(=1,2,\cdots,N)$ 内企业 $i(=n,p)$ 的生产函数形式可设定为：

$$Y_{si} = TFP(H_{si})_{si} L_{si}^{\alpha_s} H_{si}^{\beta_s} \tag{9-1}$$

其中，n 表示代表性国有企业，p 表示代表性非国有企业，Y_{si} 和 $TFP(H)_{si}$ 分别表示企业的真实产出和全要素生产率，L_{si} 和 H_{si} 分别表示无教育经历劳动力和人力资本。假定 $TFP(H)_{si}$ 为凸函数，$\frac{\partial TFP(H_{si})_{si}}{\partial H_{si}}>0$，$\frac{\partial^2 TFP(H_{si})_{si}}{\partial H_{si}{}^2}\geqslant 0$。$\alpha_s$ 和 β_s 为生产弹性，为便于分析，假定 $\alpha_s+\beta_s=1$。行业内人力资本的总量一定：$H_s=H_n+H_p$，H_s 表示第 s 个行业的总体人力资本规模。

行业层面的生产函数符合 CES 形式：

$$Y_s=(Y_{sn}^{\phi}+Y_{sp}^{\phi})^{1/\phi} \tag{9-2}$$

其中，ϕ 为部门间产品的替代弹性。参照 Hsieh 和 Klenow（2009）的研究方法，设行业 s 的全要素生产率 TFP_s 为各企业 TFP_{si} 的加权：

$$\begin{aligned}TFP_s&=(Y_{sn}^{\phi}+Y_{sp}^{\phi})^{1/\phi}/L_s^{\alpha_s}H_s^{\beta_s}\\&=[(TFP(h_{sn})_{sn}l_{sn}^{\alpha_s}h_{sn}^{\beta_s})^{\phi}+(TFP(h_{sp})_{sp}l_{sp}^{\alpha_s}h_{sp}^{\beta_s})^{\phi}]^{1/\phi}\end{aligned} \tag{9-3}$$

其中，$l_{si}=L_{si}/L_s$，$h_{si}=H_{si}/H_s$，分别表示无教育劳动力和人力资本在行业总体内的配置方式。由式（9-3）易知，若要使得 TFP_s 提升，应提高行业内 TFP 较高的企业的生产要素配置比例。

9.2.2 模型求解

（1）厂商生产决策行为

设 ω_l 为企业基本工资，ω_h 为不存在价格扭曲下的教育收益率，τ_{si} 为人力资本价格扭曲程度，则企业面临的人力资本成本为 $\tau_{si}\omega$。厂商在进行生产决策时并不会考虑人力资本对 TFP 的促进作用，因而，企业的利润最大化问题可以表示为：

$$\max\{P_sTFP_{si}L_{si}^{\alpha_s}H_{si}^{\beta_s}-\omega_lL_{si}-\tau_{si}\omega_hH_{si}\} \tag{9-4}$$

其中，P_s 为企业产品定价。

根据企业利润最大化和行业利润最大化的一阶条件可得人力资本在各部门代表性厂商间的分配原则：

$$h_{si}=\frac{TFP_{si}^{\phi/(1-\phi)}(\tau_{si})^{-\beta_s/(1-\phi)}}{TFP_{sn}^{\phi/(1-\phi)}(\tau_{si})^{-\beta_s/(1-\phi)}+TFP_{sp}^{\phi/(1-\phi)}} \tag{9-5}$$

在 TFP 外生条件下，根据式（9-5）得：$\frac{\partial H_{si}}{\partial TFP_{si}}>0$ 和 $\frac{\partial H_{si}}{\partial \tau_{si}}<0$。人

力资本的配置水平主要与代表性厂商 TFP 和价格扭曲水平相关，TFP 更高或要素价格相对更低的代表性厂商会配置更多的人力资本。中国国有企业通过政府隐性保护和补贴获取超额利润，并在“所有者缺位”条件下实现“租金分享”，进而吸引人力资本进入。因此，国有企业面临的 $\tau_{si}\omega$ 得到了“补贴”，相较于企业自身产出水平的工资成本实际上处于较低水平，则有 $0 < \tau_{sn} < 1$ 。对于非国有企业来说，其工资决定机制主要受市场化因素的影响，可假定 $\tau_{sp} = 1$ 。可以将 τ_{sn} 理解为相对于非国有企业的人力资本价格扭曲程度。

（2）人力资本相对价格扭曲（简称：相对价格扭曲）对行业 TFP_s 的影响

人力资本外溢性并不会影响到厂商生产决策，但会对行业整体 TFP_s 产生影响。由式（9-3）可知，由于行业内生产要素总量不变，行业整体 TFP_s 完全取决于行业产出水平的高低。因此，通过分析相对价格扭曲对行业产出的影响便可得出其对 TFP_s 的影响。在 TFP 内生性假定条件下，为便于讨论，假定非国有企业人力资本不存在外溢性，在式（9-3）两边同时对 τ_{sn} 求偏导，得：

$$\phi Y_s^{\phi-1}\frac{\partial Y_s}{\partial \tau_{sn}} = \phi\frac{Y_{sn}^{\phi-1}}{P_{sn}}VMPH_{sn}\frac{\partial H_{sn}}{\partial \tau_{sn}} - \phi\frac{Y_{sp}^{\phi-1}}{P_{sp}}VMPH_{sp}\frac{\partial H_{sn}}{\partial \tau_{sn}} + \phi\frac{Y_{sn}^{\phi}}{TFP_{sn}}\frac{\partial TFP(H_{sn})_{sn}}{\partial H_{sn}}\frac{\partial H_{sn}}{\partial \tau_{sn}} \quad (9-6)$$

其中，$VMPH_{si} = \beta_s TFP(H_{si})_{si}L_{si}^{\alpha_s}H_{si}^{\beta_s-1}$ 为人力资本的边际产出价值，由于国有企业在相对价格扭曲下配置了过量的人力资本，因而有 $VMPH_{sn} < VMPH_{sp}$ 。依据行业层面的利润最大化问题可得：$P_s/P_{si} = (Y_s/Y_{si})^{\phi-1}$ ，代入式（9-6）可知：当 $\frac{\partial TFP(H_{sn})_{sn}}{\partial H_{sn}} = 0$ 时，$\frac{\partial Y_s}{\partial \tau_{sn}} < 0$ ；当 $\frac{\partial TFP(H_{sn})_{sn}}{\partial H_{sn}} \rightarrow +\infty$ 时，$\frac{\partial Y_s}{\partial \tau_{sn}} \rightarrow -\infty$ 。根据中值定理可得，存在 $\frac{\partial TFP^*(H_{sn})_{sn}}{\partial H_{sn}}$ ，使得 $\frac{\partial Y_s}{\partial \tau_{sn}} = 0$ ，当 $\frac{\partial TFP(H_{sn})_{sn}}{\partial H_{sn}} > \frac{\partial TFP^*(H_{sn})_{sn}}{\partial H_{sn}}$ 时，$\frac{\partial Y_s}{\partial \tau_{sn}} < 0$ ，行业 TFP 随着国有企业人

力资本相对价格的下降而升高，此时所有制间相对价格扭曲引发的 TFP 损失为负；当 $\frac{\partial TFP(H_{sn})_{sn}}{\partial H_{sn}} < \frac{\partial TFP^{*}(H_{sn})_{sn}}{\partial H_{sn}}$ 时，$\frac{\partial Y_s}{\partial \tau_{sn}} > 0$，行业 TFP 随着国有企业人力资本相对价格的上升而下降，此时所有制间相对价格扭曲引发的 TFP 损失为正。因而，相对价格扭曲所带来的 TFP 损失主要取决于外溢性大小。可见，人力资本错配和传统要素（劳动力和资本）错配有着本质的区别。传统要素错配认为要素价格扭曲会带来经济整体 TFP 损失，强调要素价格的市场化程度，而人力资本错配更强调在价格扭曲下，过度配置人力资本的企业是否存在着更高的创新效率，其政策含义在于税收减免、利率补贴等优惠政策应向具有较高创新动力的高新技术企业倾斜，以降低其相对价格水平，从而搭建人力资本发挥外溢性的渠道，提高经济整体的 TFP 水平。

中国人力资本在所有制间的错配受到 $\frac{\partial H_{si}}{\partial \tau_{si}}$ 和 $\frac{\partial TFP(H_{sn})_{sn}}{\partial H_{sn}}$ 两部分的影响。其中，$\frac{\partial H_{si}}{\partial \tau_{si}}$ 表示在厂商生产决策环节，由价格扭曲所引发的人力资本规模错配，我们称之为人力资本规模相对价格扭曲（简称：规模相对价格扭曲）所引发的错配；$\frac{\partial TFP(H_{sn})_{sn}}{\partial H_{sn}}$ 的大小与人力资本质量（人力资本）和企业创新动力相关。一方面，人力资本由于本身质量（人力资本）较低而无法投身于高创新价值的生产活动中（陈林、夏俊，2015），实际上是工资水平和人力资本的错配；另一方面，人力资本有能力胜任高创新价值的工作岗位，但由于社会组织体系（所有制差异）等原因，切断了人力资本与创新活动的联系，实际上是工资水平和创新动力的错配。这两方面都反映了所有制间高等教育劳动力外溢效应的差异，而之所以会出现这种差异，仍然是由于国有企业“产权缺陷”及其在政府保护和隐性补贴下获取的超额利润。因此，可将人力资本外溢效应的损失转化为成本价格扭曲。$\frac{\partial TFP(H_{sn})_{sn}}{\partial H_{sn}}$ 可表示价格扭曲所引发的人力资本与自身创新能力以及与企业整体创新动力之间的错配，我们称之为人力资本技术相对价格扭曲（简称：技术相对价格扭曲）所引发的人力资本错配。

9.3 理论分析及研究假说

纵观中国40多年的国有企业改革历程，国有企业以建立“产权清晰、权责明确、政企分开、管理科学”的现代企业制度为目标，先后尝试了“扩大自主权”“两步利改税”“股份制试点”“抓大放小”“战略重组”“股权分置改革”“中央企业重组兼并”“混合所有制改革”等诸多改革举措。其中，自1997年党的十五大确立了“公有制为主体，多种所有制经济共同发展”的改革路径以来，以混合所有制改革为主的产权改革思路便成为国有企业改革的中心环节。在混合所有制改革下，公有制经济和非公有制经济的确都得到了良好发展，经营质量和效率有所提升，但一些根本性的体制性问题仍然没有得到彻底解决（张维迎，1999），其中地方保护主义、市场分割等非市场化现象所产生的行政垄断尤为突出。

9.3.1 混合所有制改革与人力资本技术相对价格扭曲

国有企业具有的“所有者缺位”和“内部人控制”等缺陷导致经理人“短视化”现象严重，无法实现创新剩余索取权与控制权的匹配。与非国有企业经理人相比，国有企业面临着生产效率和创新效率的双重损失（吴延兵，2012a）。混合所有制改革鼓励非国有资本进入国有企业，参与国有企业经营决策，是一种渐进的私有化过程。混合所有制改革对国有企业技术相对价格扭曲的纠正作用主要体现在以下两个方面：

一方面，混合所有制改革有利于企业纯化经营目标、加强企业的自主决策能力和主导性（陈林、唐杨柳，2014）。经历混合所有制改革后，企业经理人自身利益与公司利润联系更加紧密。为了谋求自身利益最大化，经理人行为向“长期化”转变，其价值目标与公司利益趋于一致，企业创新动力得到提升，从而有助于改善国有企业人力资本的技术相对价格扭曲程度。

另一方面，国有企业经理人的雇员聘用权具有典型的剩余索取权特征

（马草原、马文涛、李成，2017）。国有企业人员聘用虽然具有明显的“高学历”追逐特征，但在薪酬激励下，符合聘用条件的求职者仍远大于国有企业岗位的有效需求。由于人力资本的不可测性，人员聘用的“潜规则”为国企经理人寻租提供了空间。同样拥有较高薪酬的部分私营企业之所以不存在大量寻租行为，是由于人员聘用需经过层层考核和选拔，得到进入许可的一般是人力资本最高的求职者，这体现了经理人与公司目标的一致性。然而对于国有企业来说，由于“所有权缺位”和“内部人控制”等缺陷存在，经理人主要关注的往往是最符合个人利益偏好的特征，例如政治背景（Walder and Hu，2009；卢盛峰、陈思霞、张东杰，2015；韩雷、陈华帅、刘长庚，2016）。这导致国有企业人力资本可能没有足够的能力胜任创新工作，进而提高技术相对价格扭曲程度。混合所有制改革使得非国有股东在参股国有企业后产生更多加强监督国企高管行为、完善国企高管的激励机制（Megginson and Netter，2001；Gupta，2005），从而降低寻租行为。大量研究表明，非国有企业控股股东委派高管参与经营决策能够有效制衡国有企业高管权力，约束其寻租行为（刘运国、郑巧、蔡贵龙，2016）。因而，混合所有制改革有利于完善国有企业人员聘用的市场化机制，提高国有企业员工的人力资本水平，提高其创新能力，进而改善国有企业人力资本的技术相对价格扭曲程度。

综上所述，本章提出以下研究假说：

假说1a：混合所有制改革缓解了国有企业人力资本技术相对价格扭曲。

9.3.2 混合所有制改革与人力资本规模相对价格扭曲

国有企业人力资本规模相对价格扭曲主要源于国有企业人力资本的规模超出了企业本身的需求能力。基于中国20世纪50年代开始推行的重工业优先发展战略，大量国有企业处于不具有经济比较优势的产业内。重工业企业所需要的生产要素和技术都是与当时中国经济的要素禀赋（比较优势）相违背的，这类企业在市场竞争环境下缺乏自生能力，只能通过人为地压低利率和原材料价格等以降低企业生产成本维持其生存（Lin，2002）。随着中国市场化改革的不断深化，重工业企业在市场中无法盈利的问题由隐性转为显性，构成“战略性负担”（林毅夫、李志赟，2004）。政府为补偿战略性负担所造成的损失给予这类国有企业多种形式的隐性保护和补贴，但由于信息不对称问题的存在，企业实际所得的超额利润与承担的战略性负担无法匹配。此外，“所有者缺位”等缺陷导致企业内部具有进行“租金分享”的动力（叶林祥、李实、罗楚亮，2011），大量人力资本在薪酬激励下进入国有企业，形成了规模相对价格扭曲。混合所有制使得企业产权成分更加多元化，有助于改善国有企业在“所有者缺位”条件下的利润分配机制缺陷，激励企业根据利润最大化的经营目标以及长期发展战略等来确定工资水平和人力资本规模。因此，本章提出以下研究假说：

假说1b：混合所有制改革缓解了国有企业人力资本规模相对价格扭曲。

9.3.3 混合所有制改革与国有垄断企业人力资本相对价格扭曲

与发达国家垄断企业通过制定高价谋求高额利润不同，中国的国有垄断企业与政府行为相结合，表现出强烈的行政垄断特征（张伟、于良春，2011；褚敏、靳涛，2013）。在政治庇护下，国有垄断企业“内部人控制”程度更为严重，表现为国有垄断企业高管拥有一些超越正常经济权利的其他权利（李建标等，2016）。因而，能否切实保障非国有资本利益和平衡股东权利（尤其是董事选举权），在很大程度上决定了行政垄断行业内推进混合所有制改革的成效（黄速建，2014）。然而在实际操作中，仍存在着诸多障碍。混合所有制改革对国有垄断企业人力资本相对价格扭曲的影响主要表现在以下两个方面：

（1）国有垄断企业的混合所有制改革仍然是在行政垄断框架下进行的改革，在制度惯性（Acemoglu and Robinson，2006；黄少安、刘兰勇，2014）的影响下，国有企业便可以在混合所有制改革的利益分配中获得更大的策略空间，能够向上延缓或规避改革要求（朱红军、陈继云、喻立勇，2006），进一步在与非国有资本谈判中占据优势，获取更多的改革收益。只要这种制度惯性和谈判优势存在，企业获取的超额利润便无法得到有效控制，人力资本成本仍然会得到“补贴”，导致规模相对价格扭曲程度无法得到有效缓解。因此，本章提出以下研究假说：

假说2a：相对于非行政垄断行业，行政垄断行业内混合所有制改革对国有企业人力资本规模相对价格扭曲的缓解作用较弱。

假说2b：相对于非行政垄断行业，行政垄断行业内混合所有制改革对国有企业人力资本技术相对价格扭曲的缓解作用较弱。

（2）非国有资本进入国有垄断企业存在着意识形态的障碍（陈仕华、卢昌崇，2017），源于20世纪90年代以来的国有资产流失问题，国有企业高管在处理国有资产和非国有资产关系的时候较为谨慎。尤其在部分行政垄断行业中，虽然政策允许非国有资本进入，但政府放权意愿较低，使得非国有企业委派董事、监事和高管的比例也相对较低（蔡贵龙、柳建华、马新啸，2018）。此外，受制于国有企业高管所掌握的政治权力，非国有资本在混合所有制改革企业中难以取得实际的控制权，也难以对国有企业高管形成有效的监督和约束。复兴集团董事长郭长昌、万达集团董事长王健林等多位民营企业家都曾在公开场合表达了对非国有股东在混合所有制企业中缺少话语权、难以动摇国有管理体制的担忧。非国有股东不具有实际的控制权将导致，一方面，企业创新活力的释放受到阻碍，曾诗韵等（2017）的研究表明仅当非国有股东拥有董事席位时，混合所有制改革才能有效完善国有企业的治理机制，提高国有企业运营效率；另一方面，国有垄断企业高管仍具有空间和动力利用雇员聘用权进行寻租，企业内人力资本与人力资本规模不匹配问题无法得到根治。

因此，本章提出以下研究假说：

假说3：行政垄断行业内，混合所有制改革未能对国有企业高管的行政权力形成有效约束。

9.4 研究设计

9.4.1 所有制间人力资本错配测算的参数设置

（1）人力资本相对价格扭曲程度。由前文分析可知，相对价格扭曲所引发的 TFP 损失受到 $\frac{\partial H_{si}}{\partial \tau_{si}}$ 和 $\frac{\partial TFP(H_{sn})_{sn}}{\partial H_{sn}}$ 两部分的影响，分别为规模相对价格扭曲和技术相对价格扭曲。对于规模相对价格扭曲，其主要表达了在企业 TFP 外生条件下，人力资本的过度配置引发边际产出下降，进而导致行业整体 TFP 损失。在企业 TFP 外生和同一行业内生产函数相同的假定下，企业人力资本的边际产出与其规模完全负相关，因而可采用行业整体与企业的平均人力资本的比值衡量规模相对价格扭曲水平（*dis_sca*）。对于技术相对价格扭曲，其主要表达了在企业 TFP 内生下，人力资本规模与企业 TFP 无法匹配，因此，可利用人力资本规模对 TFP 的单位贡献衡量技术相对价格扭曲（*dis_tec*）。

（2）人力资本规模。2004 年中国工业企业数据库完整地提供了有关企业劳动力教育水平的信息。本章在 Mabee（1997）对人力资本测算方法的基础上进行改进，以推算其他年份工业企业的人力资本规模，具体测算方法同第 3 章。

（3）基于 H－K 要素错配框架，参照 Brandt 等（2013）的做法，本章将企业分类为国有企业和非国有企业以测算所有制间的人力资本错配。各部门和各行业的生产函数均符合 CES 生产函数形式，产品替代弹性分别为 1/3 和 2/3。以工业增加值作为产出变量，以劳动力数量和人力资本规模作为自由变量，以固定资产年平均余额作为资本变量，以中间品投入作为代理变量，利用 LP 法估算各行业生产弹性 α_s、β_s 和 γ_s 以及企业 TFP。

9.4.2 混合所有制改革影响人力资本错配的准自然实验设计

（1）模型建立

为了估计混合所有制改革对人力资本错配的影响，最直观的方法是比较各行业企业在混合所有制改革发生前后的人力资本错配差异，但这一差异除可能受到行业企业是否进行混合所有制改革影响外，还可能受到同一时间发生的其他政策或环境的影响，如 1998 年金融危机、2005 年汇率改革以及为刺激出口采取相应的国有企业补救措施等。为了剔除其他共时性因素的干扰，实证分析中通常采用双重差分的方法。该方法的基本逻辑是，找到同时期未参与改革的行业，其人力资本错配变化反映了除混合所有制改革以外的其他共时性因素的影响。从行业企业进行混合所有制改革前后的人力资本错配差异中减去没有进行混合所有制改革的行业的人力资本错配变化，便可以剔除其他共时性因素影响之后的净效果。

借鉴陈林（2018）的研究方法，本章利用上市公司最终控制界定民营企业的办法界定经历混合所有制改革的企业。根据控股情况和登记注册类型来确定企业产权性质，例如，当国有控股大于50%且登记注册类型为国有企业或国有绝对控股企业时，该企业为国有企业。当国有资本控股的企业增加了非国有资本并实现非国有资本控股，则定义该样本为实施了混合所有制改革的企业。最终界定了6620家国有企业经历了混合所有制改革，约占国有企业样本的11.89%。

双重差分模型如下：

$$dis_{it} = \alpha_0 + \alpha_1 \cdot DID_{it} + \gamma \cdot X_{it} + \mu_i + \nu_t + \varepsilon_{it} \qquad (9-7)$$

其中，i 表示两位数行业，t 表示时间。dis_{it} 为人力资本相对价格扭曲程度，包括规模相对价格扭曲（dis_sca_{it}）和技术相对价格扭曲（dis_tec_{it}）。若企业 i 在第 t_0 年经历了混合所有制改革，则当 $t \geqslant t_0$ 时，$DID_{it} = 1$，否则 $DID_{it} = 0$。X_{it} 表示控制变量，μ_i 和 ν_t 分别为行业（个体）固定效应和时间固定效应，α_1 即为混合所有制改革对人力资本错配的影响效果，是本部分所关心的核心参数。

为了估计混合所有制改革对人力资本错配的影响在行政垄断行业中的效果，本章采用三重差分法进行检验，回归方程如下：

$$dis_{it} = \alpha_0 + \alpha_1 \cdot DDD_{it} + \alpha_2 \cdot DID_{it} + \alpha_3 \cdot mon_i + \gamma \cdot X_{it} + \mu_i + \nu_t + \varepsilon_{it} \qquad (9-8)$$

其中，$DDD_{it} = DID_{it} \times mon_i$，为三重差分项。$mon_i$ 表示第 i 个行业是否是行政垄断行业。$\alpha_1 + \alpha_2$ 即为混合所有制改革对人力资本错配的影响在行政垄断行业中的效果。

（2）变量选取

1）行政权力（ade）。行政权力往往表现在政府给予企业的隐性保护和补贴。以往大量文献讨论了企业管理费用与行政权力的紧密联系。宋小保（2013）认为官商结合的利益集团化行为提高了国有企业的管理成本。张庆霖和苏启林（2009）认为垄断资源政治化和寻租行为同样迫使国有企业支付高额的管理费用。杨继生和阳建辉（2015）针对行政垄断和“权力寻租”的研究中也得出了类似的观点。陈林等（2016）利用行业平均管理费用作为检验行政垄断影响要素错配的工具变量，并得到有益结果。上述研究证实了管理费用作为衡量国有垄断企业高管“行政权力”“权利寻租”的有效性。因此，用企业人均管理费衡量国有垄断企业高管的“行政权力”。

2）行政垄断（*mon*）。在中国政企同盟的经营机制下，国有控股企业在行业中的支配地位决定了其垄断形式主要为行政垄断（张伟、于良春，2011）。参照岳希明和蔡萌（2015）、聂海峰和岳希明（2016）、陈林等（2016）对行政垄断的量化方法，本章在行政垄断企业主要分布于控制国有经济命脉行业的基本前提下，将行政垄断视为一个只具有“是”和“否”两个状态的取值空间。聂海峰和岳希明（2016）认为行政垄断行业普遍具有国有成分高以及企业数量少的特点。陈林和朱卫平（2012）则利用行业内国有企业增加值占比衡量国有企业成分，利用销售收入计算赫芬达尔指数衡量行业竞争程度，利用平均管理费用衡量市场势力，基于主成分分析法进行降维，最后确认了 7 个两位数行政垄断行业，包括：石油和天然气开采业（06），烟草制品业（16），石油加工、炼焦及核燃料加工业（25），交通运输设备制造业（37），通信设备、计算机及其他电子设备制造业（40），电力、热力的生产和供应业（44），燃气生产和供应业（45）。

3）其他超额利润来源。我们还控制了一些可以直接从会计核算信息中观察到的超额利润来源。具体来看，超额利润来源体现在以下三个方面：一是行业壁垒。地方政府出于就业、税收和非经济因素等方面的考虑，近乎本能地采用行政命令方式限制其他企业进入特定的行业或领域，通过地方保护和市场分割维持部分国有企业的垄断地位，并间接维持其超额利润（靳来群、林金忠、丁诗诗，2015）。二是信贷竞争优势。中国当前是以银行业为主导的金融体系，金融市场尚不发达，加上银行业同样是以国有企业为主的国有垄断行业，导致政府、国有银行和国有企业三者共同垄断了信贷资源、支配着信贷资源的流向。在这种情况下，即使国有企业的效率很低，其仍然可以获得低于市场价格的廉价信贷资源，而非国有企业则普遍面临着“融资难、融资贵”问题。三是政府补贴。在政绩考核压力以及政府领导人自身职业发展的影响下，地方政府官员通过竞争经济增长排名以实现个人效用最大化。相较于研发补贴这种总量小、时效性差的补贴方式，地方政府更偏好于向大型国有企业提供税收和出口补贴（罗宏、温晓、刘宝华，2016）。利用产品销售收入占比（*sale*）衡量国有企业通过行业壁垒获取的超额利润，利用人均负债额（*debt*）衡量国有企业通过信贷资源垄断获取的超额利润，利用人均政府补贴（*sub*）衡量国有企业通过政府补贴获取的超额利润。

4）其他控制变量。包括行业资产收益率（行业利润除以行业资产规模，*roa*）、行业规模（行业总资产规模的对数，*scale*）和行业企业平均年龄（行业内企业的平均年龄，*age*），上述指标均通过中国工业企业数据库测得。

（3）数据来源与处理

本章使用的是1998—2013年中国工业企业数据库①。从中提取了本章测算用到的指标：工业总产值、全部从业人员年平均人数、固定资产净值年平均余额、流动资产净值年平均余额、全年营业收入、产品销售收入、资产总计、补贴收入、负债额等。参照第3章的数据处理方法对数据进行整理。此外，为排除经历了混合所有制改革的集体企业对回归结果的影响，笔者剔除了此类样本。最终保留137.7919万个样本，涉及38个两位数行业，48.5984万家企业，5.2291万家国有企业。

表9－1为各变量的描述性统计。

① 2004年数据不包含“工业总产值”，因而在后文测算中剔除了该年度数据。

表9-1 变量描述性统计

变量	符号	样本量（万）	均值	方差	最大值	最小值
人力资本规模	h_{ij}	137.7919	1.2774	0.8319	6.9415	0.1036
行政权力	*ade*	137.7919	13.2218	601.9414	8080.0000	0.0000
行政垄断	*mon*	137.7919	0.1075	0.0959	1.0000	0.0000
产品销售收入占比	*sale*	137.7919	1.3688	5.9117	1005.7030	0.0000
人均负债额	*debt*	137.7919	70.8830	93892.6000	130212.9000	0.0000
人均政府补贴	*sub*	137.7919	0.7359	731.5439	29854.8400	0.0000
资产收益率	*roa*	137.7919	0.0806	0.0490	10.8432	-23.4114
企业规模	*scale*	137.7919	8.9344	1.9661	17.9806	-0.0025
企业年龄	*age*	137.7919	9.9603	137.4020	407.0000	0.0000

9.5 回归结果分析

9.5.1 所有制间人力资本错配程度测算结果

在测算所有制间的人力资本错配时，由于混合所有制改革引发的企业所有制身份变化会对测算结果产生严重影响，笔者将各企业初始年份时的所有制身份设置为固定不变，换言之，即便国有企业进行了混合所有制改革，笔者依然将其归类为国有企业，以此观察混合所有制改革对所有制间人力资本错配的影响作用。

表9-2和表9-3分别报告了基于技术和规模相对价格扭曲的所有制间人力资本错配测算结果。从表9-2来看，在国有企业和非国有企业间，由技术相对价格扭曲引发的错配程度自1998年以来不断减小，至2012年减少了0.0982，至2013年减少了0.1033，成为肯定这一阶段国有企业改革成效的有力证据。在剔除经历了混合所有制改革的国有企业样本后，各年份错配程度都明显增大，且改善趋势有所放缓，相比于1998年，2012年仅下降了0.0941，2013年下降了0.1045，这表明了国有企业混合所有制改革在缓解技术价格扭曲引发的所有制间人力资本错配中的重要作用。行政垄断行业中的错配更为严重，正如上文所述，国有垄断企业的创新能

力和创新动力均较差，使得国有垄断企业具有更低的技术相对价格，表9－2的技术相对价格扭曲部分证实了这一结论。在剔除行政垄断行业中经历了混合所有制改革的国有企业后，错配水平几乎没有变化，表明混合所有制改革在行政垄断行业对人力资本错配的改善作用较小。

从表9－3来看，规模相对价格扭曲引发的错配约为技术相对价格扭曲引发的50%，表明技术相对价格扭曲是形成所有制间人力资本错配更为重要的原因。对于总样本的测算结果，2013年相比1998年增大了0.0218，在剔除经历了混合所有制改革的国有企业后，规模相对价格扭曲引发的错配程度加大，恶化程度加剧，2013年相比1998年增大了0.0538。这证实了混合所有制改革对于缓解规模相对价格扭曲引发的错配具有重要作用。行政垄断行业的这一错配结果较小，行政垄断行业内国有企业与非国有企业的规模相对价格扭曲程度的差距也较小。这可能是由于，国有垄断企业承担了大量解决就业问题的社会性负担，这对国有垄断企业人力资本比例产生了一定的抑制作用。另外，从行政垄断行业中剔除改革企业后的回归结果可以看出，混合所有制改革仍然未对行政垄断行业内规模相对价格扭曲引发的错配产生有效影响。上述研究结论初步验证了研究假说1a、假说1b、假说2a和假说2b。

表9－2　技术相对价格扭曲引发的所有制间人力资本错配测算结果（行业均值）

年份	技术相对价格扭曲引发的行业TFP损失				技术相对价格扭曲			
	非行政垄断行业		行政垄断行业		非行政垄断行业		行政垄断行业	
	总样本	剔除改革企业	总样本	剔除改革企业	国有企业	非国有企业	国有企业	非国有企业
1998	0.2655	0.2773	0.2855	0.2890	0.5609	0.8939	0.6042	0.7364
1999	0.2572	0.2772	0.2560	0.2628	0.5673	0.8713	0.5809	0.6956
2000	0.2582	0.2842	0.2647	0.2766	0.5686	0.8175	0.5257	0.6441
2001	0.2601	0.2903	0.2833	0.3005	0.5805	0.7895	0.5013	0.6410
2002	0.2566	0.2915	0.2578	0.2696	0.5963	0.7823	0.4497	0.6146
2003	0.2414	0.2787	0.2493	0.2642	0.5656	0.7778	0.4554	0.6355
2005	0.2132	0.2615	0.2249	0.2365	0.5072	0.6153	0.4011	0.4801

续表

年份	技术相对价格扭曲引发的行业 TFP 损失				技术相对价格扭曲			
	非行政垄断行业		行政垄断行业		非行政垄断行业		行政垄断行业	
	总样本	剔除改革企业	总样本	剔除改革企业	国有企业	非国有企业	国有企业	非国有企业
2006	0.2084	0.2510	0.2210	0.2417	0.5003	0.5987	0.3935	0.4574
2007	0.1840	0.2223	0.2192	0.2431	0.5491	0.5998	0.4150	0.4469
2008	0.1721	0.2128	0.2032	0.2339	0.5388	0.5829	0.4023	0.4276
2011	0.1703	0.2038	0.1967	0.2261	0.5019	0.5733	0.3926	0.4168
2012	0.1673	0.1832	0.1762	0.2062	0.4832	0.5632	0.3762	0.4028
2013	0.1622	0.1728	0.1713	0.1933	0.4729	0.5327	0.3662	0.3927

表 9-3　规模相对价格扭曲引发的所有制间人力资本错配测算结果（行业均值）

年份	规模相对价格扭曲引发的行业 TFP 损失				规模相对价格扭曲			
	非行政垄断行业		行政垄断行业		非行政垄断行业		行政垄断行业	
	总样本	剔除改革企业	总样本	剔除改革企业	国有企业	非国有企业	国有企业	非国有企业
1998	0.1053	0.1037	0.1141	0.1146	1.4747	1.5863	1.5507	1.6255
1999	0.1019	0.1009	0.0952	0.0941	1.4924	1.5740	1.5962	1.5906
2000	0.1105	0.1098	0.1071	0.1053	1.4841	1.5778	1.5995	1.6040
2001	0.1178	0.1210	0.0872	0.0894	1.4626	1.5673	1.5677	1.6271
2002	0.1270	0.1346	0.0953	0.0976	1.4331	1.5346	1.5835	1.6159
2003	0.1324	0.1409	0.0971	0.1015	1.3764	1.5106	1.5726	1.5989
2005	0.1306	0.1563	0.0987	0.1087	1.1637	1.3246	1.4322	1.4394
2006	0.1268	0.1529	0.0923	0.1051	1.1500	1.3197	1.4078	1.4213
2007	0.1271	0.1575	0.0954	0.1040	1.0304	1.3282	1.2243	1.4247
2008	0.1174	0.1411	0.0911	0.1020	1.0281	1.3088	1.2147	1.3829
2011	0.1062	0.1382	0.0874	0.1009	1.0243	1.2874	1.2031	1.3623
2012	0.1038	0.1357	0.0832	0.0992	1.0231	1.2766	1.1843	1.3411
2013	0.0958	0.1302	0.0758	0.0937	1.0192	1.2623	1.1764	1.3021

9.5.2　混合所有制改革对人力资本错配影响的基准模型检验

鉴于国有企业和非国有企业工资决定机制的差异，本章分别以未进行改革的企业和未进行改革的国有企业为对照组，以经历了混合所有制改革的国有企业为实验组，检验混合所有制改革对所有制间人力资本错配的影响作用。

从表9－4可以看出，双重差分法下模型的回归结果十分稳定，以未进行改革的国有企业为对照组的准自然实验为准，α_1 的回归结果为正，且均在1%的水平上显著。混合所有制改革有效纠正了国有企业的技术和规模相对价格扭曲程度，有利于缓解所有制间的人力资本错配程度，研究假说1a和假说1b得证。

表9－4　双重差分法的基准回归结果

样本	未进行改革的企业为对照组				未进行改革的国有企业为对照组			
被解释变量	*dis_sca*	*dis_sca*	*dis_tec*	*dis_tec*	*dis_sca*	*dis_sca*	*dis_tec*	*dis_tec*
DID	0.3356***	0.3342***	0.3495***	0.3468***	0.3163***	0.3156***	0.3537***	0.3530***
	(42.0340)	(41.8190)	(30.9525)	(30.6762)	(31.2065)	(31.1270)	(25.2525)	(25.2009)
观测值	1378406	1378406	1378406	1378406	184767	184767	184767	184767
控制变量	控制	控制	控制	控制	控制	控制	控制	控制
行业效应	控制	—	控制	—	控制	—	控制	—

注：①括号内为 *t* 值；②＊＊＊表示在1%的水平上显著；③*dis_tec* 的回归系数的单位为E＋03。

如表9－5所示，在区分行政垄断和非行政垄断行业后，模型的回归结果依然稳定，混合所有制改革对非行政垄断行业内国有企业相对价格扭曲的政策效应为 α_2，对行政垄断行业内国有企业相对价格扭曲的政策效应为 $\alpha_1+\alpha_2$，α_1 的回归结果显著为负，表明混合所有制改革对于行政垄断行业内所有制间人力资本错配的改善效应要小于非行政垄断行业。混合所有制改革分别提升了非行政垄断行业内国有企业规模和技术相对价格的约0.33个和0.41个单位，提升了行政垄断行业内国有企业规模和技术相对价格的约0.21个和0.06个单位，改革对行政垄断行业内国有企业技术相对价格扭曲的缓解作用极小，研究假说2a和假说2b得证。

表 9－5 三重差分法的基准回归结果

样本	未进行改革的企业为对照组				未进行改革的国有企业为对照组			
被解释变量	*dis_sca*	*dis_sca*	*dis_tec*	*dis_tec*	*dis_sca*	*dis_sca*	*dis_tec*	*dis_tec*
DDD	-0.1218***	-0.1221***	-0.3463***	-0.3517***	-0.1213***	-0.1224***	-0.3511***	-0.3519***
	(-5.8863)	(-5.9015)	(-11.8336)	(-12.0112)	(-4.9619)	(-5.0089)	(-10.3947)	(-10.4281)
DID	0.3545***	0.3530***	0.4033***	0.4016***	0.3351***	0.3342***	0.4082***	0.4079***
	(41.1954)	(40.9962)	(33.1348)	(32.9680)	(30.9675)	(30.8862)	(27.3036)	(27.2960)
mon	0.6698***	0.2344***	-0.7000***	-0.2399***	1.3674***	0.2607***	-0.0597	-0.1672***
	(4.1545)	(26.9003)	(-3.0693)	(-19.4608)	(5.4623)	(8.6968)	(-0.1727)	(-4.0380)
观测值	1378406	1378406	1378406	1378406	184767	184767	184767	184767
个体/时间/控制变量	控制	控制	控制	控制	控制	控制	控制	控制
行业效应	控制	—	控制	—	控制	—	控制	—

注：①括号内为 t 值；②＊＊＊表示在 1% 的水平上显著。③*dis_tec* 的回归系数的单位为 E＋03。

9.5.3 混合所有制改革对人力资本错配影响机制的检验

分别以未进行改革的企业和未进行改革的国有企业为对照组的准自然实验的回归结果差异较大。这主要是由于，双重差分法和三重差分法的使用都要求实验组与对照组具有相同的长期趋势，即在没有受到政策干预的影响下，两组企业应朝着同一方向发展。然而大多数情况下，政府保护、隐性补贴、权力寻租等仅存在于国有企业中，这使得国有企业和非国有企业存在着严重的长期趋势差异，因而在本部分的回归结果中，以未进行改革的国有企业为对照组的准自然实验的回归结果更为准确。

从表 9－6 即以未进行改革的企业为对照组的准自然实验的回归结果可以看出，改革对于国有企业人均超额利润水平的政策效应为正，这主要源于通货膨胀、企业规模扩大等长期趋势。而在以未进行改革的国有企业为对照组的回归结果中，混合所有制改革显著降低了国有企业人均负债水平和销售份额占比，对人均补贴具有显著的促进作用。综上所述，混合所有制改革有利于从信贷市场垄断、行业壁垒等维度对国有企业的超额利润水平进行控制。对人均管理费用的影响为负但未达到统计意义上显著，笔者认为这是由于未对行政垄断行业和非行政垄断行业进行区分，使得混合所有制改革对国企高管“权利寻租”的约束产生不确定性。

表 9－6　基于双重差分法的改革对国有企业超额利润水平影响的回归结果

样本	未进行改革的企业为对照组				未进行改革的国有企业为对照组			
被解释变量	*sub*	*debt*	*sale*	*ade*	*sub*	*debt*	*sale*	*ade*
DID	0.2394	12.4952***	2.5500***	0.2727***	0.1913***	－4.7810**	－0.0501***	－0.0989
	(0.7775)	(5.5939)	(13.6741)	(17.9744)	(3.2051)	(－2.2068)	(－8.7272)	(－0.6722)
观测值	1378406	1378406	1378406	1378406	184767	184767	184767	184767
个体/时间/行业/控制变量	控制	控制	控制	控制	控制	控制	控制	控制

注：①括号内为 t 值；②＊＊＊表示在 1% 的水平上显著。

根据表 9－7 的回归结果，混合所有制改革对于国有垄断企业的人均负债水平和销售份额具有更为有效的抑制作用。在区分行政垄断行业和非行政垄断行业后，混合所有制改革对于人均管理费用的政策效应达到统计意义上显著，对于非行政垄断行业内国有企业的政策效应约为－0.37，而对于国有垄断企业的政策效应约为 1.27。这表明在非行政垄断行业中，非国有控股股东对国有企业高管行为具有更为有效的约束和监督作用，而在行政垄断行业中其仍然缺少话语权，研究假说 3 得证。

另外，混合所有制改革对国有垄断企业人均补贴的政策效应也更强，约为 0.65。说明混合所有制改革无法使国有垄断企业短期内失去垄断优势，国有垄断企业依然有能力寻求新的超额利润来源。

表 9－7　基于三重差分法的改革对国有企业超额利润水平影响的回归结果

样本	未进行改革的企业为对照组				未进行改革的国有企业为对照组			
被解释变量	*sub*	*debt*	*sale*	*ade*	*sub*	*debt*	*sale*	*ade*
DDD	0.5303	－16.7591***	－0.0976**	1.7516***	0.5462***	－18.2532***	－0.0990***	1.6390***
	(0.6649)	(－2.8964)	(－2.4751)	(3.6259)	(3.7984)	(－3.4976)	(－3.8988)	(4.6206)
DID	0.1610	15.1591***	0.2881***	2.2816***	0.1067*	－1.9659	0.0314***	－0.3664**
	(0.4852)	(6.2975)	(17.5588)	(11.3525)	(1.6759)	(－0.8506)	(2.7953)	(－2.3328)

续表

样本	未进行改革的企业为对照组				未进行改革的国有企业为对照组			
被解释变量	*sub*	*debt*	*sale*	*ade*	*sub*	*debt*	*sale*	*ade*
mon	0.0180 (0.0536)	-0.9728 (-0.3994)	-0.4603*** (-27.7294)	0.0454 (0.2234)	-0.1304 (-0.7392)	0.5609 (0.0876)	-0.2967*** (-9.5221)	-0.7282* (-1.6732)
观测值	1378406	1378406	1378406	1378406	184767	184767	184767	184767
个体/时间/控制变量	控制	控制	控制	控制	控制	控制	控制	控制

表9-6和表9-7探讨了混合所有制改革对国有企业超额利润来源的影响作用，接下来笔者将通过在准自然实验中控制超额利润来源，尝试探讨混合所有制改革对国有企业利润分配的影响作用。在表9-8中比较两类对照组的回归结果可以看出，超额利润来源对相对价格扭曲水平的影响也不尽相同，这主要是由于国有企业和非国有企业在利润分配机制上有所区别。在以未进行改革的企业为对照组的回归结果中，人均补贴和销售份额都有利于提升技术相对价格，表明非国有企业的利润分配机制更注重于企业创新的长期发展，企业创新能力和创新动力较强。在以未进行改革的国有企业为对照组的回归结果中，超额利润来源几乎抑制了规模和技术相对价格水平，提升了相对价格扭曲程度。尤其是人均负债和人均管理费用的显著性较高，这证实了国有企业在“所有者缺位”的条件下具有进行“租金分享”和“权利寻租”的动力和空间，也进一步表明以未进行改革的国有企业为对照组的准自然实验受到长期趋势的影响更小，结果更为可靠。

在控制了国有企业超额利润来源后，混合所有制改革在非行政垄断行业中对规模和技术相对价格的提升效应分别约为0.33和0.41，而在行政垄断行业中，混合所有制改革对规模和技术相对价格的提升效应分别约为0.21和0.06，与未控制超额利润来源时的政策效应几乎一致。这表明混合所有制改革主要通过改善国有企业内部的利润分配机制，提升人力资本定价的市场化程度，从而降低了所有制间人力资本的错配程度。

表 9-8　改革影响所有制间人力资本错配的机制探讨

样本	未进行改革的企业为对照组				未进行改革的国有企业为对照组			
被解释变量	*dis_sca*	*dis_sca*	*dis_tec*	*dis_tec*	*dis_sca*	*dis_sca*	*dis_tec*	*dis_tec*
DDD		-0.1210*** (-5.8792)		-0.3472*** (-11.8882)		-0.1196*** (-4.9223)		-0.3461*** (-10.2646)
DID	0.3519*** (44.3026)	0.3693*** (43.1021)	0.3399*** (30.1593)	0.3909*** (32.1680)	0.3166*** (31.4090)	0.3339*** (31.0296)	0.3519*** (25.1492)	0.4053*** (27.1443)
mon		0.2151*** (24.8012)		-0.2153*** (-17.5021)		0.2416*** (8.1026)		-0.1563*** (-3.7784)
sub	-0.0000 (-0.8131)	-0.0000 (-0.8095)	0.0000 (0.6787)	0.0000 (0.6349)	-0.0003 (-0.7323)	-0.0003 (-0.7149)	-0.0008 (-1.2383)	-0.0008 (-1.1685)
debt	0.0001*** (18.2552)	0.0001*** (18.3645)	-0.0002*** (-26.7170)	-0.0002*** (-27.0246)	-0.0000*** (-3.6640)	-0.0000*** (-3.6508)	-0.0002*** (-10.1996)	-0.0002*** (-10.3538)
sale	-0.0421*** (-71.5790)	-0.0424*** (-72.2709)	0.0524*** (62.7867)	0.0536*** (64.4585)	-0.0509*** (-18.3118)	-0.0516*** (-18.6127)	0.0423*** (10.9751)	0.0434*** (11.2856)
ade	-0.0023*** (-46.0182)	-0.0023*** (-45.9201)	-0.0010*** (-14.9600)	-0.0011*** (-15.2199)	-0.0053*** (-26.6166)	-0.0052*** (-26.4523)	-0.0028*** (-10.1161)	-0.0028*** (-10.0847)
观测值	1378406	1378406	1378406	1378406	184767	184767	184767	184767
个体/时间/控制变量	控制	控制	控制	控制	控制	控制	控制	控制
行业效应	控制	—	控制	—	控制	—	控制	—

注：①括号内为 t 值；②＊＊＊表示在1%的水平上显著；③*dis_tec* 的回归系数的单位为 E+03。

9.5.4　稳健性检验

（1）基于倾向得分匹配法（PSM）的进一步检验

上述研究中即便区分了不同的对照组，长期趋势仍可能存在差异，这会使得模型产生内生性问题。对此，理想的解决方法是进行随机试验。笔者基于得分倾向匹配法，选取资产收益率、企业规模、企业年龄、工业增加值、当年折旧、东部地区和西部地区 7 个指标匹配对照组样本，尽可能保证实验组和对照组具有同质性和一致的长期趋势。鉴于匹配半径值与样本间的同质性成正比，与样本充足性成反比，在此将匹配半径控制在

0.00001，匹配后样本为62631个，是原国有企业样本的约33.90%。

表9-9报告了相关的回归结果，与前文的结论几乎一致。从表9-9中可以更清晰地观察到混合所有制改革对相对价格扭曲的影响路径。在控制了超额利润水平后，混合所有制改革对规模相对价格的政策效应由0.3488下降至0.3432，对技术相对价格的政策效应由0.3062下降至0.2984，则混合所有制改革通过约束国有企业超额利润来源对规模相对价格扭曲的提升作用仅有0.0056，对技术相对价格的提升作用仅有0.0078。同理，在行政垄断行业内，混合所有制改革通过约束国有企业超额利润来源对规模相对价格扭曲的提升作用为-0.0035，对技术相对价格的提升作用为0.0089。综上所述，混合所有制改革主要通过完善国有企业利润分配机制缓解所有制间人力资本错配程度，而对行政垄断行业内国有企业高管的行政权力未能形成有效约束。

表9-9 PSM-DID和PSM-DDD的回归结果

模型	PSM-DID				PSM-DDD			
被解释变量	*dis_sca*	*dis_sca*	*dis_tec*	*dis_tec*	*dis_sca*	*dis_sca*	*dis_tec*	*dis_tec*
DID					-0.0980***	-0.0825**	-0.1941***	-0.1862***
					(-2.7041)	(-2.2984)	(-4.0132)	(-3.8553)
reform	0.3488***	0.3432***	0.3062***	0.2984***	0.3552***	0.3587***	0.3306***	0.3217***
	(22.5185)	(23.1108)	(15.0468)	(14.6737)	(22.3261)	(22.7653)	(15.5770)	(15.1661)
mon					0.2023***	0.1486***	-0.1871**	-0.1601**
					(3.5478)	(2.6311)	(-2.4594)	(-2.1050)
观测值	62631	62631	62631	62631	62631	62631	62631	62631
个体/时间/效应	控制	控制	控制	控制	控制	控制	控制	控制
行业效应	控制	控制	控制	控制	—	—	—	—
超额利润	—	控制	—	控制	—	控制	—	控制

注：①括号内为*t*值；②***、**分别表示在1%、5%的水平上显著；③*dis_tec*的回归系数的单位为E+03。

（2）基于观测期法的进一步检验

以往研究大多将双重/三重差分法应用于实验唯一的自然实验中，但对于本章而言，国有企业进行混合所有制改革的时间点并非一致。鉴于此，参照余明桂等（2013）、陈林（2018）的“观测期”法，将指定时间段内进行改革的国有企业作为实验组，从而构建实验时间一致的自然实验。考虑到实验时间前后样本的充足性，将实验时间观测期设置为2000—2003年，由此将总样本分为三个时间段，1998—1999年为混合所有制改革前，2005—2006年为混合所有制改革后。另外，仍然以未进行改革的国有企业样本作为对照组，并剔除了在观测期外进行混合所有制改革的样本以排除其对回归结果的干扰。

表9－10报告了相关的回归结果。相对于非行政垄断行业，混合所有制改革在行政垄断行业中，对技术相对价格和规模相对价格扭曲的纠正作用较小（*DDD*<0）。在未控制超额利润之前，非行政垄断行业内混合所有制改革对规模相对价格和技术相对价格的提升作用约为0.61和0.40，控制超额利润之后，这种提升作用变为0.58和0.41；在未控制超额利润之前，行政垄断行业内混合所有制改革对规模相对价格和技术相对价格的提升作用约为0.40和0.15，控制超额利润之后，这种提升作用变为0.34和0.20，进一步支持了前文的研究结论。

表9－10　观测期准自然实验的回归结果

模型	观测期DID				观测期DDD			
被解释变量	*dis_sca*	*dis_sca*	*dis_tec*	*dis_tec*	*dis_sca*	*dis_sca*	*dis_tec*	*dis_tec*
DDD					−0.1997**	−0.2389**	−0.2485**	−0.2104*
					(−2.0771)	(−2.5554)	(−2.0465)	(−1.7447)
DID	0.6051***	0.5588***	0.3113***	0.3261***	0.6086***	0.5770***	0.3970***	0.4103***
	(19.0674)	(18.0975)	(8.1700)	(8.6076)	(17.8524)	(17.4039)	(9.2238)	(9.5985)
reform	−0.4176***	−0.3510***	0.1985***	0.1594***	−0.4348***	−0.3721***	0.2080***	0.1678***
	(−18.1391)	(−15.6564)	(7.1800)	(5.7944)	(−17.6495)	(−15.5215)	(6.6862)	(5.4289)
year	−0.4918***	−0.3419***	−0.0089	−0.0019	−0.4983***	−0.3613***	−0.0141	−0.0205
	(−52.2368)	(−35.5254)	(−0.7837)	(−0.1611)	(−49.1945)	(−35.3962)	(−1.1058)	(−1.5539)
mon					0.1008***	0.1290***	0.1408***	0.1490***
					(7.7571)	(10.1800)	(8.5777)	(9.1179)

续表

模型	观测期 DID				观测期 DDD			
被解释变量	*dis_sca*	*dis_sca*	*dis_tec*	*dis_tec*	*dis_sca*	*dis_sca*	*dis_tec*	*dis_tec*
mon × *year*					0.2128***	0.2323***	-0.2209***	-0.2084***
					(10.5698)	(11.8501)	(-8.6879)	(-8.2438)
mon × *reform*					0.0179	0.0709	-0.1684*	-0.2031**
					(0.2507)	(1.0198)	(-1.8648)	(-2.2652)
观测值	907862	907862	907862	907862	907862	907862	907862	907862
行业控制变量	控制	控制	控制	控制	—	—	—	—
超额利润	—	控制	—	控制	—	控制	—	控制

注：①括号内为 t 值；②＊＊＊、＊＊、＊分别表示在1%、5%和10%的水平上显著；③*dis_tec* 的回归系数的单位为 E+03。

9.6 结论性评述

近年来，中国人力资本的快速积累和扩张与长期处于低水平波动的TFP形成鲜明对比，问题的关键在于社会创新资源与创新动力的错配。如何有效配置人力资本创新资源，在中国经济发展逐步由投资驱动向创新驱动转型的关键期显得尤为重要。以往研究大多利用受教育程度衡量人力资本，并在TFP外生假定下测算了人力资本的错配程度，这一方面忽略了人力资本外溢效应损失对经济总体TFP损失的影响，导致人力资本错配被低估；另一方面，在中国劳动力市场所有制分割下，利用受教育程度衡量人力资本忽略了个体工资水平和人力资本间的错配。鉴于此，本章将内生增长理论引入H-K测算框架，测算了中国所有制间由规模相对价格扭曲和技术相对价格扭曲引发的人力资本错配，并详细讨论了混合所有制改革对人力资本错配的改善效应。研究发现：①与传统要素错配强调要素价格扭曲带来的TFP损失不同，人力资本错配更强调在价格扭曲下，过度配置人力资本的企业是否存在着更高的创新效率，因而人力资本在所有制间的相对价格扭曲存在着规模相对价格扭曲和技术相对价格扭曲两个维度，并且相较于规模相对价格扭曲，技术相对价格扭曲更为严重；②混合所有制改革主要通过加强对国有企业高管行为的监督、约束国有企业高管利用雇员聘用权的“寻租”行为、完善企业利润分配机制，缓解了规模相对价格扭曲和技术相对价格扭曲引发的所有制间的人力资本错配；③相对于非行政垄断行业，在行政垄断行业内，混合所有制改革对人力资本错配，尤其是对技术相对价格扭曲引发的错配的改善效应较小。其主要原因是：在行政垄断环节，非国有企业股东在混合所有制改革企业中缺乏话语权和决策权，无法对国有垄断企业“超级股东”实施有效监督，国有企业高管经营目标多元化、利用雇员聘用权“寻租”的空间和动力依然存在，导致混合所有制改革无法动摇行政垄断行业内国有企业的管理体制。

以上结论说明，推进混合所有制改革的意义在于国有资本和非国有资本的优势互补，对于人力资本来说，国有资本在规模上具备优势，但体制较为僵化，企业创新动力不足，而非国有资本虽然规模较小，但较为灵活，在国有企业中引入非国有资本有助于提升企业创新能力和创新动力，从而搭建人力资本发挥外溢性的渠道，缓解人力资本错配。

10 人力资本错配的治理路径与建议

10.1 深化混合所有制改革，激发国有垄断部门创新活力

产业高质量发展的关键在于实现经济新旧动能转换，而随着我国“人口红利”的逐渐消失和资本回报率的不断下降，依靠增加劳动和资本要素投入来驱动经济高速增长已经难以为继，解决问题的关键在于社会创新资源与创新动力的错配。如何有效配置人力资本创新资源，这一点在中国经济发展逐步由投资驱动向创新驱动转型的关键时期显得尤为重要。在这一背景下，国有企业进行混合所有制改革便成为我国新常态下经济转型的重要突破口，也是保持我国宏观经济社会健康、平稳、快速发展的重要举措。《中华人民共和国国民经济和社会发展第十四个五年规划和2035年远景目标纲要》中特别强调要深化国有企业混合所有制改革，对混合所有制企业探索实行有别于国有独资、全资公司的治理机制和监管制度。混合所有制改革是我国经济体制改革的重要举措，亦是国有企业与国有资本改革的关键抓手，其对发挥国有经济战略支撑作用进而实现国家经济高质量发展具有重要作用，对全面建设社会主义现代化强国亦有不可忽视的战略意义。

混合所有制是指企业投资主体所有权性质的非单一性，即产权结构呈现国有资本、民营资本、外资资本相互交融的态势（何瑛、杨琳，2021）。根据资源依赖理论，多样性的股权结构有利于优化资产结构，合理配置资源，激发国有企业内部创造力，因而是国有企业改革的重要方式之一。国

有企业混合所有制改革的基本目标是解决国有企业效率不高的问题，通过鼓励非国有资本通过参股、控股和并购等方式参与到国有企业的生产决策中，以减少政府对企业的控制，实现产权主体多元化，进而在国有企业中形成一种更具兼容性的所有权运行制度安排。推进混合所有制改革的意义在于实现国有资本和非国有资本的优势互补。对于人力资本来说，国有资本在规模上具备优势，但体制较为僵化，企业创新动力不足，而非国有资本虽然规模较小，但较为灵活，

具体而言，在国有企业中引入非国有资本有助于提升企业创新能力和创新动力，从而搭建人力资本发挥外溢性的渠道，缓解人力资本错配。在国有企业中引入非国有资本，一方面可以借助非公有制的活力促使市场机制在国有企业中发挥积极作用，而非国有资本的市场性以及资本逐利性，有助于形成市场化的公司治理体系，在一定程度上减少政府对国有企业机关化、行政化的管控和日常经营的干预，避免因政治压力而导致国有企业放弃创新性投资项目。此外，政府管控方式从“控制”向“配置”的转变，能够更好地根据企业发展目标提供创新资源支持，解决国有企业创新经费不足的问题，加强市场机制在国有企业中作用的发挥进而促进市场化公司治理机制的形成，最终逐步实现政企分离（韩沚清、许多，2019）。另一方面，在国有企业中引入非国有资本，在打开国有企业改革突破口的同时，也能够推动优化非公有制经济发展环境的增量改革，对于充分发挥多元经济成分比较优势进而合理配置社会资源具有重要意义。非国有股东的加入有助于提升持股主体完善公司治理机制的意愿、增强企业创新意识的原因在于：首先，民营股东和外资股东更重视长期的创新投资项目，对管理层的监督更为严格。严密的监督行为可以有效遏制管理者的机会主义行为，有利于企业形成权责对等、管理高效、运转协调的法人治理结构，为企业营造良好的内部创新环境，进而提升企业创新绩效。其次，从资源依赖的视角来看，非国有股东参股能够为企业发展提供丰富的异质性资源，通过增强企业创新风险承受能力对创新绩效提升带来积极的促进作用（陈林、万攀兵、许莹盈，2019）。同样地，在非国有企业中引入国有资

本，可以实现对国有资本从行政型治理向经济型治理的转型，达成从“管经营”到“管资本”的重大改革，有助于推动实现政企分开（赵璨、宿莉莎、曹伟，2021）。

现有研究认为混合所有制改革主要通过加强对国有企业高管行为的监督、约束国有企业高管利用雇员聘用权的“寻租”行为、完善企业利润分配机制，缓解了规模相对价格扭曲和技术相对价格扭曲引发的所有制间的人力资本错配。一方面通过明晰产权和引入“到位”的所有者，缓解股东与管理层之间的委托－代理问题，另一方面用市场化机制降低国有企业承担的偏离经济利益的社会性职能，以便从“经理人观”与“政治观”出发，通过完善监督激励机制和剥离政策性负担使国有企业成为高效市场主体。具体到微观企业层面，接受过高水平教育或拥有高学历的员工通常具有更高程度的人力资本积累，其作为高层次人才构成企业人力资本结构的重要组成部分，不仅无法以简单的数量关系被普通劳动力所替代，而且劳动生产效率更高、创新能力更强（Schultz，1961），从而对企业的经营业绩、价值创造乃至长期持续发展产生不可或缺的积极作用。事实上，由于我国国有企业存在“所有者缺位”“内部人控制”等严重的代理问题（郑志刚，2020），冗余雇员现象在国有企业中普遍存在（曾庆生、陈信元，2006），并可能对高层次人才产生“挤出效应”，从而降低了国有企业的生产效率和创新水平。而国有资本和非国有资本在话语权和决策权上的均衡关系是能否激发不同产权优势的基础。非国有股东参与国有企业高层治理可以改善员工激励机制和工作氛围，从而对国有企业人力资本结构产生积极的影响。具体表现为冗员水平的降低和高层次人才规模的上升，而单纯的股权制衡则缺乏相应效果，这种治理作用在外部制度环境较差时和地方控制的国有企业中更加明显。国有企业的人力资源管理制度属于其内部经营管理范畴，决策高层和相关监管方难以直接通过外部制度规定和宏观政策要求来改善国有企业的人才管理现状。而企业管理水平的提高以及内部监管和激励等机制的完善，不仅有利于打破企业内部董事会形同虚设和“一把手”独大的局面，实现国有资本和非国有资本的有效制衡，而且企业内部管理层和研发人员在有效的激励和监督机制的作用下也有动力开展创新活动，这有助于完善国有企业的公司治理结构和利润分配机制，进一步缓解人力资本的技术配置扭曲和规模配置扭曲程度。根据上述分析，本书认为通过国有企业混合所有制改革，使体现市场逻辑的非国有股东具有参与国有企业治理的动机和能力，以改善国有企业员工的激励机制和工作氛围，从而发挥降低冗员负担、吸引和挽留高层次人才等改善人力资本结构的积极效果，进而缓解人力资本错配、提升国有企业的创新水平和生产能力，是一个可行的路径。对此，本书提出以下建议：

第一，引入非国有大股东，制衡国有“超级股东”的权力。民营资本在混合所有制企业中缺乏话语权，一个重要的原因是民营股权较为分散，单个股东持股比例较小。中国联通作为近年来混合所有制改革较为成功的案例之一，其在2002年上市后就已经具备了混合所有制企业的身份，但实际上是一股独大和一众散户的股权结构，非国有股东在企业中几乎没有任何话语权干预企业经营决策。在2016年被列为第一批混合所有制改革试点企业后，中国联通股权结构逐步优化，截至2018年9月30日，第二大股东中国人寿的持股比例已经达到10.30%，对中国联通建立市场化管理体制起到了至关重要的作用。

第二，完善治理结构，而非完全“去行政化”。通常认为，国有企业“超级股东”的形成源于官商双重身份，因而“去行政化”成为消除“超级股东”、增加非国有资本话语权的良好选择。但事实上，中国国有垄断企业大部分分布在不具有经济比较优势的产业内，这类企业在市场竞争中往往不具备自生能力，需在政府保护和隐性补贴下维持生存。目前大部分非国有资本之所以有意愿进入行政垄断行业，是看中了短期内可获取的超额利润，若完全取消国有企业高管的行政级别，等于堵住了国企和政府的交流通道，在失去政府庇护后，非国有资本是否还愿意进入行政垄断行业将成为一个巨大的疑问。因而，目前在行政垄断行业内推进混合所有制改革更应注重完善公司治理机制，赋予非国有资本委派代表参与董事会决议的权利，切实保障非国有资本的权益，实现高管人员配置多样化，充分发挥各类股权的治理作用。另一个代表性案例是云南省国有企业混合所有制改革的标杆企业——云南白药。目前，云南白药采用了增资扩股这种混合所有制模式。通过混合所有制改革，白药控股引入了长期战略合作伙伴，建立了更为灵活的机制和更加市场化的治理结构，从而使白药控股更好地适应市场竞争，为长期可持续发展奠定良好的制度基础。同时，白药控股引入了资金实现规模扩张，发展增量业务。整体来看，混合所有制改革有利于白药控股在医药行业转型的窗口期抓住机遇、赢得先机。其在混改的过程中，率先解决了政府、企业和引进的投资人三方利益一致这个核心问题，成为目前国有企业混合所有制改革的重要案例（沈红波、张金清、张广婷，2019）。从混合所有制改革的股权结构来看，云南白药目前形成了云南省国资委（云南省控股集团）参股①、民营企业股权制衡的公司治理模式，其公司的经营效率也显著提高。在投资者回报方面，混合所有制改革提高了股东的短期市场超额收益和现金股利。同时，混合所有制改革成功实施之后，公司的研发效率也得到了明显提高，且建立了市场化薪酬激励制度。云南白药的案例说明，云南省国资委保持大股东地位，从“管人管事管资产”过渡到“管资本”，有利于国资监管部门在充分发挥监管职能的同时，激发战略投资者的积极性和主动性，共谋企业改革发展。国有垄断企业通常规模较大，在政府庇护下“超级股东”享有的行政权力以及国有管理体制难以动摇，因此引入非国有大股东以监督和激励国企高管行为、完善经营机制十分必要。

第三，分类推进混合所有制改革。政府要针对各行业具体情况，对混合所有制改革的方式、进程统筹安排，切忌“混而不改”的现象发生（李小青、贾岩冰、陈阳阳，2020；张伟、于良春，2019）。在实践层面，鼓励重点领域的国有企业充分发挥各类资本优势，按照国家要求积极优化产业布局。同时，政府需完善配套措施，以保证混合所有制改革的质量和效

① 云南省国资委已于2022年1月27日将云南白药股份集团有限公司所持有的100%股权全部划转注入云南省投资控股集团有限公司。

果。推进混合所有制改革，还应始终履行各种所有制企业互惠双赢的原则。在吸收非国有资本进入国有企业的同时，也要鼓励国有资本参股非国有企业，通过国有资本和非国有资本相互融合、共同发展，为增强企业创新能力提供源头活水。

在国有企业混合所有制改革广泛铺开的背景下，更要在以董事会混合为代表的治理模式上进行深层次配套改革，由此真正激活微观市场主体活力，更好地通过市场机制配置高层次人才缓解人力资本错配，最终助力产业高质量发展的实现。这也为当前政府完善资本、劳动力等要素的市场化配置体制机制提供了一定支持。

10.2 破除行业垄断，优化要素资源配置

目前，中国人力资本在数量上已经达到足够规模，质量上也得到很大程度提升，但中国的人力资本在部门间存在严重不匹配，从而带来资源配置低效率的事实已经严重影响了当前“转方式，调结构”战略实施成功的可能性。人力资本错配阻碍了中国经济总产出的提高。在即便提高劳动参与率也无法阻止经济活动总人口下降的背景下，中国人力资本错配无疑是资源的巨大浪费。在中国转型期内，生产要素市场化改革严重滞后，致使生产要素难以完全自由地流动，要素价格还不能完全由市场供求决定，导致中国行业间人力资本处于低效率的配置状态，无法达到人们所向往的“物尽其用”的理想境界。人力资本错配不仅会降低市场配置资源的有效性，而且还会加大下一步推进要素市场化改革的难度，一方面会导致各行业未能达到经济总体最优的产出水平，致使经济总产出蒙受损失，进而抑制经济总产出的增加；另一方面也表明，在中国，通过人力资本优化配置以释放人力资本潜力的空间仍然较大。尽管中国总体人力资本错配程度有所下降，但人力资本错配依然较为严重，这直接导致人力资本配置效率低下，制约着中国经济高质量发展。因此，需要完善人力资本市场，合理配置人力资本。

充分竞争是市场有效配置资源的重要前提。在垄断市场结构中，如果

企业行为不能得到有效约束和监管，市场往往会出现无效率的资源配置结果。当前，在要素配置环节，垄断带来的弊端日益凸显，具体表现为三种形式：一是具有市场支配地位的企业实施垄断行为，包括售出生产要素时采用垄断高价、购进时采用垄断低价，或者通过捆绑销售、拒绝交易、指定交易、歧视性定价、掠夺性定价等方式扰乱要素市场正常秩序。例如，国际上三大铁矿石巨头和四大粮商都曾经或正在利用其垄断地位，使我国企业承担过高的原材料成本。再如，在数字经济时代，信息已成为一种重要的生产要素，但在数字经济领域，互联网巨头对行业的控制力远胜传统行业。电子商务、社交网络等方面的数据被少数巨头把控，处于初创期的企业要想获取数据资源非常困难，甚至不得不向互联网巨头开放本企业的数据接口。二是同一要素市场中具有竞争关系的企业之间达成垄断协议，这些企业通过协议在特定要素市场实施垄断行为，包括控制要素销售价格与数量、划定销售区域等，从而影响要素市场正常运转。如在药品领域，部分企业通过达成垄断协议推高原料药价格。三是一些行业协会及在行业中具有标杆性质的企业实施垄断行为。相关协会或企业利用其行业影响力，通过各种方式影响要素价格。如有的行业协会或企业在编制价格指数过程中人为调整指标，助长价格上涨预期，最终达到推高要素价格的目的（刘志成，2019）。这些垄断行为严重破坏了市场公平，导致生产要素价格偏离正常水平以及部分行业不同生产要素的配置比例出现失衡。行政垄断行业长期享有政府补贴、信贷资源等隐性补贴和保护，却未将这部分“超额利润”转化为创新产出。在“产权模糊”“所有者缺位”的影响下，行政垄断行业内部具有“工资溢价”，从而吸引人力资本进入形成人力资本错配。

在中国部分行业中，人力资本供给不足或供给过剩长期未得到解决，第一产业、第二产业、第三产业存在不同程度的人力资本错配。其中，第一产业和第三产业面临着人力资本供给过剩的错配，第二产业面临着人力资本供给不足的错配。同时，第二产业和第三产业内部也存在着不同程度的错配。具体来说，第二产业内与实体经济密切相关的采矿业和制造业面临着人力资本供给不足的错配，而第三产业内住宿和餐饮业、居民服务修理和其他服务业两个生活性服务业人力资本过剩的错配程度较高，这是因为在人力资本供给不足或过剩的背后有某些结构性因素在起作用。事实上，许多公共服务企业从一开始就是政府管制的结果，是政府实行准入限制的胜利者，这大大提高了社会资源的风险和成本。工业化时期，中国形成的传统赶超模式中的“纵向”干预体制，实现了经济的快速赶超过程，但这一模式也阻碍了“横向”市场竞争和激励机制效应的发挥，专业人力资本由于政策和薪酬导向发生就业偏移，大量拥有科学和工程技术学位的毕业生选择进入高收入的垄断行业，尤其是到以国有企业为主的金融业就业，当缺少更高质量和更多数量的科技人力资本流入时，创新部门创新效率低下，要素报酬下降，从而恶化了高人力资本向创新部门的聚集，这不利于整个社会实现创新和效率提升（李静、楠玉，2019a）。如此一来，随着工业化的大规模发展和政府对垄断部门的扶持，我国逐渐形成了低人力资本向工业化和传统服务业部门集聚，高级人力资本向事业单位和公共服务部门转移的人力资本分割的局面，导致我国创新部门人力资本不足、要素生产效率低下等现象。行业间人力资本错配使得人力资本滞留在边际产品价值低的农、林、牧、渔业以及生活性服务业和公共服务业中，这表明具有创新潜力的科技人才很可能因为薪酬激励而选择到非生产型、非科技创新型的部门就业，致使边际产品价值高的制造业和生产性服务业缺乏人力资本，抑制了制造业和生产性服务业产出的提高。从中国行业间人力资本结构层次来看：我国行业间人力资本错配呈现冗余和匮乏并存的现象（马颖、何清、李静，2018）。低层次人力资本充斥于各行业之间；中等层次人力资本主导增长；高层次人力资本匮乏，难以获得补充。行业间的人力资本错配导致行业实际产出偏离资源最优配置状态下的产出，行业人力资本供给不足的错配越严重，行业产出损失就会越大；行业人力资本供给过多的错配越严重，行业产出过剩便越严重。特别是在规模大的行业中，虽然人力资本供给过剩容易导致产出过剩，但人力资本供给不足将造成更大的产出损失。目前中国的制造业处在发展的关键时期，若能纠正中国行业间人力资本错配，便能为制造业提供足够多的人力资本，从而促进中国从制造业大国向制造业强国转变。综上所述，目前我国行政垄断部门，尤其是事业单位、公共服务部门是导致人力资本错配的主要因素。

基于此，本书提出以下几点建议。

第一，确保存量改革和市场化改革双管齐下，稀释长久以来阻碍行业发展的行政垄断势力，扭转激励机制扭曲，进而缓解人力资本错配。调整产业结构，鼓励发展高技能产业和服务业，使现有高技能人才资本“物尽其用”（李静、楠玉、刘霞辉，2017）。一方面，需要通过加快推进存量调整，推动传统赶超模式中的“纵向”干预体制向“横向”竞争机制转换，引入“科教文卫”等公共服务部门和事业单位的市场化改革，破除垄断行业自身利益壁垒（李静、楠玉，2019a）。同时，大力发展医疗卫生、信息技术、生物技术、教育及研发等高技能产业，尤其是战略性新兴产业，为高技能人才资本发挥其外部性功能制造更多机遇，深入挖掘各行业的增长潜力。另一方面，要素配置市场化的成功实施还取决于行业开放程度，能够开放的行业越多，要素的流动越畅通，信息越完备，要素市场才能越符合完全竞争市场的特点，要素配置市场化才能够高效地进行资源配置。因此，对于能够开放的行业应该从国内和国际两个层次深化开放，要以更加开放的姿态开展国际合作，引导国际要素尤其是科技领域的人才和技术要素的注入。

第二，正确看待人力资本过度沉积于国有垄断和公共服务部门的现象，并通过多种手段提升市场化部门的吸引力。由于人力资本的规避风险意识，以及在社会保障制度不完善的条件下，政府管制公共部门和事业单位的“铁饭碗”对人力资本的吸引力较大。因此，一方面要关注市场化部门在生产力波动中如何流失人力资本，另一方面要进一步通过完善社会保障制度，改变人们对市场化生产性部门的不稳定预期。通过适当的政策，引导人力资本向特定的产业聚集，同时对某些产业需要的人才进行政策激励，矫正因报酬不合理导致的人力资本配置扭曲，打破垄断行业的劳动力进入壁垒，实现行业间劳动力的自由流动（刘长庚、张松彪，2015）。坚决杜绝垄断行业实施各种就业限制及对内外部劳动力市场实行差别、歧视待遇，最大限度地为劳动力的自由流动和合理配置创造良好的环境，同时积极推动垄断行业建立公平合理的用人机制并对其进行监督，杜绝人才选拔过程中的暗箱操作或寻租行为，严格遵循市场机制的导向原则，保证劳动力进入垄断行业的过程与结果是公平、公开、透明的（宁光杰、姜现，2019）。在此基础上，加大对于竞争部门的创新扶持，提供与其创新风险和创新能力相匹配的薪酬激励。国有垄断和公共服务部门固然对于高学历人才而言具有吸引力，但也面临着创新效率较低等缺陷。只要竞争部门能够提供与其创新风险和创新能力相匹配的薪酬激励，人力资本的配置效率同样会得到改善。然而，竞争部门融资约束的存在使其创新活动受到限制，也难以为高学历人才提供薪酬激励。因此，政府需要改善资本市场的融资效率，通过多层次、广覆盖、有差异和分工合理的金融工具为竞争部门的创新活动提供充足的资金，进而实现创新活动与薪酬激励的良性循环。例如，新兴产业或高技能产业，在改善其内外部环境的基础上，通过提高新兴产业或高技能产业的投资回报，建立工资正常增长机制以降低创新风险等途径，使其形成与垄断行业达到平等竞争的格局。

第三，保障要素配置市场化成功实施的首要条件是政府需要时刻保持竞争中性原则，让市场在要素配置中起决定性作用，促进各类资本要素根据收益率在行业间流动。竞争中性原则指的是政府在处理与市场关系的过程中，要尽量突出市场的决定性作用，减少对市场机制的过度干预，使市场主体能够在公平的环境下进行竞争（王曙光、郭凯，2021）。这需要从制度改革入手，规范产权结构，让政府部门从管理者和经营者的双重身份中脱离出来，建立起政府与企业之间合理的利润分配关系，从而剥除垄断的行政色彩。同时要放宽市场准入条件，限制政府对行业的保护，真正将竞争机制引入市场中，推进各种资本与多元主体参与到市场竞争中来（邱兆林，2015；聂海峰、岳希明，2016）。通过深化市场化导向的制度变革引导人力资本进入生产创新部门就业，改变因政策偏向、资源垄断以及要素市场扭曲等导致人力资本错配的机制，实现以人力资本回报率为基础的资源配置模式。保障要素配置市场化成功实施的一个必要条件是存在竞争性交易机制，使得要素在交易过程中形成出清的市场价格。因此，当务之急是要完善要素交易机制，形成跨区域、跨行业的要素市场，为要素提供全国性交易平台，加速要素市场价格机制的形成，保障要素价格传导机制的畅通，保证要素市场的充分竞争，同时要素市场能够如实反映要素的供需关系，消除要素供给上的垄断、价格歧视以及要素流动的隐性成本。

第四，进一步提高国有垄断企业利润上缴比例，并实现这部分利润全民共享。目前，国家已经调高了部分国有垄断企业利润上缴比例，截至2020年最高比例已达到30%。然而，这一比例依然过低，尤其是国有垄断企业获得的高利润并非通过市场竞争获得，因此其上缴的比例应进一步提高，防止其将之转化为企业职工内部收益。另外，国有企业上缴的利润绝大部分应实现全民共享，将上缴的国有资本收益更多地用于保障和改善民生，而不是大部分又返至国有企业。

10.3　提高教育质量，培养高质量人才

当前中国经济正处在从要素投入驱动向创新驱动转换的时期，推动创新驱动和产业结构升级对中国经济稳定增长至关重要，“重物质资本，轻人力资本”的投资模式不利于我国解决“人民日益增长的美好生活需要和不平衡不充分的发展之间的矛盾”，而这一矛盾的解决必须依托高素质人力资本的支撑。面对我国高素质人力资本短缺，同时人力资本投资相对不足、劳动力人口连续下降的严峻局面，优化人力资本结构无疑有助于缓解高素质人力资本瓶颈制约，加快推动创新驱动和产业结构升级，促进供给侧结构性改革和经济持续增长。中国人力资本的数量、质量已具备一定基础，但人力资本在行业间存在着严重错配，配置低效率阻碍 TFP 增长，有损中国创新绩效。作为创新主力的非公共部门，亟须大量高素质人才。“创新”的主体是人，依赖的是人力资本的积累、人力资源的有效配置与激励。因此，激发人的活力、人的创造性是整个经济体持续创新的关键。

舒尔茨认为人力资本包括“量”和“质”两个方面，并强调后者是促

进经济增长的主要因素。一方面，高素质人力资本具有稀缺的生产配置能力、技术创新能力与吸收能力（Nelson and Phelps，1966；黄燕萍等，2013），其劳动生产率越高，对生产的贡献也就越大。另一方面，人力资本具有向下兼容性，即高水平人力资本能够从事低水平人力资本从事的工作，反之则不然（陈晓光，2013），这是高级人力资本能够逐步替换初级人力资本的重要基础。正是基于不同“质”的人力资本对经济增长的贡献不同和人力资本具有向下兼容性的特征，结合经济发展进程中初级人力资本比重逐步下降，高级人力资本比重不断上升的事实，以及现代经济增长愈益依赖于技术创新和高素质人力资本这一客观要求，人力资本结构高级化便显得尤为重要。人力资本结构高级化的定义为：一国或地区通过调整优化人力资本结构促进各类型人力资本协调发展，使初级人力资本比重逐步下降，高级人力资本比重逐步增加，以不断满足经济社会发展对高素质人力资本需求的过程（刘智勇等，2018）。人力资本结构高级化是我国经济增长的重要推动因素，而且其提升空间非常大。具体而言，首先，人力资本结构高级化通过推动技术结构升级和技术创新促进经济增长。人力资本结构高级化会使高素质人力资本比重逐步增加，从而形成高级人力资本主导的人力资本结构调整格局，这会不断推动各类技术的消化吸收与应用并诱发创新，从而推动技术结构升级、技术创新和经济增长。其次，人力资本结构高级化通过其与产业结构升级之间的动态匹配促进经济增长。人力资本结构高级化就是高级人力资本逐步替换初级人力资本并占据主导地位的人力资本结构调整过程，这一过程能够为各类技术的应用、改进和创新提供相应的人力资本支撑，从而推动以原始技术向尖端技术演进为特征的技术结构升级和技术创新，技术结构升级和技术创新则使产业逐步实现由劳动密集型产业向知识密集型产业的转变，即推动产业结构不断优化升级（耿晔强、白力芳，2019）。从另一角度来说，产业结构升级也会带动人力资本结构高级化。产业在由劳动密集型向知识密集型转换的过程中，会促使各类型人力资本的需求量随产业结构调整而变化（Acemoglu，2008），其突出表现就是推动高素质人力资本在人力资本总量中的比重不断增加，而这正是人力资本结构高级化的具体体现。因此，应从单纯注重提升人力资本存量转向大力促进人力资本结构高级化，即推动人力资本质量的提升，以推动经济持续较快增长。根据这一认识，本书给出如下建议：

一是继续扩大高等教育规模，提高教育质量，继续实施人才培养计划。面对高素质人力资本不足和劳动力人口连续下降给我国创新驱动和产业结构升级战略实施所带来的严重挑战，政府需要实施“内培外引”人才战略。首先，各级地方政府要贯彻落实党提出的“促进各级各类教育协调发展”“优先发展教育”等决策部署，大力实施百千万人才工程等人才培养计划，并以加快科技成果产业化为抓手，强化人力资本结构高级化对科技创新的推动作用及其与产业结构升级的动态匹配，创新人才培养的机制体制，加强一系列引智措施和计划的落地实施，大力实施“千人计划”等海外引智计划，通过借助外部智力加快人力资本结构高级化，统筹提升人才培养层次与质量，以内生驱动力促进中国人力资本结构的高级化。通过教育体制改革，进一步扩大教育规模，改善教育质量。无论高等教育扩张过程中存在多少需要改进的空间，理论与经验均一致表明人力资本规模扩大有利于中国创新绩效。虽然劳动力市场分割带来大学生就业难、就业质量低等问题，但这无法否认人力资本对创新绩效的作用。在完善劳动力市场的基础上，应继续扩大高等教育规模，提高教育质量，发挥教育与劳动力市场的协同效应，涌现更多创新型人才，释放更多人力资本红利。重视人力资本结构调整，既要促进人力资本区域间分布结构合理化，让社会各阶层人群和更多的人拥有平等的教育机会和接受不同阶段的教育，又要促进人力资本各构成部分的协调发展，加大教育资源的投入力度，重视低收入人群的基础教育，提高高等教育人口的比重，以高等教育人力资本的发展促进产业结构升级（张国强、温军、汤向俊，2011）。

二是继续深化人力资本供给侧结构性改革，优化人力资本多层次供给，建设高素质专业化创新团队。遵循人才成长规律，加强创新型、应用型、技能型人才培养，打造国际一流的创新团队，壮大高水平工程师和高技能人才队伍。将创新融入人力资本积累过程并贯穿教育始终，在各专业基础上加入创新思维，有效实现专业和创新的融合。培养新型技术研发人才和新型职业技能人才，提高人力资本结构的针对性与应用性，为原创性技术开发提供可靠的人力资本保障。人力资本的积累应当根据产业结构演进的趋势与规律迅速进行调整，有针对性地培育能够适应产业结构变化的人力资本类型，鼓励企业与学校之间订单式教育，减少特定类型人力资本的供应不足或浪费。通过加大教育和培训的投资力度，提升高等教育和职业教育水平，以培养多元化、差异化人才，提升人力资本水平。针对当前人力资本供需不平衡、学校与社会脱节的现实情况，要加快推进教育体制机制改革，从劳动力市场制度建设入手，加强各类就业培训，改善劳动者的人力资本存量（阳立高等，2018）。大学生在接受高等教育后，会更加看重所学的专业知识与工作岗位的匹配程度，再加上目前中国面临产业结构的转型，实现所学专业与就业岗位的匹配就变得更加困难。因此，重视通用型知识和技能，培养能够适应多种类型就业岗位的通用型人才便显得尤为重要。此外，在职培训与劳动力市场的关联性较弱，培训出来的劳动力无法很好地满足劳动力市场的需求，是中国培训体系存在的一个重要问题（蔡昉、王美艳，2012）。因此，要加速人才培养模式创新，推进校企深度合作，以市场需求为导向，校企联合培养适应企业、市场需求的高层次创新型人才和高技术技能型人才，使人力资本积累和人均受教育年限同步实现同比增长，使科技创新能力和技术技能水平同步得到同比提升，以便引导高等院校适应劳动力市场和经济社会发展的需求。教育体制实现脱胎换骨式改革的核心是改变政府管理过度、包办各级各类教育的做法，即政府集中于管理、规范和公共教育资源的均等性分配领域，给予教育事业更充分的空间以实现其自主发展。坚持创新驱动是形成新发展格局的关键所在，只有通过多层次的人力资本供给，提高我国各行业自主创新能力，才能有效赋能经济高质量发展。

三是实现人力资本的优化配置，促进人才在产业间的合理流动，必须构建以市场配置为基础的现代人才市场体制。一方面，要充分发挥市场在促进人才流动与优化要素配置中的作用，大力发展多种形式的人才市场与就业中介机构，实现人才供需信息的发布和公开，促进人才在三大产业间、产业内部以及区域间的合理配置，提高人力资本的市场配置效率；另一方面，人力资本配置要以需求为导向，打破长期形成的人才“单位所有、部门垄断、条块分割、静态封闭”的传统体制格局，根据区域间不同的产业结构优化目标引导人力资本在区域间和产业间流动，充分利用人力资本的空间溢出效应。

四是除人力资源的配置问题外，还应考虑人力资源的激励问题。传统的人力资源的激励强调标准化、同质化，但是创新型劳动恰恰是非标准化、非同质化的。依托高质量人力资本积累的创新型劳动需要更加复杂、灵活的激励机制。高学历、高素质的知识分子群体，包括教师、医生、科研人员等是创新型劳动的主体。中共中央、国务院 2020 年印发的《关于新时代加快完善社会主义市场经济体制的意见》中提出“完善科技人才发现、培养、激励机制，健全符合科研规律的科技管理体制和政策体系，改进科技评价体系，试点赋予科研人员职务科技成果所有权或长期使用权”，这一措施针对的是全社会科技人才的培养和激励，直指当前科研评价体系过度行政化、过度指标化和过度数量化的倾向，对于解决科研人员与所在单位之间关于科研成果的产权界定问题、激励科研人员的积极性具有重要意义。该意见还提出要“推进高校、科研院所薪酬制度改革，扩大工资分配自主权。鼓励企事业单位对科研人员等实行灵活多样的分配形式”，这一改革措施针对的则是高校、科研院所等科研人员集中的机构，提出推进这些机构的薪酬制度改革，强调扩大工资分配自主权，鼓励分配方式的多样性，是科研人员激励机制的重大突破。进一步地，应改善科技创新的基础设施，提升基础研究在应用性研究中的作用和对应用性研发产业化的激励，同时注重创新成果的知识产权保护。通过营造良好的科研环境，激发人才创新活力，助力经济高质量发展（孟辉、陈少君，2021）。

11 结论与展望

11.1 研究结论

随着中国经济进入中高速增长的新时期，稳步推进要素市场化改革，实现包括人力资本在内的创新要素的有效配置是提高 TFP、推进经济高质量发展的关键。然而，中国的要素市场除资本和劳动力错配外，还存在着人力资本错配现象，制约了我国经济的高质量发展。立足于经济减缓时期产业高质量发展的视角，本书聚焦于人力资本错配这一现象，对其测算框架、形成原因和负面影响的相关研究进行了系统梳理，从理论层面论述了人力资本错配的形成机理，并进一步采用多种计量方法进行了实证检验。在此基础上，本书研究发现：

（1）从人力资本错配的测算方法来看，本书在对行业间人力资本错配的测算过程中发现：我国人力资本边际产出在行业间具有“倒置的门槛效应”，而人力资本错配最高的四个行业均为服务业，依次为：交通运输、仓储和邮政业，教育业，公共管理和社会组织，卫生、社会保障和社会福利业。因此，目前我国行政垄断部门，尤其是事业单位、公共服务部门是导致人力资本错配的主要因素。另外，本书放宽了 Hsieh 和 Klenow（2009）所提出的资本错配测算框架中对规模报酬不变的限制，并通过将人力资本纳入企业生产函数，测算了 1998—2007 年我国 188 个行业工业企业的人力资本错配程度和 TFP 损失，结果发现我国 90% 以上的工业行业均表现出规模报酬递减的性质，且主要集中于重化工业、重工制造业等不符合我国比较优势和具有行政垄断特征的行业。进一步研究发现，国有产权是影响人力资本错配的重要因素，其对人力资本错配的影响具有门槛特征，在国有产权处于（0.0148，0.5313）这一区间内时，其对人力资本错配的促进作用最大。这就意味着：进一步深化改革，建立公平、公正和公开的市场竞争体系，促进国有资本和非国有资本的优势互补，优化国有企业产业布局对缓解人力资本错配具有重要影响。

（2）从人力资本错配的形成机理来看，首先，从供给角度来看，在劳动力市场所有制分割的前提下，基于大量的高学历人才进入并沉积到国有垄断部门、全社会受教育水平较低和垄断行业教育过剩并存的人力资本错配的现象，本书认为，国有垄断部门的工资溢价和创新效率较低是引起人力资本（所有制）错配的根本原因，而高校扩招降低了人力资本的规模配置效率和技术配置效率，进而加剧了人力资本错配程度，导致人力资本在国有垄断部门和非国有部门间的错配。其次，从需求角度来看，本书在对行政垄断影响人力资本（所有制）错配的内生机理进行分析的基础上，进一步利用中国工业企业数据库1998—2007年的相关数据构建了相关指标，对行政垄断与人力资本错配之间的关系进行了实证检验。结果发现：行政垄断是人力资本错配产生的重要原因。行政垄断行业内企业本身在市场环境中不具有自生能力，只能在政府保护下维持生存，其创新动力和创新条件都较为欠缺，政府补贴和信贷资源向行政垄断行业企业的过度配置，并未转化为产出或创新产出，而是在“所有者缺位”的条件下转化为工资溢价，吸引人力资本进入，形成人力资本错配。这也表明打破行政垄断对于矫正人力资本错配、提升TFP和实现高质量发展具有重要影响。

（3）针对人力资本错配造成的扭曲效应，本书从人力资本错配带来的创新扭曲效应与产业结构扭曲效应两方面进行了解读。考虑创新扭曲效应，本书认为行政垄断导致了垄断部门的工资“溢价”，进一步导致人力资本错配和自主创新水平低下。行政垄断的程度越高，资本和人力资本错配的程度便越严重，自主创新水平也越低。沿着这一思路，本书利用2000—2021年的省际面板数据对行政垄断影响自主创新的内生机制及其影响路径进行了实证检验，结论进一步验证了人力资本错配对自主创新的抑制作用，即在国有企业创新缺乏效率的前提下，行政垄断将抑制自主创新，行政垄断和信贷所有制歧视（人力资本错配）的程度越高，总体的自主创新水平便越低。考虑产业结构扭曲效应，本书基于2000—2021年的省际面板数据，对人力资本错配与产业结构升级之间的关系进行了实证检验，结果发现人力资本错配不仅抑制技术创新，引起产业结构偏离，还会限制竞争部门收入增长，拉大两部门收入差距，并最终阻碍产业结构升级。上述结论也表明了矫正人力资本错配，实现人力资本在垄断部门和竞争部门间的正确配置将有助于缓解人力资本错配对产业结构升级的扭曲效应。

（4）针对缓解人力资本错配的治理路径，本书以混合所有制改革为例进行了探索。首先，本书将人力资本错配（配置扭曲）理解为技术配置扭曲和规模配置扭曲，讨论了混合所有制改革影响人力资本配置扭曲的影响机理。将人力资本在所有制间的相对价格扭曲分解为规模相对价格扭曲和技术相对价格扭曲，发现相比于规模相对价格扭曲，技术相对价格扭曲引发的TFP损失更为严重。因此，混合所有制改革能否有效缓解所有制间人力资本错配的关键在于搭建人力资本发挥外溢性的渠道。沿着这一思路，本书对其进行了实证检验，结果发现：混合所有制改革有助于缓解国有企业中人力资本的技术配置扭曲和规模配置扭曲，行政垄断行业中混合所有制改革对于人力资本配置扭曲的缓解作用小于非行政垄断行业。基于上述研究结论，我们可以认识到混合所有制改革主要通过加强对国有企业高管行为的监督、约束国有企业高管利用雇员聘用权的“寻租”行为、完善企业利润分配机制，缓解了规模相对价格扭曲和技术相对价格扭曲引发的所有制间的人力资本错配。

11.2 拓展研究方向

本书尝试对产业高质量发展背景下我国出现的人力资本错配现象进行综合的理论分析与解读，并结合人力资本错配的成因及其扭曲效应进行了相应的实证检验，进而提出了可能的策略方向与解决思路，在一定程度上有助于缓解人力资本错配现状，优化人力资本结构，以期激活高质量发展新动能，助力经济高质量发展。综合来看，尽管本书的研究有助于完善对人力资本错配的相关研究，但人力资本错配这一领域仍然存在着研究缺口，需要后续的研究对其进一步丰富完善。

11.2.1 人力资本错配的测算方法

在关于人力资本错配的测算框架构建方面，现有研究的测算框架大多基于对已有的 H - K 要素错配研究框架进行改进和拓展，尽管本书放宽了规模报酬不变的假设，构建了利用微观企业数据计算人力资本错配引发 TFP 损失的测算框架，并进一步提出了一个考虑所有制差异的人力资本错配测算框架，但有必要进一步客观地衡量人力资本错配程度，进而找出缓解人力资本错配的方案，从而精确地衡量人力资本优化配置对中国经济增长的潜力。因此，本书认为未来在测算人力资本错配程度时，可以采取更加多样化的数据，比如调查数据等，同时应及时更新相关数据，构建更加现实、综合的指标用来进行测算。

11.2.2 高新技术产业、现代产业体系的扭曲效应

在关于人力资本错配对产业高质量发展的影响方面，现有研究已针对人力资本结构对产业结构升级的影响进行了分析讨论，而本书也探讨了人力资本错配在阻碍产业结构升级和自主创新水平过程中的逻辑链条，得出了具有理论和实践意义的相关结论。然而在此基础上，本书认为可以将行业进一步细分，结合产业高质量发展的现实背景，分析与科技创新驱动和产业结构优化联系更加密切的高新技术产业等现代产业体系中的人力资本错配情况，并解读这些行业中的人力资本错配可能造成的扭曲效应。

11.2.3 人力资本错配对产业链升级的影响

人力资本作为产业链进行协同创新的核心影响要素，加大对人力资本的投入可形成对全产业链创新的有力支撑，进而支撑和促进产业链最终实现协同创新发展。现有研究已证明人力资本对产业链协同创新具有支撑、

驱动和协同的影响效应，依托人力资本促进产业链协同创新，可以凝聚产业发展的创新方向，带动区域产业转型升级（张延平、樊爱国、汤萱，2019）。因此，人力资本错配这一现象的出现就会阻碍产业链的协同创新与升级。根据这一认识，本书认为未来还可以从微观视角出发，对人力资本错配阻碍产业链升级的内在传导机制进行探讨，明晰人力资本错配对产业链升级的影响机制，并搜集整理相关数据对研究结论进行实证检验，这将有助于进一步加深关于人力资本错配对产业高质量发展影响机制的认识。

参考文献

一、中文著作类

[1]贝克尔．人力资本:特别是关于教育的理论与经验分析[M]．北京:北京大学出版社,1987.

[2]樊纲,王小鲁,朱桓鹏．中国市场化指数:各地区市场化相对进程2009年报告[M]．北京:经济科学出版社,2010.

[3]林毅夫．新结构经济学:反思经济发展与政策的理论框架[M]．北京:北京大学出版社,2012.

[4]王小鲁,樊纲,胡李鹏．中国分省份市场化指数报告(2018)[M]．北京:社会科学文献出版社,2018.

[5]张维迎．企业理论与中国企业改革[M]．北京:北京大学出版社,1999.

二、中文期刊类

[1]白俊,连立帅．信贷资金配置差异:所有制歧视抑或禀赋差异?[J]．管理世界,2012(6):30－42.

[2]白俊红,刘宇英．对外直接投资能否改善中国的资源错配[J]．中国工业经济,2018(1):60－78.

[3]白俊红,张艺璇,卞元超．人力资本扩张与中国技能偏向型技术进步——基于高校扩招的准自然实验[J]．经济评论,2023(4):65－80.

[4]蔡贵龙,柳建华,马新啸．非国有股东治理与国企高管薪酬激励[J]．管理世界,2018(5):137－149.

[5]蔡武,陈广汉. 异质型人力资本溢出、劳动力流动与城乡收入差距[J]. 云南财经大学学报,2013,29(6):24-32.

[6]蔡玉蓉,汪慧玲. 创新投入对产业结构升级的影响机制研究——基于分位数回归的分析[J]. 经济问题探索,2018(1):138-146.

[7]蔡昉,王美艳. 中国人力资本现状管窥——人口红利消失后如何开发增长新源泉[J]. 人民论坛·学术前沿,2012(4):56-65,71.

[8]蔡昉. 人口转变、人口红利与刘易斯转折点[J]. 经济研究,2010,45(4):4-13.

[9]陈林,罗莉娅,康妮. 行政垄断与要素价格扭曲——基于中国工业全行业数据与内生性视角的实证检验[J]. 中国工业经济,2016(1):52-66.

[10]陈林,唐杨柳. 混合所有制改革与国有企业政策性负担——基于早期国企产权改革大数据的实证研究[J]. 经济学家,2014(11):13-23.

[11]陈林,夏俊. 高校扩招对创新效率的政策效应——基于准实验与双重差分模型的计量检验[J]. 中国人口科学,2015(5):45-57.

[12]陈林,朱卫平. 行政垄断的内涵与外延——关于学术界三大理论分歧的评述[J]. 经济学动态,2012(7):35-42.

[13]陈林. 自然垄断与混合所有制改革——基于自然实验与成本函数的分析[J]. 经济研究,2018,53(1):81-96.

[14]陈林,万攀兵,许莹盈. 混合所有制企业的股权结构与创新行为——基于自然实验与断点回归的实证检验[J]. 管理世界,2019,35(10):186-205.

[15]陈仕华,卢昌崇. 国有企业高管跨体制联结与混合所有制改革——基于"国有企业向私营企业转让股权"的经验证据[J]. 管理世界,2017(5):107-118.

[16]陈晓光. 增值税有效税率差异与效率损失——兼议对"营改增"的启示[J]. 中国社会科学,2013(8):67-84,205-206.

[17]陈怡安,许家云. 人才误置与创新——来自中国的经验证据[J].

世界经济文汇,2019(6):71－87.

[18]陈永伟,胡伟民. 价格扭曲、要素错配和效率损失:理论和应用[J]. 经济学(季刊),2011,10(4):1401－1422.

[19]褚敏,靳涛. 政府悖论、国有企业垄断与收入差距——基于中国转型特征的一个实证检验[J]. 中国工业经济,2013(2):18－30.

[20]崔书会,李光勤,豆建民. 产业协同集聚的资源错配效应研究[J]. 统计研究,2019,36(2):76－87.

[21]戴魁早,刘友金. 市场化改革能推进产业技术进步吗?——中国高技术产业的经验证据[J]. 金融研究,2020(2): 71－90.

[22]邓伟,叶林祥. 上游产业垄断与国有企业的高工资——来自省际面板数据的经验分析[J]. 南开经济研究,2012(3):95－109.

[23]丁启军. 行政垄断行业高利润来源研究——高效率,还是垄断定价?[J]. 产业经济研究,2010(5):36－43.

[24]丁重,邓可斌. 高学历追逐会推动技术创新吗?[J]. 财经研究,2018(6):18－30.

[25]董晓庆,赵坚,袁朋伟. 国有企业创新效率损失研究[J]. 中国工业经济,2014(2): 97－108.

[26]樊娜娜,李荣林. 融资约束差异与生产率分布——基于中国工业企业数据的分析[J]. 财贸研究,2017,28(9):18－26,38.

[27]方超,黄斌. 中国过度教育测量、趋势及其影响因素的实证研究[J]. 教育科学,2018,34(4): 1－10.

[28]方福前,武文琪. 中国国有与非国有部门职业间工资差异及影响因素的实证研究[J]. 中国工业经济,2015(9):53－68.

[29]方军雄. 劳动收入比重,真的一致下降吗?——来自中国上市公司的发现[J]. 管理世界,2011(7):31－41,188.

[30]方军雄. 我国上市公司高管的薪酬存在粘性吗?[J]. 经济研究,2009,44(3):110－124.

[31]方军雄. 市场化进程与资本配置效率的改善[J]. 经济研究,2006

(5):50 – 61.

[32]方军雄. 所有制、制度环境与信贷资金配置[J]. 经济研究,2007(12):82 – 92.

[33]付凌晖. 我国产业结构高级化与经济增长关系的实证研究[J]. 统计研究,2010(8):79 – 81.

[34]盖庆恩,朱喜,程名望,等. 要素市场扭曲、垄断势力与全要素生产率[J]. 经济研究,2015(5):61 – 75.

[35]高帆. 什么粘住了中国企业自主创新能力提升的翅膀[J]. 当代经济科学,2008(2):1 – 10,124.

[36]葛晶,李勇. 行政垄断下人力资本错配的成因及其解释[J]. 中南财经政法大学学报,2019a(5): 43 – 52.

[37]葛晶,李勇. 中国人力资本错配的测算及成因研究——基于行政垄断的视角[J]. 产业经济研究,2019b(1): 62 – 74.

[38]葛晶,张龙,王满仓. 市场潜能、个人特征与地区工资差距——基于2012中国家庭追踪调查数据(CFPS)的研究[J]. 世界经济文汇,2016(4):80 – 101.

[39]葛立宇. 要素市场扭曲、人才配置与创新强度[J]. 经济评论,2018(5):31 – 44.

[40]耿晔强,白力芳. 人力资本结构高级化、研发强度与制造业全球价值链升级[J]. 世界经济研究,2019(8):88 – 102,136.

[41]龚关,胡关亮. 中国制造业资源配置效率与全要素生产率[J]. 经济研究,2013(4):4 – 15.

[42]龚关,胡关亮,陈磊. 国有与非国有制造业全要素生产率差异分析——基于资源配置效率与平均生产率[J]. 产业经济研究,2015(1):93 – 100.

[43]苟琴,黄益平,刘晓光. 银行信贷配置真的存在所有制歧视吗?[J]. 管理世界,2014(1):16 – 26.

[44]郭丛斌. 二元制劳动力市场分割理论在中国的验证[J]. 清华大

学教育研究,2004(4):43-49.

[45]郭凤鸣,张世伟. 性别工资差异缘何扩大?——基于职业分割的分析视角[J]. 世界经济文汇,2012(2):43-59.

[46]韩沚清,许多. 混合所有制改革影响国有企业绩效的基本逻辑与路径[J]. 财会通讯,2019(2):3-8.

[47]韩剑,郑秋玲. 政府干预如何导致地区资源错配——基于行业内和行业间错配的分解[J]. 中国工业经济,2014(11):69-81.

[48]韩雷,陈华帅,刘长庚. "铁饭碗"可以代代相传吗?——中国体制内单位就业代际传递的实证研究[J]. 经济学动态,2016(8):61-70.

[49]何小钢,罗奇,陈锦玲. 高质量人力资本与中国城市产业结构升级——来自"高校扩招"的证据[J]. 经济评论,2020(4):3-19.

[50]何瑛,杨琳. 改革开放以来国有企业混合所有制改革:历程、成效与展望[J]. 管理世界,2021,37(7):4,44-60.

[51]侯风云,邹融冰. 中国城乡人力资本投资收益非对称性特征及其后果[J]. 四川大学学报(哲学社会科学版),2005(4):16-22.

[52]侯晓辉,李婉丽,王青. 所有权、市场势力与中国商业银行的全要素生产率[J]. 世界经济,2011(2):135-157.

[53]黄群慧,贺俊,杨超. 人才争夺劣势状态下二线城市人才政策调整研究[J]. 产业经济评论,2019(1):5-16.

[54]黄少安,刘兰勇. 制度结构变迁的内生性理论[J]. 学术月刊,2014(11):30-39.

[55]黄速建. 中国国有企业混合所有制改革研究[J]. 经济管理,2014(7):1-10.

[56]黄昶生,王正寒. 混合所有制改革与企业价值提升——基于上市国有企业的实证研究[J]. 工业技术经济,2021,40(8):78-88.

[57]黄燕萍,刘榆,吴一群,等. 中国第五经济增长差异:基于分级教育的效应[J]. 经济研究,2013 (4):94-105.

[58]纪雯雯,赖德胜. 人力资本、配置效率及全要素生产率变化[J].

经济与管理研究,2015(6):45－55.

[59]纪雯雯,赖德胜．人力资本配置与中国创新绩效［J］．经济学动态,2018(11)：19－31.

[60]简泽．市场扭曲、跨企业的资源配置与制造业部门的生产率［J］．中国工业经济,2011(1):58－68.

[61]姜励卿,钱文荣．公共部门与非公共部门工资差异的分位数回归分析［J］．统计研究,2012,29(1):68－73.

[62]姜琪,李占一．中国银行业高利润的来源:市场势力还是高效率［J］．财经科学,2012(8):1－9.

[63]蒋为,张龙鹏．补贴差异化的资源误置效应——基于生产率分布视角［J］．中国工业经济,2015(2):31－43.

[64]金晓雨．政府补贴、资源误置与制造业生产率［J］．财贸经济,2018,39(6):43－57.

[65]靳来群,林金忠,丁诗诗．行政垄断对所有制差异所致资源错配的影响［J］．中国工业经济,2015(4):31－43.

[66]荆文君．互联网行业垄断会阻碍创新吗?——兼论熊彼特假说争论的新解释视角［J］．财经问题研究,2021(7):44－56.

[67]靳卫东．人力资本与产业结构转化的动态匹配效应——就业、增长和收入分配问题的评述［J］．经济评论,2010(6):137－142.

[68]景麟德,李金城,顾国达．信贷所有制歧视:政治关联效应和信息释放效应［J］．中国经济问题,2018(3)：80－92.

[69]赖德胜,纪雯雯．人力资本配置与创新［J］．经济学动态,2015(3):22－30.

[70]黎绍凯,李露一．自贸区对产业结构升级的政策效应研究［J］．经济经纬,2020(5)：79－86.

[71]李飚,孟大虎．如何实现实体经济与虚拟经济之间的就业平衡［J］．中国高校社会科学,2019(2):59－67,158.

[72]李飞跃,葛玉好,黄玖立．技术技能结构、人力资本构成与中国地

区经济差距［J］. 中国人口科学,2012(4):35－46,111.

［73］李海峥,贾娜,张晓蓓,等. 中国人力资本的区域分布及发展动态［J］. 经济研究,2013,48(7):49－62.

［74］李建标,王高阳,李帅琦,等. 混合所有制改革中国有和非国有资本的行为博弈——实验室实验的证据［J］. 中国工业经济,2016(6):109－126.

［75］李建强,赵西亮,张畇彬. 教育扩招、人力资本与企业创新［J］. 中国经济问题,2019(3):81－94.

［76］李健,张满林,张兰. 高校扩招对中国全要素生产率增长的政策效应——基于双重差分方法的实证分析［J］. 宏观质量研究,2018(3):105－118.

［77］李静,楠玉. 中国产业比较优势演进为何受阻——基于人力资本错配的视角［J］. 财经科学,2016(12):67－76.

［78］李静,楠玉. 人力资本匹配、产业技术选择与产业动态比较优势转化［J］. 宏观质量研究,2017a(4):31－41.

［79］李静,楠玉. 人才为何流向公共部门——减速期经济稳增长困境及人力资本错配含义［J］. 财贸经济,2019a,40(2):20－33.

［80］李静,楠玉. 为何中国"人力资本红利"释放受阻?——人力资本错配的视角［J］. 经济体制改革,2017b(2):31－35.

［81］李静,楠玉. 人力资本错配下的决策:优先创新驱动还是优先产业升级?［J］. 经济研究,2019b,54(8):152－166.

［82］李静,楠玉,刘霞辉. 中国经济稳增长难题:人力资本错配及其解决途径［J］. 经济研究,2017,52(3):18－31.

［83］李静,司深深. 人才错配下的消费增长——公共部门人才膨胀何以影响消费支出［J］. 当代经济科学,2020(1):49－59.

［84］李力行,黄佩媛,马光荣. 土地资源错配与中国工业企业生产率差异［J］. 管理世界,2016(8):86－96.

［85］李立国. 中国高等教育大众化发展模式的转变［J］. 清华大学教

育研究,2014(1)：17－27.

[86]李实,马欣欣．中国城镇职工的性别工资差异与职业分割的经验分析［J］．中国人口科学,2006(5)：2－13,95.

[87]李世刚,尹恒．政府—企业间人才配置与经济增长——基于中国地级市数据的经验研究［J］．经济研究,2017,52(4)：78－91.

[88]李世刚,尹恒．寻租导致的人才误配置的社会成本有多大？［J］．经济研究,2014,49(7)：56－66.

[89]李晓飞．户籍分割、资源错配与地方包容型政府的置换式治理［J］．公共管理学报,2019,16(1)：16－28,169－170.

[90]李小青,贾岩冰,陈阳阳．“混改”国企股权结构、董事会配置与创新绩效［J］．科技进步与对策,2020,37(12)：82－89.

[91]李晓敏,卢现祥．企业家才能、人才配置与经济增长[J]．贵州社会科学,2010(9)：75－80.

[92]李小胜,束云霞,李月．中国企业薪酬水平对劳动力错配影响研究［J］．哈尔滨商业大学学报(社会科学版),2019(5)：101－119.

[93]李欣泽,陈言．金融摩擦与资源错配研究新进展[J]．经济学动态,2018(9)：100－114.

[94]李欣泽,司海平．中国资源错配与经济效率损失：趋势与分解[J]．当代经济科学,2019(6)：1－12.

[95]李亚玲,汪戎．人力资本分布结构与区域经济差距——一项基于中国各地区人力资本基尼系数的实证研究［J］．管理世界,2006(12)：42－49.

[96]李焰,秦义虎,黄继承．在职消费、员工工资与企业绩效[J]．财贸经济,2010(7)：60－68.

[97]李勇,葛晶,李佩．混合所有制改革是否有助于缓解人力资本配置扭曲［J］．南京审计大学学报,2020,17(6)：101－110.

[98]李勇,马芬芬．人力资本错配如何扭曲了产业结构升级［J］．经济经纬,2021(2)：38.

［99］李勇，魏婕．所有制结构、技术选择与产业结构变迁［J］．经济评论，2015（1）：40－53.

［100］李勇．中国国有部门和非国有部门工资差距研究——基于行政垄断和要素非对称扭曲的视角［J］．上海经济研究，2016（6）：61－68.

［101］林毅夫，李志赟．政策性负担、道德风险与预算软约束［J］．经济研究，2004（2）：17－27.

［102］林毅夫，孙希芳，姜烨．经济发展中的最优金融结构理论初探［J］．经济研究，2009（8）：45－49.

［103］林毅夫．发展战略、自生能力和经济收敛［J］．经济学（季刊），2002（1）：269－300.

［104］罗德明，李晔，史晋川．要素市场扭曲、资源错置与生产率［J］．经济研究，2012，47（3）：4－14，39.

［105］刘长庚，张松彪．行业垄断与企业劳动报酬差距——基于中国工业企业数据库的分析［J］．经济学动态，2015（3）：52－61.

［106］刘和旺，郑世林，王宇锋．所有制类型、技术创新与企业绩效［J］．中国软科学，2015（3）：28－40.

［107］刘啟仁，黄建忠．企业税负如何影响资源配置效率［J］．世界经济，2018，41（1）：78－100.

［108］刘瑞明，石磊．国有企业的双重效率损失与经济增长［J］．经济研究，2010（1）：127－137.

［109］刘瑞明，石磊．国有垄断，非对称竞争与社会福利［J］．经济研究，2011（12）：86－96.

［110］刘小鲁．我国创新能力积累的主要途径：R&D，技术引进还是FDI？［J］．经济评论，2011（3）：88－96.

［111］刘小玄，曲玥．工资差异的比较及其决定因素——2000—2004年中国工业企业的经验研究［J］．中国劳动经济学，2007，4（1）：31－61.

［112］刘小玄，周晓艳．金融资源与实体经济之间配置关系的检验——兼论经济结构失衡的原因［J］．金融研究，2011（2）：57－70.

[113]刘兴凯，张诚．中国服务业全要素生产率增长及其收敛分析［J］．数量经济技术经济研究，2010(3)：55－67.

[114]刘晔，张训常，蓝晓燕．国有企业混合所有制改革对全要素生产率的影响——基于PSM－DID方法的实证研究［J］．财政研究，2016(10)：63－75.

[115]刘运国，郑巧，蔡贵龙．非国有股东提高了国有企业的内部控制质量吗？——来自国有上市公司的经验证据［J］．会计研究，2016(11)：61－68.

[116]刘智勇，李海峥，胡永远，等．人力资本结构高级化与经济增长——兼论东中西部地区差距的形成和缩小［J］．经济研究，2018，53(3)：50－63.

[117]刘志成．要素市场化配置的主要障碍与改革对策［J］．经济纵横，2019(3)：93－101.

[118]卢盛峰，陈思霞，张东杰．教育机会、人力资本积累与代际职业流动——基于岳父母/女婿配对数据的实证分析［J］．经济学动态，2015(2)：19－32.

[119]陆正飞，王雄元，张鹏．国有企业支付了更高的职工工资吗？［J］．经济研究，2012，47(3)：28－39.

[120]陆旸，蔡昉．人口结构变化对潜在增长率的影响：中国和日本的比较［J］．世界经济，2014，37(1)：3－29.

[121]罗德明，李晔，史晋川．要素市场扭曲、资源错置与生产率［J］．经济研究，2012(3)：4－14.

[122]罗宏，温晓，刘宝华．政绩诉求与地方政府财政补贴行为研究［J］．中国经济问题，2016(2)：16－28.

[123]罗润东，彭明明．过度教育及其演变趋势分析——基于CGSS受高等教育职员的调查［J］．经济社会体制比较，2010(5)：173－179.

[124]罗勇，高爽．异质性人力资本、产业转移和产业结构优化［J］．工业技术经济，2019，38(12)：41－50.

［125］罗勇，王亚，范祚军．异质型人力资本、地区专业化与收入差距——基于新经济地理学视角［J］．中国工业经济，2013(2)：31－43.

［126］罗朝阳，李雪松．我国行业间要素配置效率及其对全要素生产率的影响［J］．经济纵横，2023(1)：73－83.

［127］马草原，马文涛，李成．中国劳动力市场所有制分割的根源与表现［J］．管理世界，2017(11)：22－34.

［128］马光荣，纪洋，徐建炜．大学扩招如何影响高等教育溢价？［J］．管理世界，2017(8)：52－63.

［129］马颖，何清，李静．行业间人力资本错配及其对产出的影响［J］．中国工业经济，2018(11)：5－23.

［130］马新啸，汤泰劼，郑国坚．国有企业混合所有制改革与人力资本结构调整——基于高层次人才配置的视角［J］．财贸经济，2020，41(12)：101－116.

［131］毛其淋．人力资本推动中国加工贸易升级了吗？［J］．经济研究，2019，54(1)：54－69.

［132］聂海峰，岳希明．行业垄断对收入不平等影响程度的估计［J］．中国工业经济，2016(2)：5－20.

［133］聂辉华，贾瑞雪．中国制造业企业生产率与资源误置［J］．世界经济，2011，34(7)：27－42.

［134］宁光杰，姜现．我国垄断行业与非垄断行业间的工资差距——基于流动人口数据的分析［J］．安徽师范大学学报(人文社会科学版)，2019，47(6)：122－132.

［135］潘士远，朱丹丹，徐恺．人才配置、科学研究与中国经济增长［J］．经济学(季刊)，2021，21(2)：427－444.

［136］祁怀锦，刘艳霞，王文涛．国有企业混合所有制改革效应评估及其实现路径［J］．改革，2018(9)：66－80.

［137］钱晓烨，迟巍，黎波．人力资本对我国区域创新及经济增长的影响——基于空间计量的实证研究［J］．数量经济技术经济研究，2010，27

(4):107 - 121.

[138]钱学锋,潘莹,毛海涛. 出口退税、企业成本加成与资源误置[J]. 世界经济,2015,38(8):80 - 106.

[139]钱雪亚,缪仁余. 人力资本、要素价格与配置效率 [J]. 统计研究,2014,31(8):3 - 10.

[140]乔小乐,宋林,戴小勇. 中国制造业僵尸企业的劳动力资源错配效应研究 [J]. 财贸经济,2019,40(11):113 - 128.

[141]邱兆林. 行业收入差距扩大的原因分析——基于人力资本异质性的视角 [J]. 经济体制改革,2015(2):21 - 25.

[142]卿石松,郑加梅. "同酬"还需"同工":职位隔离对性别收入差距的作用 [J]. 经济学(季刊),2013,12(2):735 - 756.

[143]任广乾,李俊超,田一迪. 混合所有制改革何以影响国有企业投资效率?——基于公司治理视角的研究 [J]. 南京审计大学学报,2023,20(5):51 - 60.

[144]邵汉华,杨俊,廖尝君. 中国银行业的竞争度与效率——基于 102 家商业银行的实证分析 [J]. 金融论坛,2014,19(10):47 - 55.

[145]邵挺. 金融错配、所有制结构与资本回报率:来自 1999—2007 年我国工业企业的研究 [J]. 金融研究,2010(9):47 - 63.

[146]邵宜航,步晓宁,张天华. 资源配置扭曲与中国工业全要素生产率——基于工业数据库再测算 [J]. 中国工业经济,2013(12): 39 - 51.

[147]邵宜航,徐菁. 高等教育扩张的增长效应: 人力资本提升还是信号干扰 [J]. 财贸经济,2017,38(11): 5 - 22.

[148]史常亮,占鹏,朱俊峰. 土地流转、要素配置与农业生产效率改进 [J]. 中国土地科学,2020,34(3):49 - 57.

[149]沈红波,张金清,张广婷. 国有企业混合所有制改革中的控制权安排——基于云南白药混改的案例研究 [J]. 管理世界,2019,35(10): 206 - 217.

[150]宋小保. 股权集中,投资决策与代理成本 [J]. 中国管理科学,

2013,21(4):152－161.

［151］苏治，方彤，尹力博．中国虚拟经济与实体经济的关联性——基于规模和周期视角的实证研究［J］．中国社会科学，2017(8):87－109，205－206.

［152］孙焱林，李格，汪小愉．数字金融对劳动力错配的影响及其异质性分析——基于中国地级市面板数据［J］．科学研究，2022，40(1):47－56，138.

［153］孙志军．基于双胞胎数据的教育收益率估计［J］．经济学（季刊），2014，13(3):1001－1020.

［154］覃家琦，邵新建．交叉上市、政府干预与资本配置效率［J］．经济研究，2015，50(6):117－130.

［155］谭莹，李昕．人才配置、创新与经济增长：理论与实证［J］．财贸研究，2019，30(9):29－42.

［156］田杰，谭秋云，靳景玉．数字金融能否改善资源错配？［J］．财经论丛，2021(4):49－60.

［157］田友春．中国分行业资本存量估算：1990—2014年［J］．数量经济技术经济研究，2016(6):3－21.

［158］王健，李佳．人力资本推动产业结构升级：我国二次人口红利获取之解［J］．现代财经：天津财经大学学报，2013，33(6):35－44，78.

［159］王林辉，袁礼．资本错配会诱发全要素生产率损失吗［J］．统计研究，2014，31(8):11－18.

［160］王启超，王兵，彭睿．人才配置与全要素生产率——兼论中国实体经济高质量增长［J］．财经研究，2020，46(1):64－78.

［161］王亚飞，柏颖，廖甍．人力资本错配与人力资本贡献率：系统测度与实证关联［J］．系统管理学报，2022，31(3):509－521.

［162］王永水，朱平芳．中国经济增长中的人力资本门槛效应研究［J］．统计研究，2016，33(1):13－19.

［163］王中美．公用服务业垄断正当性之伪逻辑与管制的改良主义

[J]. 学术月刊,2010(3):85-91.

[164]王曙光,郭凯. 要素配置市场化与双循环新发展格局——打破区域壁垒和行业壁垒的体制创新[J]. 西部论坛,2021,31(1):24-31.

[165]魏婕,许璐,任保平. 财政偏向激励,地方政府行为和经济增长质量[J]. 经济科学,2016(3):5-18.

[166]巫强,葛玉好. 工资增长与岗位创造——基于中国上市公司数据的实证研究[J]. 世界经济文汇,2014(3):26-38.

[167]吴青山,吴玉鸣,郭琳. 新型城镇化对劳动力错配的影响:理论分析与经验辨识[J]. 经济评论,2022(5):67-82.

[168]吴延兵. 国有企业双重效率损失研究[J]. 经济研究,2012a,47(3):15-27.

[169]吴延兵. 国有企业双重效率损失再研究[J]. 当代经济科学,2015,37(1):1-10.

[170]吴延兵. 中国哪种所有制类型企业最具创新性?[J]. 世界经济,2012b(6):3-29.

[171]吴一平,芮萌. 地区腐败、市场化与中国经济增长[J]. 管理世界,2010(11):10-17,27.

[172]武鹏. 行业垄断对中国行业收入差距的影响[J]. 中国工业经济,2011(10):76-86.

[173]夏海波,刘耀彬,沈正兰. 网络基础设施建设对劳动力就业的影响——基于"本地—邻地"的视角[J]. 中国人口科学,2021(6):96-109,128.

[174]谢攀,李文溥. 政治关联、要素比价扭曲与再配置效应[J]. 经济管理,2015(6):166-176.

[175]谢攀,林致远. 地方保护、要素价格扭曲与资源误置——来自A股上市公司的经验证据[J]. 财贸经济,2016(2):71-84.

[176]邢春冰. 不同所有制企业的工资决定机制考察[J]. 经济研究,2005(6):16-26.

[177]邢春冰. 经济转型与不同所有制部门的工资决定——从“下海”到“下岗”[J]. 管理世界,2007(6): 23-37.

[178]邢志平,靳来群. 政府干预的金融资源错配效应研究——以中国国有经济部门与民营经济部门为例的分析[J]. 上海经济研究,2016(4): 23-31.

[179]许家云,毛其淋,杨慧. 出口退税率差异化的资源误置效应:基于中国制造业生产率动态分解的视角[J]. 统计研究,2017,34(6):27-37.

[180]薛欣欣,辛立国. 国有部门员工被过高支付还是拥有特殊人力资本——来自有限混合模型的估计结果[J]. 南方经济,2015(10):85-98.

[181]鄢萍. 资本误配置的影响因素初探[J]. 经济学(季刊),2012,11(2):489-520.

[182]殷军,皮建才,杨德才. 国有企业混合所有制的内在机制和最优比例研究[J]. 南开经济研究,2016(1):18-32.

[183]颜敏,王维国. 中国过度教育现状及其演变——来自微观数据的证据[J]. 山西财经大学学报,2017,39(3):15-29.

[184]阳立高,龚世豪,王铂,等. 人力资本、技术进步与制造业升级[J]. 中国软科学,2018(1):138-148.

[185]杨豪. 融资寻租、资本错配与全要素生产率[J]. 统计研究,2022,39(10):51-67.

[186]杨蕙馨,王海兵. 中国教育收益率:1989—2011[J]. 南方经济,2015(6):1-18.

[187]杨继生,阳建辉. 行政垄断、政治庇佑与国有企业的超额成本[J]. 经济研究,2015(4):50-61.

[188]杨汝岱. 中国制造业企业全要素生产率研究[J]. 经济研究,2015,50(2): 61-74.

[189]杨秀云,尹诗晨. 行业收入差距、人力资本结构与产业结构升级[J]. 西安交通大学学报(社会科学版),2020,40(4):91-104.

[190]杨洋,魏江,罗来军. 谁在利用政府补贴进行创新?——所有制

和要素市场扭曲的联合调节效应［J］. 管理世界,2015(1):75 -86.

［191］杨运杰,毛宁,尹志锋. 混合所有制改革能否提升中国国有企业的创新水平［J］. 经济学家,2020(12):71 -79.

［192］杨振,陈甬军. 中国制造业资源误置及福利损失测度［J］. 经济研究,2013,48(3):43 -55.

［193］叶林祥,李实,罗楚亮. 行业垄断、所有制与企业工资收入差距——基于第一次全国经济普查企业数据的实证研究［J］. 管理世界,2011(4):26 -36.

［194］易倩,卜伟. 知识产权保护执法力度,技术创新与产业升级［J］. 经济经纬,2019(3):95 -101.

［195］尹志超,甘犁. 公共部门和非公共部门工资差异的实证研究［J］. 经济研究,2009(4):129 -140.

［196］于洪霞. 生命周期偏误、终身收入与中国教育收益率的估计［J］. 管理世界,2014(12):51 -61.

［197］于洪霞. 生命周期偏误与中国教育收益率元分析［J］. 经济研究,2013,48(8):68 -80.

［198］于良春,余东华. 中国地区性行政垄断程度的测度研究［J］. 经济研究,2009(2):119 -131.

［199］于良春,张俊双. 中国垄断行业收入分配效应的实证研究［J］. 财经问题研究,2013(1):24 -29.

［200］余淼杰,金洋,张睿. 工业企业产能利用率衡量与生产率估算［J］. 经济研究,2018(5):56 -71.

［201］余明桂,李文贵,潘红波. 民营化、产权保护与企业风险承担［J］. 经济研究,2013(9):112 -124.

［202］于蔚,汪淼军,金祥荣. 政治关联和融资约束:信息效应与资源效应［J］. 经济研究,2012,47(9):125 -139.

［203］袁富华,张平,陆明涛. 长期经济增长过程中的人力资本结构——兼论中国人力资本梯度升级问题［J］. 经济学动态,2015(5):

11 -21.

[204]袁晖光,谢作诗. 高校扩招后大学生就业和相对工资调整检验研究 [J]. 教育研究,2012,33(3): 27 -34.

[205]袁志刚,解栋栋. 中国劳动力错配对 TFP 的影响分析 [J]. 经济研究,2011(7):4 -17.

[206]岳昌君. 高校毕业生就业状况分析:2003—2001[J]. 北京大学教育评论,2012,10(1):32 -47,188.

[207]岳书敬,刘朝明. 人力资本与区域全要素生产率分析 [J]. 经济研究,2006(4):90 -96,127.

[208]岳希明,蔡萌. 垄断行业高收入不合理程度研究 [J]. 中国工业经济,2015(5):5 -17.

[209]岳希明,李实,史泰丽. 垄断行业高收入问题探讨 [J]. 中国社会科学,2010(3): 77 -93,221 -222.

[210]曾庆生,陈信元. 国家控股、超额雇员与劳动力成本[J]. 经济研究,2006(5):74 -86.

[211]曾诗韵,蔡贵龙,程敏英. 非国有股东能改善会计信息质量吗? ——来自竞争性国有上市公司的经验证据 [J]. 会计与经济研究,2017(4):28 -44.

[212]张车伟,薛欣欣. 国有部门与非国有部门工资差异及人力资本贡献 [J]. 经济研究,2008(4):15 -25.

[213]张国强,温军,汤向俊. 中国人力资本、人力资本结构与产业结构升级 [J]. 中国人口·资源与环境,2011,21(10):138 -146.

[214]张辉,黄昊,闫强明. 混合所有制改革、政策性负担与国有企业绩效——基于 1999—2007 年工业企业数据库的实证研究 [J]. 经济学家,2016(9):32 -41.

[215]张杰,周晓艳. 中国本土企业为何不创新——基于市场分割视角的一个解读 [J]. 山西财经大学学报,2011(6):82 -93.

[216]张宽,黄凌云. 贸易开放、人力资本与自主创新能力 [J]. 财贸经

济,2019,40(12):112－127.

[217]张佩,马弘．借贷约束与资源错配——来自中国的经验证据[J]. 清华大学学报(自然科学版),2012,52(9):1303－1308.

[218]张庆霖,苏启林．政府规制失灵:原因与治理[J]. 经济学动态,2009(4):38－41.

[219]张少辉,余泳泽．土地出让、资源错配与全要素生产率[J]. 财经研究,2019,45(2):73－85.

[220]张世伟,徐永巍．国有部门和非国有部门工资差异的变动[J]. 当代经济研究,2014(5):79－86.

[221]张天华,张少华．偏向性政策、资源配置与国有企业效率[J]. 经济研究,2016(2):126－139.

[222]张同斌．从数量型"人口红利"到质量型"人力资本红利"——兼论中国经济增长的动力转换机制[J]. 经济科学,2016(5):5－17.

[223]张伟,于良春．行业行政垄断的形成及治理机制研究[J]. 中国工业经济,2011(1):69－78.

[224]张伟,于良春．创新驱动发展战略下的国有企业改革路径选择研究[J]. 经济研究,2019,54(10):74－88.

[225]张延平,王满四．区域人力资本动态优化配置及适配性评价体系研究——基于支撑区域产业结构优化升级的视角[J]. 生产力研究,2008(9):112－114,177.

[226]张延平,樊爱国,汤萱．产业链协同创新与人力资本的互动机理研究——以深圳信息技术产业为例[J]. 科学决策,2019(9):49－69.

[227]张艺川,梁权熙．劳动力流动、人力资本跨区配置与企业生产率[J]. 劳动经济研究,2022,10(5):55－86.

[228]张永恒,王家庭．数字经济发展是否降低了中国要素错配水平?[J]. 统计与信息论坛,2020,35(9):62－71.

[229]张原,陈建奇．非工资性收入分配:国有部门收入调控的新视角[J]. 中国工业经济,2007(8):15－23.

[230]张子楠,王高望,赵晓军. 工资刚性与国企效率损失 [J]. 经济科学,2015(5):44 – 57.

[231]赵伟,李芬. 异质性劳动力流动与区域收入差距:新经济地理学模型的扩展分析 [J]. 中国人口科学,2007(1):27 – 35,95.

[232]赵璨,宿莉莎,曹伟. 混合所有制改革:治理效应还是资源效应?——基于不同产权性质下企业投资效率的研究 [J]. 上海财经大学学报,2021,23(1):75 – 90.

[233]郑志刚. 国企混改的逻辑、路径与实现模式选择[J]. 中国经济报告,2020(1):54 – 67.

[234]钟水映,余远. 人口老龄化、人力资本结构对区域产业升级影响的实证分析 [J]. 统计与决策,2017(16):98 – 102.

[235]周茂,李雨浓,姚星,等. 人力资本扩张与中国城市制造业出口升级: 来自高校扩招的证据 [J]. 管理世界,2019,35(5): 64 – 77.

[236]周申,海鹏,张龙. 贸易自由化是否改善了中国制造业的劳动力资源错配 [J]. 世界经济研究,2020(9):3 – 18,135.

[237]周兴,王芳. 国有部门与非国有部门工资差异的演变与分解——基于非条件分位数回归的分解方法 [J]. 经济科学,2013(3):48 – 60.

[238]朱红军,陈继云,喻立勇. 中央政府、地方政府和国有企业利益分歧下的多重博弈与管制失效——宇通客车管理层收购案例研究 [J]. 管理世界,2006,18(4):115 – 129.

[239]朱鸿鸣,赵昌文."攫取性"金融体系及其危害——一个基于金融竞合观的分析框架 [J]. 经济体制改革,2015(3):149 – 154.

[240]朱琪. 行业人力资本投资收益率比较研究: 1978—2005 [J]. 中国人口科学,2008(6):48 – 55.

[241]庄子银. 创新、企业家活动配置与长期经济增长 [J]. 经济研究,2007(8):82 – 94.

[242]卓玛草. 中国要素配置与人力资本错配效应的分行业测算分析 [J]. 北京理工大学学报(社会科学版),2021,23(4):113 – 123.

三、英文著作类

[1]BARRO R J,SALA – I – MARTIN X. Economic growth [M]. New York:McGraw – Hill,1995.

[2]COMIN D,HOBIN B. Technology diffusion and postwar growth [M]. Chicago:University of Chicago Press, 2011.

[3]LIN J Y. Economic development and transition: thought,strategyand viability [M]. New York: Cambridge University Press,2009.

[4] MINCER J A. Schooling, experience, and earnings [M]// Columbia University Press,New York; National Bureau of Economic Research,1974:83 –96.

[5]SYRQUIN M. Productivity growth and factor reallocation [M]. Oxford: Oxford University Press,1986.

四、英文期刊类

[1]ACEMOGLU D. Reward structures and the allocation of talent [J]. European economic review,1995,39(1):17 –33.

[2]ACEMOGLU D. Good jobs versus bad jobs: theory and some evidence [J]. Social science electronic publishing,1996,19(1):1 –21.

[3]ACEMOGLU D,ROBINSON J A. Economic backwardness in political perspective [J]. American political science review,2006,100(1):115 –131.

[4]ACEMOGLU D,VERONICA G. Capital deepening and non – balanced economic growth[J]. Journal of politial economy,2008,116(3):467 –498.

[5]ACEMOGLU D,ZILIBOTTI F. Productivity difference [J]. Quarterly journal of economics,2001,116(2):563 –606.

[6]AGHION P,BOLTON P. A theory of trickle – down growth and development [J]. The review of economic studies,1997(2):151 –172.

[7]AGHION P,HOWITT P. A model of growth through creative destruction [J]. Econometrica,1992 (2): 323 –351.

[8]AMARAL P S,QUINTIN E. Limited enforcement,financial intermediation,and economic development: a quantitative assessment [J]. International

economic review,2010,51(3): 785 -811.

[9]AOKI S. A simple accounting framework for the effect of resource misallocation on aggregate productivity[J]. Journal of the Japanese and international economics,2012,26(4):473 -494.

[10]ATKINSON B A,STIGLITZ E J. A new view of technological change [J]. The economic journal,1969,79(315): 573 -578.

[11]AUDRETSCH D B,FELDMAN M P. Innovative clusters and the industry life cycle [J]. Review of industrial organization,1996,11(2): 253 -273.

[12]BAILY M,HULTEN C,CAMPBELL D. Productivity dynamics in manufacturing plants[J]. Brooking papers on economic activity: microeconomics, 1992(23):187 -267.

[13]BAUMOL W J. Entrepreneurship: productive, unproductive and destructive[J]. Journal of political economy,1990,98(5): 893 -921.

[14]BANERJEE A V,DUFLO E. Growth theory through the lens of development economics[J]. Handbook of economic growth,2005(1): 473 -552.

[15]BANERJEE A V, MOLL B. Why does misallocation persist? [J]. American economic journal: macroeconomics,2010,2(1): 189 -206.

[16]BANERJEE A V,NEWMAN A F. Occupational choice and the process of development [J]. Journal of political economy,1993(2): 274 -298.

[17]BARRO R J. Human capital and growth [J]. American economic review,2001,91(2):12 -17.

[18]BARTELSMAN E J, DOMS M. Understanding productivity: lessons from longitudinal microdata [J]. Journal of economic literature,2000,38(3): 569 -594.

[19]BECKER W,GREENE W,ROSEN S. Research on high school economic education: discussion [J]. Journal of economic education,1990,21(3): 248 -253.

[20]BECKER W, DIETZ J. R&D cooperation and innovationactivities of

firms: evidence for the German manufacturingindustry [J]. Research policy, 2004,33(2): 209 -223.

[21]BENHABIB J,SPIEGEL M M. The role of human capital in economic development: evidence from aggregate cross - country data [J]. Journal of monetary economics,1994,34(2):143 -174.

[22]BRANDT L,TOMBE T,ZHU X. Factor market distortions across time, space and sectors in China [J]. Review of economic dynamics,2013,16(1): 39 -58.

[23]BRANDT L,BIESEBROECK V J,ZHANG Y. Creative accounting or creative destruction? Firm - level productivity growth in Chinese manufacturing [J]. Journal of development economic,2012,97(2):339 -351.

[24]BUERA F,KABOSKI J P,SHIN Y. Finance and development: a tale of two sectors [J]. American economic review,2011,101(5): 1964 -2002.

[25]CAI H,LIU Q. Competition and corporate tax avoidance: evidence from Chinese industrial firms [J]. Economic journal,2009,119(537):764 -795.

[26]CASELLI F. Accounting for cross - country income differences [J]. LSE research online documents on economics,2005,1(5):679 -741.

[27]CHE Y,ZHANG L. Human capital,technology adoption and firm performance: impacts of China's higher education expansion in the late 1990s[J]. The economic journal,2017,128(614): 75 -105.

[28]CICCONE A,PAPAIOANNOU E. Human capital,the structure of productionand growth [J]. Review of economics and stats,2009,91(1): 66 -82.

[29]DEMIDOVA S,RODRIGUEZ - CLARE A. Trade policy under firm - level heterogeneity in asmall economy [J]. Journal of international economics, 2009,78(1):100 -112.

[30] DéMURGER S. Infrastructure development and economic growth: an explanation for regional disparities in China? [J]. Journal of comparative economics,2001,29(1):95 -117.

[31]DICKENS W T, KEVIN L. A test of dual labor market theory [J]. The American economic review, 1985, 75(4): 792 – 805.

[32]EBEKE C, OMGBA L D, LAAJAJ R. Oil, governance and the (mis) allocation of talent in developing countries [J]. Journal of development economics, 2015(114): 126 – 141.

[33]FOELLMI R, ZWEIMULLER J. Structural change, Engel's consumption cycle and Kaldor's facts of economic growth[J]. Journal of monetary economics, 2008, 55(7): 1317 – 1328.

[34]FLEISHER B, CHEN J. The Coast – Noncoast ncome gap, productivity, and regional economics, 1997, 25(2): 220 – 236.

[35]FLEISHER B, LI H Z, ZHAO M Q. Human capital, economic growth, and regional inequality in China [J]. Journal of development economics, 2010, 92 (2): 215 – 231.

[36]GALOR O, TSIDDON D. The distribution of human capital and economic growth [J]. Journal of economic growth, 1997, 10(2): 93 – 124.

[37]GALOR O, ZEIRA J. Income distribution and macroeconomics [J]. The review of economic studies, 1993, 60(1): 35 – 52.

[38]GEMMELL N. Evaluating the impact of human capital stocks and accumulation on economic growth: some new evidence [J]. Oxford bulletin of economics and statistics, 1996, 58(1): 9 – 28.

[39]GIANNINI M. Accumulation and distribution of human capital: the interaction between individual and aggregate variables [J]. Economic modelling, 2003, 20(6): 1053 – 1081.

[40]GITTLEMAN M, WOLFF E N. International comparisons of inter – industry wage differentials [J]. Review of income and wealth, 1993, 39(3): 295 – 312.

[41]GUPTA N. Partial privatization and firm performance[J]. The journal of finance, 2005, 60(2): 987 – 1015.

[42]HALL R E,JONES C I. Why do some countries produce so much more output per worker than others? [J]. The quarterly journal of economics,1999,114(1):83 -116.

[43]HAUSMANN R,HWANG J,RODRIK D. What you export matters [J]. Journal of economic growth,2007,12(1):1 -25.

[44]HOPENHAYN H,ROGERSON R. Job turnover and policy evaluation: a general equilibrium analysis [J]. Journal of political economy,1993,101(5): 915 -938.

[45]HOPENHAYN H. Entry,exit,and firm dynamics in long run equilibrium [J]. Econometrica,1993(60): 1127 -1150.

[46]HSIEH C T,KLENOW P J. Misallocation and manufacturing TFP in China and India [J]. Quarterly journal of economics,2009,124(4):1403 -1448.

[47]HUANG H,XU C. Soft budget constraint and the optimal choices of research and development projects financing[J]. Journal of comparative economics,1998,26(1):62 -79.

[48]JAEF R N F,LOPEZ J I. Entry,trade costs and international business cycles[J]. Journal of international economics,2014,94(2):224 -238.

[49]JOHN W,ZHAO X. The contribution of human capital to China's economic growth [J]. China economic policy review,2013,2(1):1 -22.

[50]JOHNSON S,MILLIAN J,WOODRUFF C. Property rights and finance [J]. American economic review,2002,92(5):1335 -1356.

[51]KEELEY B L. Human capital: how what you know shapes your life [M]. OECD publishing,2007.

[52]KHANDELWAL A K,SCHOTT P K,WEI S J. Trade liberalization and embedded institutional reform: evidence from Chinese exporters [J]. American economic review,2013,103(6):2169 -2195.

[53]KUO C,YANG C. Knowledge capital and spillover on regional economic growth: evidence from China [J]. China economic review,2008,19(4):

594 - 604.

[54]LAGOS R. A model of TFP [J]. Review of economic studies,2006, 73(4): 983 - 1007.

[55]LAI M,PENG S,BAO Q. Technology spillovers, absorptive capacity and economic growth [J]. China economic review,2006,17(3):300 - 320.

[56]JAMES L, AMIT P. Estimating production functions using inputs to control for Un - observables [J]. Review of economic studies,2010,70(2): 317 - 341.

[57]LIN J Y. Development strategy, viability, and economic convergence [J]. Economic development and cultural change,2002,51(2):277 - 308.

[58]LIU Q,QIU L. Intermediate input imports and innovations: evidence from Chinese firms' patent filings [J]. Journal of international economics,2016 (103):166 - 183.

[59]LONDON S,BRIDA J G,RISSO W A. Human capital and innovation: a model of endogenous growth with a "Skill - loss Effect" [J]. Economic bulletin,2008,15(7): 1 - 10.

[60]LUCAS R E. On the mechanics of economic development [J]. Journal of monetary economics,1988,22(1):3 - 42.

[61]MABEE C. A Labor - Income - Based measure of the value of human capital: an application to the United States [J]. Japan & the world economy, 1997,9(2):159 - 191.

[62]MAURO P. Corruption and growth [J]. Quarterly journal of economics,1995,110(3):681 - 712.

[63]MEGGINSON W L,NETTER J M. From state to market: a survey of empirical studies on privatization [J]. Journal of economic literature,2001,39 (2):321 - 389.

[64]MIDRIGAN V,XU D Y. Finance and misallocation: evidence from plant - level data [J]. American economic review,2014,104(2):422 - 458.

[65]MOLL B. Productivity losses from financial frictions: can self – financing undocapital misallocation? [J]. The American economic review,2014,104(10): 3186 –3221.

[66] MURPHY K, SHLEIFER A, VISHNY R. The allocation of talent: implications for growth [J]. Quarterly journal of economics, 1991, 106 (2): 503 –530.

[67] NELSON R, PHELPS E. Investment in humans, technologic diffusion and economic growth [J]. American Economic Review,1966,56(1):69 –75.

[68]OLLEY G S,PAKES A. The dynamics of productivity in the telecommunications equipment Industry [J]. Econometrica,1996,64(6):1263 –1297.

[69]PERETTO P,VALENTE S. Growth on a finite planet: resources,technology and population in the long run [J]. Journal of economic growth,2015,20(3):305 –317.

[70]PERI G. The effect of immigration on productivity: evidence from US States [J]. Review of economics and statistics,2012,94(1):348 –358.

[71]PIKETTY T. The dynamics of the wealth distribution and the interest rate with credit rationing [J]. The review of economic studies,1997,64(2): 173 –189.

[72]PRESCOTT E C. A theory of total factor productivity[J]. International economic review,1998,39(3): 525 –551.

[73]PRETTO P F,VALENTE S. Growth on a finite planet: resource,technology and population in the long run [J]. Journal of economic growth,2015,20(3):305 –317.

[74]RESTUCCIA D,ROGERSON R. Policy distortions and aggregate productivity with heterogeneous plants [J]. Review of economic dynamics,2008,11(4):707 –720.

[75]RESTUCCIA D,ROGERSON R. Misallocation and productivity [J]. Review of economic dynamics,2013,16(1):1 –10.

[76]ROMER P. Endogenous technological change [J]. Journal of political economy,1990,98(5):71 -102.

[77]ROSS L. Finance and growth: theory and evidence [J]. Handbook of economic growth,2005(1): 865 -934.

[78]SOLOW R M. A contribution to the theory of economic growth [J]. The quarterly journal of economics,1956,70(1): 65 -94.

[79]SCHULTZ T W. The value of the ability to deal with disequilibria [J]. Journal of economic literature,1975,13(3):827 -846.

[80]SCHULTZ T W. Investment in human capital [J]. American economic review,1961,51(1):1 -17.

[81]SONG S,DAVID Y. The fundraising efficiency in US non - profit art organizations: an application of a Bayesian Estimation Approach using the stochastic frontier production model[J]. Journal of productivity analysis,2011,35(2):171 -180.

[82]SOLOW R M. A contribution to the theory of economic growth [J]. Quarterly journal of economics,1956,2(70):65 -94.

[83] STROOMBERGEN A, ROSE D, NANA G. Review of the statistical measurement of human capital [J]. Statistics New Zealand,Wellington,2002.

[84]STRULIK H,PRETTNER K,PRSKAWETZ A. The past and future of knowledge - based growth [J]. Journal of economic growth, 2013, 18 (4): 411 -437.

[85] SYVERSON C. Product substitutability and productivity dispersion [J]. Review of economics and statistics,2004,86(2): 534 -550.

[86] TEIXEIRA A, QUEIRÓS A. Economic growth, human capital and structural change: adynamic panel data analysis [J]. Research policy,2016,45(8):1636 -1648.

[87]TEMPLE J. Dual economy model: aprimer for growth economists [J]. The Manchester school,2005,73(4): 435 -478.

[88]VOLLRATH D. The efficiency of human capital allocations in developing countries [J]. Journal of development economics,2014(108): 106 – 118.

[89]WALDER A G,HU S. Revolution,reform and status in heritance: urban China,1949 – 1996 [J]. American journal of sociology,2009,114(5): 1395 – 1427.

[90]WHALLEY J,ZHAO X. The contribution of human capital to China's economic growth [J]. China's economic policy review,2013,2(1):1 – 22

[91]WU J,HUNG S. Innovation or rent – seeking: the entrepreneurial behavior during China's economic transformation [J]. China and world economy, 2008,16(4): 64 – 81.

五、英文报告类

[1]AOKI S. Was the barrier to labor mobility an important factor for the prewar Japanese stagnation [R]. MPRA paper,2008b.

[2]BERNSTEIN S,DIAMOND R,MCQUADE T J,et al. The contribution of high – skilled immigrants to innovation in the United States [R]. Standford graduate school of business working paper,2018.

[3]BHULLER M,MOGSTAD M,SALYANES K G. Life – cycle bias and the returns to schooling in current and lifetime earnings[R]. Discussion papers, 2011,No. 5788.

[4]BRUNNERMEIER M K,EISENBACH T M,SANNIKOV Y. Macroeconomics with financial frictions: a survey [R]. NBER working paper,2012.

[5]CHAI H. Real exchange rate undervaluation,trade and misallocation in China [R]. Job market paper,university of Chicago,2012.

[6]DEFEVER F,RIAFIO A. China's pure exporter subsidies [R]. FTW working paper,2013.

[7]DOLLAR D,WEI S. Das,(wasted) capital: firm ownership and investment efficiency in China [R]. NBER working paper,2007.

[8]ELSBY M W,HOBIJN B,SAHIN A. The labor market in the great recession [R]. NBER working paper,2010.

[9]HAYASHI F,PRESCOTT E C. The depressing effect of agricultural institutions on the prewar Japanese economy [R]. NBER working paper,2006.

[10] HO G T. Labor market policies and misallocation in India [R]. UCLA working paper,2010.

[11]HSIEH C T,HURST E,JONES C I,et al. The allocation of talent and U. S. economic growth [R]. NBER working paper,2013.

[12]JONES C I,ROMER P M. The new Kaldor facts: ideas,institutions, population,and human capital [R]. NBER working papers,2010,2(1): 224 –245.

[13]JR R E L. On the mechanics of economic development [R]. Quantitative macroeconomics working papers,1999,22(1):3 –42.

[14] KALEMLI – OZCAN S, SORENSEN B E. Misallocation, property rights,and access to finance: evidence from within and access Africa [R]. NBER working paper,2012.

[15]LEVINE R. Finance and growth: theory and evidence[R]. NBER working paper,2004.

[16]LEVINSOHN J,PETRIN A. Estimating production functions using inputs to control for unobservables[J]. Review of Economic Studies ,2003,70(2): 317 –341.

[17]MICCO A,REPETTOA. Productivity,misallocation and the labor market [R]. Working paper,2012.

[18]MICHAEL W E,BART H,AYSEGUL S. The labor market in the great recession [R]. NBER working paper,2010.

[19]OZGEN C,NIJKAMP P,POOT J. Immigration and innovation in European regions [R]. IZA discussion paper,2011.

[20]PETERS M. Heterogeneous mark – ups,growth and endogenous misallocation [R]. Working paper,2013.

[21] RAMOS R,SURINACH J,ARTS M. Regional economic growth and

human capital: the role of overeducation [R]. IZA discussion paper, 2009.

[22]SHIMER R. Mismatch [R]. NBER working paper, 2005.

六、其他类

孟辉，陈少君．优化人力资本结构，激活高质量发展新动能［N］．光明日报，2021-08-23（2）．

附　录

附录 A：规模报酬性质对于潜在增长率和 TFP 损失的影响

根据式（4 - 13）变形可得：

$$TFP_i^* = \exp\{\frac{1}{\phi}\ln\sum_{j=1}^{M_i}(TFP_{ij}^{\phi(\alpha_i+\beta_i+\gamma_i)/[1-\phi(\alpha_i+\beta_i+\gamma_i)]})^{\phi} - \ln\sum_{j=1}^{M_i}(TFP_{ij}^{\phi(\alpha_i+\beta_i+\gamma_i)/[1-\phi(\alpha_i+\beta_i+\gamma_i)]})\}$$

令 $x = \phi(\alpha_i + \beta_i + \gamma_i)/[1 - \phi(\alpha_i + \beta_i + \gamma_i)]$，$g(x) = \frac{1}{\phi}\ln\sum_{j=1}^{M_i}(TFP_{ij}^x)^{\phi} - \ln\sum_{j=1}^{M_i}TFP_{ij}^x$

很明显，$\frac{\partial TFP_i^*}{\partial g(x)} > 0$，若 $TFP_i > 1$，g（x）对 x 求导可得：

$$g(x) = \frac{\sum_{j=1}^{M_i}(TFP_{ij}^x)^{\phi-1}TFP_{ij}^x\ln TFP_{ij}}{\sum_{j=1}^{M_i}(TFP_{ij}^x)^{\phi}} - \frac{\sum_{j=1}^{M_i}TFP_{ij}^x\ln TFP_{ij}}{\sum_{j=1}^{M_i}TFP_{ij}^x}$$

$$= \frac{\sum_{j=1}^{M_i}TFP_{ij}^x\sum_{j=1}^{M_i}(TFP_{ij}^x)^{\phi}\ln TFP_{ij} - \sum_{j=1}^{M_i}(TFP_{ij}^x)^{\phi}\sum_{j=1}^{M_i}TFP_{ij}^x\ln TFP_{ij}}{\sum_{j=1}^{M_i}(TFP_{ij}^x)^{\phi}\sum_{j=1}^{M_i}TFP_{ij}^x}$$

$$> \frac{\sum_{j=1}^{M_i}(TFP_{ij}^x)^{\phi}\sum_{j=1}^{M_i}(TFP_{ij}^x)^{\phi}\ln TFP_{ij} - \sum_{j=1}^{M_i}(TFP_{ij}^x)^{\phi}\sum_{j=1}^{M_i}TFP_{ij}^x\ln TFP_{ij}}{\sum_{j=1}^{M_i}(TFP_{ij}^x)^{\phi}\sum_{j=1}^{M_i}TFP_{ij}^x}$$

$$= \frac{\sum_{j=1}^{M_i}(TFP_{ij}^x)^{\phi}(\sum_{j=1}^{M_i}(TFP_{ij}^x)^{\phi}\ln TFP_{ij} - \sum_{j=1}^{M_i}TFP_{ij}^x\ln TFP_{ij})}{\sum_{j=1}^{M_i}(TFP_{ij}^x)^{\phi}\sum_{j=1}^{M_i}TFP_{ij}^x} > 0$$

由于 $\frac{\partial x}{\partial(\alpha_i + \beta_i + \gamma_i)} > 0$，可以进一步得出：$\frac{\partial TFP_i^*}{\partial(\alpha_i + \beta_i + \gamma_i)} > 0$ 和

$\frac{\partial TFPlos_i}{\partial(\alpha_i+\beta_i+\gamma_i)}>0$。

附录 B：人力资本（所有制）错配计算方法

在第 5 章的实证检验中，笔者主要分析了行政垄断对人力资本（所有制）错配的影响，故第 4 章的错算方法不再使用。于是，笔者进一步参照 Brandt 等（2013）的做法将经济体划分为国有部门和非国有部门两部分①，企业生产函数的形式设定为：

$$Y_{sij}=TFP_{sij}K_{sij}^{\alpha_s}L_{sij}^{\beta_s}H_{sij}^{\gamma_s} \tag{B-1}$$

其中，s 表示第 s 个行业，i 表示第 i 个部门（国有部门和非国有部门），j 表示第 j 个企业，Y_{sij}、TFP_{sij} 和 K_{sij} 分别表示企业的真实产出、TFP 和资本存量。L_{sij} 和 H_{sij} 分别表示无技能劳动力规模和平均人力资本，衡量了企业的劳动力数量和劳动力质量。α_s、β_s 和 γ_s 为对应要素的生产弹性，$\alpha_s+\beta_s+\gamma_s$ 可以不等于 1。假定各部门和各行业均存在一个代表性厂商为经济体提供最终消费品生产所需的中间品和最终消费品，部门和行业层面的代表性厂商的生产函数均符合 CES 生产函数形式：

$$Y_{si}=(\sum_{j=1}^{M_{si}}Y_{sij}^{\phi})^{1/\phi} \tag{B-2}$$

$$Y_s=(Y_{sn}^{\sigma}+Y_{sp}^{\sigma})^{1/\sigma} \tag{B-3}$$

其中，ϕ 为企业间产品的替代弹性。此模型涉及三种投入要素，厂商面临的扭曲由产出扭曲、资本价格扭曲、劳动力数量价格扭曲以及人力资本价格扭曲四部分组成，这里假定相对于产出扭曲，引起资本产出价值变化的扭曲为 τ_{sij}^{k}，引起劳动力数量产出价值变化的扭曲为 τ_{sij}^{l}，这两种要素

① Brandt 等(2013)、靳来群等(2015)利用这种分类方法测算了我国资本要素错配和劳动力数量错配，并称之为所有制差异引发的要素错配。对于本章来说，所有制以外的原因(例如户籍制度、劳动力流动等)所引发人力资本错配并非本章关注的重点，并且由于国有企业分布广泛，这部分相对于所有制引发的人力资本错配非常有限。李静等(2017)关注到技术密集型部门和最终产品部门之间的人力资本错配问题，发现具有创新潜力的科技人才很可能因薪酬激励而转移到非生产型、非科技创新型部门就业，进而引发社会整体创新效率低下。其本质仍是在国有产权和工资溢价框架下的人力资本错配问题，因此，在后文简称为人力资本错配。

的扭曲在以往研究中已得到大量讨论。

设 $K_{si} = \sum_{j=1}^{M_i} K_{sij}$、$L_{si} = \sum_{j=1}^{M_i} L_{sij}$、$H_{si} = \sum_{j=1}^{M_i} H_{sij}$ ①以及 $K_s = K_{sn} + K_{sp}$、$L_s = L_{sn} + L_{sp}$、$H_s = H_{sn} + H_{sp}$，K_{si}、L_{si} 和 H_{si} 分别表示第 s 个行业中第 i 个部门总体的资本、劳动力数量和人力资本存量，K_s、L_s 和 H_s 分别表示第 s 个行业总体的资本、劳动力数量和人力资本存量。令 $k_{sij} = K_{sij}/K_{si}$、$l_{sij} = L_{sij}/L_{si}$、$h_{sij} = H_{sij}/H_{si}$ 以及 $k_{si} = K_{si}/K_s$、$l_{si} = L_{si}/L_s$、$h_{si} = H_{si}/H_s$ 表示第 s 个行业中资本、劳动力数量和人力资本在各部门内以及在行业总体内的配置方式，借鉴 Brandt 等（2013）的做法，第 s 个行业以及第 s 个行业中第 i 个部门的全要素生产率 TFP_s 和 TFP_{si} 可表示为：

$$TFP_s = (Y_{sn}^{\sigma} + Y_{sp}^{\sigma})^{1/\sigma}/K_s^{\alpha_s}L_s^{\beta_s}H_s^{\gamma_s}$$

$$= [(TFP_{sn}k_{sn}^{\alpha_s}l_{sn}^{\beta_s}h_{sn}^{\gamma_s}) + (TFP_{sp}k_{sp}^{\alpha_s}l_{sp}^{\beta_s}h_{sp}^{\gamma_s})^{\sigma}]^{1/\sigma} \tag{B-4}$$

$$TFP_{si} = (\sum_{j=1}^{M_{si}} Y_{sij}^{\phi})^{1/\phi}/K_{si}^{\alpha_s}L_{si}^{\beta_s}H_{si}^{\gamma_s}$$

$$= (\sum_{j=1}^{M_{si}} (TFP_{sij}k_{sij}^{\alpha_s}l_{sij}^{\beta_s}h_{sij}^{\gamma_s})^{\phi})^{1/\phi} \tag{B-5}$$

从式（B-4）和式（B-5）可以看出，行业和部门的 TFP 主要与生产要素的均衡配置程度有关。进一步设定，相对于产出扭曲，引起人力资本产出价值变化的扭曲为 τ_{sij}^{h}，例如，企业创新动力不足使得人力资本的边际产出价值下降。结合生产函数式（B-1），企业的利润最大化问题可以表示为：

$$\max\{P_{sij}TFP_{sij}K_{sij}^{\alpha_s}L_{sij}^{\beta_s}H_{sij}^{\gamma_s} - \tau_{sij}^{k}RK_{sij} - \tau_{sij}^{l}\omega L_{sij} - \tau_{sij}^{h}\upsilon H_{sij}\} \tag{B-6}$$

其中，R、ω 和 υ 分别表示租金率、单位劳动报酬和人力资本收益率，P_{sij} 为企业产品定价。根据部门和企业利润最大化的一阶条件可推导出企业和部门产品的定价公式：

$$P_{sij} = (P_{si}^{1/(1-\phi)}Y_{si})^{(\alpha_s+\beta_s+\gamma_s)T_s} \cdot \lambda_s^1 \cdot \overline{TFP}_{sij} \tag{B-7}$$

---

① 根据定义，第 s 个行业中第 i 个部门层面的平均人力资本应表示为：$H_{si} = \sum_{j=1}^{M_i} L_{sij}H_{sij}/L_{si}$，但为了便于测算，这里将企业职工自身所具有的劳动力数量和劳动质量两种生产要素完全分离开，即劳动力数量并不会影响人力资本在企业间的分配。因此，可以认为部门 i 的平均人力资本为各企业平均人力资本的加总。对于行业 s 层面的平均人力资本采用同样的处理方法。

$$P_{si} = (Y_{si}^{nor})^{(\alpha_s+\beta_s+\gamma_s)(\phi-1)} \cdot \lambda_s^1 \cdot \overline{TFP}_i^{[1-(\alpha_s+\beta_s+\gamma_s)]} \quad (B-8)$$

其中，$\lambda_s^1 = [(\frac{\alpha_s}{R})^{\alpha_s}(\frac{\beta_s}{\omega})^{\beta_s}(\frac{\gamma_s}{\upsilon})^{\gamma_s}]^{T_s}$，$T_s = \frac{1-\phi}{\phi(\alpha_s+\beta_s+\gamma_s)-1}$，$\overline{TFP}_{sij} = TFP_{sij}^{T_s} \cdot (\tau_{sij}^{k-\alpha_s}\tau_{sij}^{l-\beta_s}\tau_{sij}^{h-\gamma_s})^{T_s}$，$\overline{TFP}_{si} = (\sum_{j=1}^{Msi} \overline{TFP}_{sij}^{\phi/(\phi-1)})^{(\phi-1)/\phi}$，$P_{sij}$ 和 P_{si} 分别表示第 s 个行业中部门 i 和企业 j 的产品价格。$Y_{si}^{nor} = P_{si}Y_{si}$，表示行业 s 中部门 i 的名义产出。

根据企业利润最大化的一阶条件可以推导出资本、劳动力数量和人力资本两两之间的均衡需求比，结合部门的利润最大化一阶条件可得行业 s 部门 i 中企业间的要素均衡配置方式：

$$k_{sij} = \frac{[\overline{TFP}_{sij}^{\frac{1}{\phi-1}} TFP_{sij}^{-1} (\frac{\tau_{sij}^h}{\tau_{sij}^k})^{\gamma_s} (\frac{\tau_{sij}^l}{\tau_{sij}^k})^{\beta_s}]^{\frac{1}{\alpha_s+\beta_s+\gamma_s}}}{\sum_{j=1}^{M_{si}} [\overline{TFP}_{sij}^{\frac{1}{\phi-1}} TFP_{sij}^{-1} (\frac{\tau_{sij}^h}{\tau_{sij}^k})^{\gamma_s} (\frac{\tau_{sij}^l}{\tau_{sij}^k})^{\beta_s}]^{\frac{1}{\alpha_s+\beta_s+\gamma_s}}} \quad (B-9)$$

$$l_{sij} = \frac{[\overline{TFP}_{sij}^{\frac{1}{\phi-1}} TFP_{sij}^{-1} (\frac{\tau_{sij}^h}{\tau_{sij}^l})^{\gamma_s} (\frac{\tau_{sij}^k}{\tau_{sij}^l})^{\alpha_s}]^{\frac{1}{\alpha_s+\beta_s+\gamma_s}}}{\sum_{j=1}^{M_i} [\overline{TFP}_{sij}^{\frac{1}{\phi-1}} TFP_{sij}^{-1} (\frac{\tau_{sij}^h}{\tau_{sij}^l})^{\gamma_s} (\frac{\tau_{sij}^k}{\tau_{sij}^l})^{\alpha_s}]^{\frac{1}{\alpha_s+\beta_s+\gamma_s}}} \quad (B-10)$$

$$h_{sij} = \frac{[\overline{TFP}_{sij}^{\frac{1}{\phi-1}} TFP_{sij}^{-1} (\frac{\tau_{sij}^k}{\tau_{sij}^h})^{\alpha_s} (\frac{\tau_{sij}^l}{\tau_{sij}^h})^{\beta_s}]^{\frac{1}{\alpha_s+\beta_s+\gamma_s}}}{\sum_{j=1}^{M_i} [\overline{TFP}_{sij}^{\frac{1}{\phi-1}} TFP_{sij}^{-1} (\frac{\tau_{sij}^k}{\tau_{sij}^h})^{\alpha_s} (\frac{\tau_{sij}^l}{\tau_{sij}^h})^{\beta_s}]^{\frac{1}{\alpha_s+\beta_s+\gamma_s}}} \quad (B-11)$$

可以看出，要素的均衡需求比是要素单位价格和扭曲程度的函数，与 TFP 无关，而企业的均衡要素需求还与 TFP 以及行业整体的规模报酬性质相关。进一步结合经济体利润最大化一阶条件可得行业 s 部门间的要素均衡配置方式：

$$k_{si} = \frac{(Y_{si}^{nor\,\frac{(\alpha_s+\beta_s+\gamma_s)(\phi-1)}{\sigma-1}} \cdot \overline{TFP}_{si}^{\frac{[1-(\alpha_s+\beta_s+\gamma_s)]}{\sigma-1}+1} \cdot \eta_{si}^k)^{\frac{1}{\alpha_s+\beta_s+\gamma_s}}}{\sum_i^{np} (Y_{si}^{nor\,\frac{(\alpha_s+\beta_s+\gamma_s)(\phi-1)}{\sigma-1}} \cdot \overline{TFP}_{si}^{\frac{[1-(\alpha_s+\beta_s+\gamma_s)]}{\sigma-1}+1} \cdot \eta_{si}^k)^{\frac{1}{\alpha_s+\beta_s+\gamma_s}}} \quad (B-12)$$

$$l_{si} = \frac{(Y_{si}^{nor\,\frac{(\alpha_s+\beta_s+\gamma_s)(\phi-1)}{\sigma-1}} \cdot \overline{TFP}_{si}^{\frac{[1-(\alpha_s+\beta_s+\gamma_s)]}{\sigma-1}+1} \cdot \eta_{si}^l)^{\frac{1}{\alpha_s+\beta_s+\gamma_s}}}{\sum_i^{np} (Y_{si}^{nor\,\frac{(\alpha_s+\beta_s+\gamma_s)(\phi-1)}{\sigma-1}} \cdot \overline{TFP}_{si}^{\frac{[1-(\alpha_s+\beta_s+\gamma_s)]}{\sigma-1}+1} \cdot \eta_{si}^l)^{\frac{1}{\alpha_s+\beta_s+\gamma_s}}} \quad (B-13)$$

$$h_{si} = \frac{(Y_{si}^{nor\frac{(\alpha_s+\beta_s+\gamma_s)(\phi-1)}{\sigma-1}} \cdot \overline{TFP}_{si}^{\frac{[1-(\alpha_s+\beta_s+\gamma_s)]}{\sigma-1}+1} \cdot \eta_{si}^{h})^{\frac{1}{\alpha_s+\beta_s+\gamma_s}}}{\sum_{i}^{np}(Y_{si}^{nor\frac{(\alpha_s+\beta_s+\gamma_s)(\phi-1)}{\sigma-1}} \cdot \overline{TFP}_{si}^{\frac{[1-(\alpha_s+\beta_s+\gamma_s)]}{\sigma-1}+1} \cdot \eta_{si}^{h})^{\frac{1}{\alpha_s+\beta_s+\gamma_s}}} \quad (B-14)$$

其中：

$$\eta_{si}^{k} = \frac{(\sum_{j=i}^{M_{si}}[\overline{TFP}_{sij}^{\frac{1}{\phi-1}} TFP_{sij}^{-1}(\frac{\tau_{sij}^{h}}{\tau_{sij}^{k}})^{\gamma_s}(\frac{\tau_{sij}^{l}}{\tau_{sij}^{k}})^{\beta_s}]^{\frac{1}{\alpha_s+\beta_s+\gamma_s}})^{\alpha_s+\beta_s+\gamma_s}}{\sum_{j=i}^{M_{si}}\overline{TFP}_{sij}^{\phi(1-\phi)}}$$

$$\eta_{si}^{l} = \frac{(\sum_{j=i}^{M_{i}}\overline{TFP}_{sij}^{\frac{1}{\phi-1}} TFP_{sij}^{-1}(\frac{\tau_{sij}^{h}}{\tau_{sij}^{l}})^{\gamma_s}(\frac{\tau_{sij}^{k}}{\tau_{sij}^{l}})^{\alpha_s}]^{\frac{1}{\alpha_s+\beta_s+\gamma_s}})^{\alpha_s+\beta_s+\gamma_s}}{\sum_{j=i}^{M_{si}}\overline{TFP}_{sij}^{\phi(1-\phi)}}$$

$$\eta_{si}^{h} = \frac{(\sum_{j=i}^{M_{i}}[\overline{TFP}_{sij}^{\frac{1}{\phi-1}} TFP_{sij}^{-1}(\frac{\tau_{sij}^{k}}{\tau_{sij}^{h}})^{\alpha_s}(\frac{\tau_{sij}^{l}}{\tau_{sij}^{h}})^{\beta_s}]^{\frac{1}{\alpha_s+\beta_s+\gamma_s}})^{\alpha_s+\beta_s+\gamma_s}}{\sum_{j=i}^{M_{si}}\overline{TFP}_{sij}^{\phi(1-\phi)}}$$

将式（B－9）～式（B－11）代入式（B－4）可得行业 s 中部门 i 的全要素生产率 TFP_{si}，将式（B－12）～式（B－14）以及 TFP_{si} 代入式（B－5）可得行业 s 整体的全要素生产率 TFP_s。在不存在要素错配的情况下，行业总体和部门的 TFP 达到最优，有效状态下的行业和部门 TFP 即为 $\tau_{sij}^{k} = \tau_{sij}^{l} = \tau_{sij}^{h} = 1$ 时的解 TFP_s^* 和 TFP_{si}^*。借鉴 Hsieh 和 Klenow（2009）的做法，将要素错配归结为 TFP 的损失：

$$TFPlos_s = TFP_s^* / TFP_s - 1 \quad (B-15)$$

$TFPlos_s$ 即为所有制引起的要素错配，进而产生的 TFP 损失，也可解释为：当生产要素在所有制部门间有效配置时，TFP 的潜在增长。对于所有制引起的各生产要素错配，进而产生的 TFP 损失：当 $\tau_{sij}^{l} = \tau_{sij}^{h} = 1$ 时，测算所有制引起的资本错配程度；当 $\tau_{sij}^{k} = \tau_{sij}^{h} = 1$，测算所有制引起的劳动力数量的错配程度；当 $\tau_{sij}^{k} = \tau_{sij}^{l} = 1$ 时，测算所有制引起的人力资本错配程度。

后　记

本书受西北大学经济管理学院学术团队项目“西部地区产业高质量发展研究”的资助，同时也是本人承担部分科研项目的阶段性成果，是在以上课题结题报告的基础上修改完善而成。本书是我持续关注人力资本错配问题的理论和经验总结。从 2015 年回到西北大学以来，我便以博士论文为基础，将研究方向拓展到了要素错配方向。通过对现有研究的梳理，发现要素错配主要集中于对资本和劳动力错配的探讨，而与资本和劳动力同等重要的人力资本错配问题却较少受到学界的关注。但从现实来看，以“大学生就业难”“考研考公热”为表现形式的人力资本错配问题却在社会层面受到广泛关注和探讨。正是基于理论与现实层面的反差，我开始思考中国人力资本错配问题的测算框架、成因以及后果，并成功获批中国博士后基金特别资助项目、国家自然科学基金青年项目和教育部人文社会科学基金青年项目等国家级、省部级课题，并在此基础上展开进一步的研究，认真撰写相关章节，也算是为 2015 年回到西北大学经济管理学院以来的工作生涯交上一份答卷。

本书共分为 11 章，部分章节已经发表到《产业经济研究》《中国经济问题》等知名 CSSCI 期刊上。其中，论文的主体部分（包括第 1、第 3、第 4、第 5、第 6、第 7、第 8、第 9 和第 11 章）是在之前发表文章的基础上进一步完善而成。全书约 23 万字，所有章节由本人独立撰写完成，但也得到了我的合作伙伴和相关研究生的重要帮助。其中，葛晶对部分章节的数据进行了更新，并重新进行了检验。我的两位硕士学生薛晓琦、陈思淼协助我完成并完善了第 2 章和第 10 章。由于人力资本错配研究问题的难度，一路走来，本书的写作受到了我多年求学以及从教过程中的老师、好友以及学生的支持，在此我想通过本书的出版向他们表达深深的谢意。

首先，感谢我的硕士导师高煜教授。高煜教授研究和擅长的领域主要集中于产业经济学方面。高煜教授总是在我人生的关键阶段为我提供宝贵建议，让我又想起读博期间回答《管理世界》审稿意见时的情景，如果没有他的指导，很难想象最终又会是什么样的结果。如今，我对产业问题的关注，以及从产业高质量发展层面解读人力资本错配问题，我相信是在很大程度上受到了他的影响。此外，在本书成稿准备出版时，高煜教授也为本书思路的凝练和提升倾注了心血，并联系学院为本书的出版提供资助。在此，祝愿我的导师工作顺利、身体健康。

其次，感谢我的合作者葛晶博士。记得那是在 2018 年 4 月前后，当时他还在西北大学经济管理学院攻读博士学位，师从王满仓教授。基于对他研究能力、兴趣的了解，我向他介绍了人力资本错配这个方向，邀请他一起攻克相关难题，这也是我首次开展合作研究。令我惊喜的是，在我介绍了相关思路后，他愉快地接受了我的邀请。从那以后，葛晶博士便在测算框架、数据库处理等方面做了大量开创性和基础性工作。如今他已入职中国地质大学（北京）经济管理学院，在此我祝愿他工作顺利，也希望我们的合作在未来能够蒸蒸日上。

再次，感谢我的硕士学生——薛晓琦、陈思淼以及一年级的部分学生。在我的指导下，薛晓琦和陈思淼协助完成并完善了部分章节，一年级的学生则承担了校对等大量细致、繁重的工作，在此一并予以感谢。

最后，感谢支持我的家人。感谢我的爱人张婕女士，以及我的岳父岳母，他们对家庭成员的照顾能够让我有充足的时间投入到人力资本错配的研究中。同时要感谢我的父母，他们虽然长期患病，但乐观豁达的精神也鼓励着我不畏艰险，努力前行。

李 勇

2023 年 11 月 15 日于西北大学